戦後映画の産業空間

資本・娯楽・興行

谷川建司……編

森話社

［カバー図版］（右上より時計回り）
『大巨獣ガッパ』（日活、野口晴康監督、一九六七年）イタリア版ポスター
映画雑誌『電影圏』（一九、一九五五年）表紙（ショウ・ブラザース『金瓶梅』の李香蘭）
『セーラー服と機関銃』サントラ盤ＬＰジャケット（薬師丸ひろ子）
映画雑誌『藝光』（四一、一九五一年）裏表紙の広告（『暁の脱走』の池部良と李香蘭）
『大巨獣ガッパ』（日活、野口晴康監督、一九六七年）イタリア版ポスター
『とみい』（五―五、一九六〇年一一月）表紙（大川橋蔵）

戦後映画の産業空間

資本・娯楽・興行

＊目次

II 観客との関係から定まる方向性

III 他メディアとの共存がもたらす繁栄

はじめに

映画会社で宣伝やマーケティングといった仕事をしてきた後に映画研究者となった筆者にとって、日本の映画研究は作家論や作品論に偏りすぎているという思いがずっとあった。確かに、映画は芸術としての側面も重要だが、それ以前に、物珍しい〝動く画〟を観るのにお客さんが対価を払う〈興行〉というところからその歴史がスタートしている訳であり、観客に対して彼ら／彼女らが支払っただけの金額に見合う〈娯楽〉を提供することのみによって、再び見に来てもらうことが叶い、その繰り返しによってのみ産業として成長することが出来た、という〈資本〉の論理が決定的に重要だと考えているからだ。

より具体的に言えば、日本の映画研究の担い手の多くが美学・哲学・文学といった人文科学系の研究者に偏り、映像のテクスト分析の手法に偏っているように感じてきたのだが、その現状に鑑みて、手薄感のある社会科学的なアプローチ、特に映画の産業としての側面、あるいはその背後にある制度や政策など、国家と映画産業界との関係性、より多くの観客にアピールして収益を増やすための企画や宣伝のストラテジー、映画会社と観客・ファンとの関係性、映画業界が産業として生き残っていくための他のメディアとの関係性、といった側面に注目した研究がもっとあって然るべきだと思うのだ。

本書の元となったのは、映画研究に対するそうしたアプローチを集積することを目的として二〇一四年四月から二〇一五年三月にかけて国際日本文化研究センター（日文研）にて組織した、「昭和戦後期における日本映画史の再構築」という共同研究会（研究代表者：谷川建司）である。メンバーとしては、特に社会科学的なアプローチという観点での研究を志向する、あるいはそういった観点での研究に理解があり自分でもチャレンジしようという意欲がある研究者らに声をかけたが、その中心となっているのは、二〇一一年に日文研に客員研究員として滞在したミツヨ・ワダ・マルシアーノが企画した二回のシンポジウム、すなわち「1950年代日本映画における「戦後」の構築研究」（三月）および「1950年代日本映画における戦前・戦中との連続性・非連続性」（七月）での参加者・報告者である。また、本研究会開始に先立ち、通信合同社刊『合同通信』関西版の一九四八年から一九六七年にかけての資料が、本研究会の日文研側受け入れ窓口となってくれた細川周平、当時立命館大学に在籍されていた冨田美香の両氏によって準備され、プレ研究会としてこの資料を用いての映画研究の可能性について議論する機会を持った。本研究会については、具体的には、研究代表者の谷川、日文研側の受け入れ窓口の細川周平を含む一七名の研究者が参加したが、時間軸については〝昭和戦後期〟、つまり一九四五年から一九八八年までの四〇年余りの時期に絞ったものの、個々の参加者の研究テーマについては、前述の研究目的に沿ったものであればその内容は問わないこととし、興行成績のデータ、映画業界の動静、宣伝のテクニック、観客のニーズと映画会社側の方針との関係等の分析を、実証的なデータに基づいて行っていくアプローチが推奨される、として第一回の研究会までに各自の研究テーマを事前に提出してもらった。

その結果、各自の選んだテーマは理想的な形でうまく分散され、相互に補完しながら全体としては共通した問題意識を追究するテーマが揃った。扱われる対象を映画会社で分けると、東宝、松竹、大映、東映、新東宝、日活と映画黄金期のすべての会社、さらに角川が含まれ、映画ジャンルで言えばメロドラマ、時代劇、戦争映画、怪獣映画、コメディ映画、ピンク映画、アイドル映画、ドキュメンタリー映画、アニメ映画など、またフォーカスの仕方で言えば興行形態、映画輸出、製作経費、ファン文化、音楽業界やテレビ業界との関係など、ヴァラエティに富んだ研究対象・テーマとなっている。毎回の研究会では、一人当たりの発表時間四五分とし、その発表に対してオブザーバーを含んだ参加者全員で議論する時間を六〇分とたっぷりとって、発表者の研究対象に対する考え方、その時点での進捗状況、アプローチ方法などについて、厳しい批判も含めてブラッシュアップを行ってきた。こうしたプラクティカルでお互いに毎回勉強になる研究会を構築してきたお陰で、この種の共同研究会においてよく見られる幽霊メンバー（忙しさを理由にほとんど参加できないメンバー）を一人も出すことなく、非常に出席率の高い、また回を重ねるごとにオブザーバー参加の院生等が増えてくる活発な研究会を創出することができた。メンバーのうち、京都大学の木下千花、立教大学の中村秀之、筑紫女学園大学の須藤遙子、多摩美術大学の柳下毅一郎、そして国立近代美術館フィルムセンターの冨田美香の諸氏には、残念ながら多忙な公務その他それぞれの理由で論考をご提出頂くことは叶わなかったが、本書に収録された一一編の論考はそれぞれに一七名のメンバー全員で徹底的に議論して内容を深めてきたものであり、またそれ故にメンバーそれぞれの持つ問題意識が互いに影響しあい、内容的にも緩やかにだが互いに関連性を持つものとなった。以下、各論考の立ち位置について、章立てに沿って簡単に記しておく。

全体を三つの部に分けたが、その第I部「最大利益を確保するための構造」には、産業としての映画会社の経営と投下される資本という視点で括ることのできる論考を四編集めた。井上雅雄の「日活の映画製作再開と「五社協定」」は戦後の日活による製作再開・市場再参入が既存五社にとっての脅威であったとの観点から「五社協定」の意味を問い直したものである。また拙稿「日本映画輸出振興協会と輸出向けコンテンツ」は政府による製作資金援助システムの構築が実際には経営難の三社（大映・日活・松竹）の資金繰りのためのつなぎ融資的役割を担っていた実相を論じたものである。一方、木村智哉の「東映動画株式会社における映画製作事業とその縮小」は東映動画のよる長編アニメーション映画の製作縮小の原因を、親会社である東映の経営戦略という資本の論理から分析している。板倉史明の「独立プロダクションの製作費に見る斜陽期の映画産業」はこれまで研究対象としてほとんど取り上げられることのなかったピンク映画の製作の実相を具体的な事例から検証したものである。これら四編の論考はいずれの場合も、映画会社の経営者が自らの利益を確保し生き残っていくためにどのようなディシジョンを下したか、という観点で映画史上のトピックを検討したものだと言えよう。

第Ⅱ部「観客との関係から定まる方向性」には、映画会社が利益を上げていくためにはその顧客である観客の指向性との乖離があっては経営が機能せず、観客の好みを救い上げる、あるいは観客に対して提案をしていくという形での顧客とのコミュニケーションが必須であるという観点での論考を四編集めた。河野真理江の「リバイバル・メロドラマ」は、単なるリメイク／再映画化として済まさせてしまいがちな戦後のメロドラマ・ブームを、背景としての映画産業の質的変化、観客側の欲望との関係で論じたものである。西村大志の「東宝サラリーマン映画〝社長シリーズ〟の成立と終焉」はプログラム・ピクチャーとしての東宝サラリーマン喜劇に光を当て、このジャンルがある一定期間観客から支持され続けた構造を、そのマンネリズムこそが観客とのコミュニケーションとして成立し得た故のことだと指摘する。晏妮の「混淆するチャイナカラーの分流」は戦後日本映画の中に見られる中国表象に注目し、共産化した大陸、香港・シンガポールの市場と日本の映画産業界との関わりからそれらのチャイナカラーが必然的にコンテンツに付加された可能性を論じている。ミツヨ・ワダ・マルシアーノの「戦後原子力映画と「安全神話」史」は、原子力の安全神話という戦後の政治的枠組みの中で、様々な映画ジャンルで描かれてきた原水爆実験の脅威という負のイメージが特定の場所や物語空間の中に閉じ込められることによって逆に観客に安全神話を保証し続けてきたメカニズムを論じている。これら四編の論考からは、映画のコンテンツを決めていく最大のファクターはほかならぬ観客そのものなのだというシンプルな事実が浮かび上がってくると言えるだろう。

第Ⅲ部「他メディアとの共存がもたらす繁栄」には、映画というメディアがそれ単独では完結しない時代の映画会社の経営戦略と関連する論考を三編集めた。北浦寛之の「大手映画会社の初期テレビ産業への進出」は、これまで主として映画産業斜陽化の原因として対立構造の枠組みで語られることの多かったテレビ産業との関係を、主として東映の事例を検証することで、実際にはむしろ映画館の客席だけだった顧客との接点を茶の間のブラウン管の前に拡大／シフトしていった戦略という観点で論じている。小川順子の「試論・映画スター大川橋蔵」では、そのテレビという舞台装置に活動の中心をシフトさせた東映のスター大川橋蔵のケースを吟味し、観客の期待する大川橋蔵イメージを維持できる場というものがテレビでしか有り得なくなっていた実相を論じたものである。一方、長門洋平の「セーラー服と機関銃とサウンドトラック盤」は、主として原作本との関係でのみ語られてきた角川映画のメディア・ミックス戦略を、映画のサウンドトラック盤という音のメディアとの関連で再検討したものである。これら三編の論考からは、映画研究というものが映画というメディア単独の分析だけでは成り立ち得ない現実がはっきりと見て取れるはずである。

以上の一一編の論考をお読み頂ければ、われわれの研究グループが目指している方向性というものはかなりはっきりと理解して頂けるのではないかと考えているが、日文研での一年間の共同研究を通じて、実は別の喫急の課題が浮かび上がってきた。それは、映画史研究の中で監督やキャメラマン、俳優などと違ってあまり光を当てられることのなかった領域の映画人たちに対して、可能なうちにインタビューを行なって、オーラル・ヒストリー・アーカイヴスを構築していく必要性である。考えられるインタビュイーとしては、撮影現場ではスクリプター、殺陣師《たてし》、美術等の様々なスタッフ、更に配給、宣伝担当、劇場スタッフ、セールスといった、映画という商品が観客の手に届けられるまでの様々な領域に関わる人たち、そしてファンクラブ等の活動を通じて映画会社にフィードバックする役割を担う観客をも含む。この課題に向き合うために、日文研での共同研究会のメンバーと、オブザーバーだった当時の院生たちとで新たなプロジェクトが始動していることを読者諸氏に報告しておきたい。

本書に掲載した図版の使用に関しては、東映、松竹、日活、近代映画協会にご協力いただいた。感謝申し上げる次第である。

最後に、本書の刊行を引き受けてくれた森話社の西村篤氏、元となった研究会を運営させて頂く機会を与えてくれた国際日本文化研究センター、ならびに研究会運営に慣れない筆者を叱咤激励してくれた細川周平氏に改めて深く感謝の意を表したい。

谷川建司

Ⅰ　最大利益を確保するための構造

日活の映画製作再開と「五社協定」

ポスト占領期における企業間競争の変化

井上雅雄

1

はじめに

一九一二年創立という日本の映画会社のなかで最も古い歴史を有する日活は、戦時下の一九四二年、内閣情報局による映画臨戦体制の確立を名分とした産業再編成によってその製作部門を大映の創設に供した後[*1]、戦前作品の他社への委託配給以外は、直営館を中心に終戦直後は大映作品、その後はアメリカ映画の興行にほぼ特化してきた。が、連合国軍による占領終結後、邦画業界が次第に活況を呈する環境条件の変化をとらえて映画製作市場への再参入を企図し、撮影所建設が完成した一九五四年にそれを実現する。既に一九五〇年の新東宝の製作・配給会社としての独立と、一九五一年四月の東横映画・太泉スタジオ・東京映画配給の三社の合併による東映の創設によって五社体制が確立し、企業間競争が激化しつつあったなかでの日活の製作市場への再参入は、さらなる競争の激化と俳優・監督等の引き抜きをもたらすものとして既存五社にとって大きな脅威をなすものであった。「五社協定」といわれる俳優等の引き抜き防止協定は、そうした日活の市場再参入に対する既存映画会社による苦肉の対応策であったが、その内容は少なからぬ問題をはらむものであった。

この小稿は、日活がなにゆえに映画製作の再開に踏み切ったのか、その根拠の分析を踏まえて、「五社協定」の問題点とその影響、および日活による製作スタッフの引き抜きの実態と「五社協定」との関係性について考察することを意図している。このことを通してポスト占領期における映画産業の企業間競争の変化について実証的に解明すること、これが本稿の目的である。

一　日活の映画製作の再開

1　製作再開の準備

映画興行にほぼ特化していた日活が、戦後はじめて映画製作に関与する契機となったのは、新東宝の経営危機による資本提携の申し込みであった。一九五二年八月、経営危機に陥った新東宝の佐生正三郎社長は、旧知の朝日ビール山本為三郎社長を介して日活堀久作社長に資金援助と取締役会会長の就任を要請する。興行網こそもっているものの製作部門をもたず、しかも「製作再開を考慮中だった日活」（日活株式会社編　一九六二：一〇四頁）にとって、製作と配給部門を有する新東宝との資本提携は魅力的であり、日活は「新東宝と結んでその（筆者注――製作再開の）足がかりとすることを得策とみて、山本氏の申し入れを了とし、直ちに新東宝株式四三万六千株を取得して堀社長の同社乗り込みに備えた」（同）。しかしこの試みは、東宝の強硬な反対に直面して、結局挫折を余儀なくされる。[*2]

新東宝との資本提携が挫折したことを受けて、日活は自らの手による映画製作再開の意思を固め、一九五二年末頃から極秘裡に撮影所建設用地の選定と製作スタッフの人選などその準備に入る。これを踏まえて一九五三年七月八日、日活は堀久作社長名をもって株主に向け、「現下の」「弗不足」のもとでは「外国映画の輸入にのみ頼って営業を行うということは、将来危険を招く虞れがあり」、「伝来の歴史を活し、映画製作を開始することに意を決した」との「映画製作再開のお知らせ」（日活株式会社編　一九六二：一二二頁）を発送して映画製作市場への再参入の意思を明らかにするとともに、九月一日には堀が記者会見を開き、「月二本カラー映画を製作する」などの基本方針を発表する（「時報」『キネマ旬報』一九五三年九月下旬号、九九頁）。日活が映画製作の再開に踏み切った背景には、戦後復興期とは異なり外国映画の人気に翳りが出てきたにもかかわらず依然五割を超える高いフィルム賃借料を支払わなければならなかった上に、それまでアメリカ映画を一手に配給していたセントラル映画社（CMPE）が、外国映画の輸入権限がGHQから日本政府に委譲されたのを機に一九五一年末に解散し、大蔵省の輸入割当をもとにメジャー各社の支社と国内配給会社に配給が移された結果、「だんだん洋画会社は横暴になり大作物は東宝、松竹等ロードショー劇場に上映、余り物とか小物を日活にまわすため、日活の業績は下り坂になって来た」（江守清樹郎 一九九一：五四頁）という事情があった。

それに加えて、大川博による徹底的な経営合理化によって赤字経営からかろうじて脱した東映が、マキノ光雄の果断によって製作し一九五三年一月に公開した『ひめゆりの塔』（今井正監督）が、「空前のヒットをして東映は奇跡的に発展」するという「製作会社の成功」（同、五六頁）を目の当たりにしたことも看過できない。もともと映画の興行部門は、製作・配給会社の直営館や大手興行会社の経営する大都市の封切館など一部を除けば、映画館の急速な増加もあって経営環境は総じて厳しく、次第に活況を呈しつつあった製作会社とは対照的であって、その点からも製作再開のインセンティヴは日活に潜在しており、挫折したとはいえ新東宝への出資はそのあらわれであった。[*3] とくに実務を取り仕切っていた常務江守清樹郎の日活の事業の先行きに対する危機感は強く、しかも彼は「元来、私は映画製作再開論者だった」（同、五五頁）というように、「（筆者注——映画興行という）文化事業をやっているのだから（中略）映画製作をしなかったら「仏つくって、魂いれず」だ、どうしてもやらなければならないと考え」（江守清樹郎の発言「日活は徹底的にいいものを作る」『キネマ旬報』一九五四年七月夏の特別号、二七頁）、慎重だった堀を説得して「洋画興行の劣勢」（江守清樹郎 一九九一：五五頁）を打開するべく製作再開を実現させたのであった。[*4]

2 映画製作の再開

日活は、堀による記者会見後の九月一八日、撮影所の第一期建設工事に着手し、翌一九五四年三月に竣工するが、その設備は「ワーナー・ブラザーズを参考として全館冷暖房を完備し、その機能性は東洋一と称される」（日活株式会社編 一九六二：一〇五頁）近代的なものであり、最新機材も含め他社の製作スタッフを誘引するに足る卓越したインフラストラクチュアであった。その後、引き続き撮影所第二期工事が同年一二月に、第三期工事が翌一九五五年一二月に完成することによって、日活は全プロ二本立製作のインフラ基盤を整える。第一期工事の完成後、直ちに新国劇の俳優を中心として第一回作品『国定忠治』（滝沢英輔監督）と『かくて夢あり』（千葉泰樹監督）の撮影に入り、それを一九五四年六月二九日、製作再開第一号作品として封切るが、それに先だって一九五三年、日活は九億円から一五億円への大幅増資による設備投資資金の確保や北海道支社長山崎辰雄の撮影所所長就任などの社内人事異動、また不遇だった大映本社営業調整部長山根啓司（戦前の日活多摩川撮影所製作部長）を製作部長として招聘するなど新たな会社人事を決定するとともに、五四年に入ると、後に立ち入ってみるように他社からの製作スタッフの引き抜きを本格化する。

製作再開に踏み切った日活に特徴的なことは、日活創設者の横田永之助が作った京都土地興行会社を買収したり、全国に直営館を増やすなど映画興行部門の拡大を図る一方で、既に所有していた日活スポーツセンターに加え、一九五二年にホテル、貸しオフィス、駐車場を備えた日活国際会館を日比谷に建設するなど、映画専業というよりも不動産業やホテル・レジャー産業を兼業し、いち早く経営の多角化に踏み出していたことである。実際にも、堀久作自身「世間では当社を映画会社と見ているが、実は映画製作と不動産会社の兼業というべきで、百八十億余の資産を持ち、この金づまりでもまだ手形を使ったことのないほど余裕がある」（『読売新聞』一九五四年七月三日夕刊、二頁）と述べて、その自己意識においても映画専業企業ではなかった。

二 「五社協定」の成立

1 「五社協定」の胎動

日活による製作再開の動きは、当然にも映画製作・配給既存五社にとって映画市場でのさらなる競争の激化と俳優や監督を含む製作スタッフの引き抜き・移籍を引き起こす大きな脅威であった。とりわけ戦時中日活の製作部門を統合して創設された大映にとっては、ハンド（現場裏方）をはじめその製作スタッフに旧日活出身者が多いこともあって、日活の製作再開によるスタッフの引き抜きには敏感にならざるを得なかった。が、それはまた先に新東宝と東映の市場参入あるいは独立プロの製作の活発化によって、俳優の引き抜きや俳優ブローカーの横行、さらには移籍を圧力とした契約更新時の俳優による出演料の引き上げ要求などに遭遇して、その対応に苦慮していた松竹や東宝にとっても、同じく危惧を共有するところであった。改めて指摘するまでもなく、俳優や監督などの引き抜きそのものは戦前から頻繁に行われ、一九三七年一一月の東宝による松竹スター林長二郎（長谷川一夫）の移籍にともなう傷害事件[*5]は、世間を騒がせた顕著な事例であったが、戦後も多くのスターをかかえていた松竹を中心にさまざまにスターの他社出演や移籍にかかわる問題が会社間の軋轢を生み出していた。

日活が製作再開を発表する前の一九五三年三月二三日、製作五社の首脳会議において既に引き抜き防止策について議論されていたこともあって、六月二五日の同会議の例会で大映永田雅一社長が、俳優の「専属制の強化」を「業界安定のためと提案し」（『毎日新聞』一九五三年七月二六日夕刊、四頁）、「最後までシブった」（「五社協定に揺れる映画界」『朝日新聞』一九五三年九月五日朝刊、三頁）東映と新東宝を巻き込んで五社による製作委員会は、森岩雄東宝製作本部長に引き抜き防止協定案の作成を依頼する。[*6] 永田はまた、堀久作が株主に製作再開を通知した同じ七月八日、東南アジアの視察旅行に出かけるに際して松山英夫製作本部長に「既成映画界が攪乱されてはたまらぬ、いまのうちに、しっかりした協定を結んで、手持ちの従業員を動揺され《ママ》ぬよう手を打つべきだ」として、「五社の製作委員会にかけて、早く成案を得るように」（「違約金一千万円也――スター引抜五社協定管理委員会の出発」『キネマ旬報』一九五三年九月下旬号、八七頁）と申し渡す。七月一四日、森によって俳優等の引き抜き防止のための試案が製作委員会に提出されるが、その骨子は①「五社は芸術家、技術家との専属制度を確立し、契約制度を相互に尊重する。（中略）新しく他社より芸術家、技術家を契約する場合は、その会社は相手会社の確認をとってから契約を取結ぶ。」②「五社の申合せに抵触する行為をして、尚これを改めない芸術家、技術家に対しては、五社は向う五カ年間は雇用しない。」③「この申し合わせの有効期間を五カ年とし、これを運営する五社代表による機関を設け、問題が起こった場合は、当事社をのぞく他社が裁定し、当事社はその裁定に服する。」（同八八頁）というものであり、しかもそこには④「五社は昭和二五年九月一八日各社に於て申合せたレッド・パージの精神をいかに再確認するか」（同）も検討課題として掲げられ、かなり厳しい内容であった。

しかし、この案が提出されて幾ばくもなくその内容が漏洩し、五年間におよぶ芸術家・技術者の雇用禁止やレッド・パージの再確認などがジャーナリズムの批判にさらされることとなる。これを踏まえて五社の製作責任者で協議が重ねられ、八月一二日の五社代表と製作責任者の合同会議において、「①五社はそれぞれ契約を尊重し、非合法な引抜きを行わない、②赤追放をうけた俳優、芸術家などの使用は各社の自由とし、特別に拘束しない、③違反した場合は当事者が損害賠償を支払う」の「三項目が確認」され、これを「基本として正式に協定を作ること」（『合同通信　映画特信版』一九五三年一〇月八日、四頁）となった。これによって「先の森私案の線が殆どご破算にな」り、「強硬な線が崩れ、より弱体化した」（同）内容となったが、これをもとに当番幹事である服部知祥新東宝副社長が起草した協定案が、八月一七日提出され、九月七日の製作委員会において最終的に審議・検討された後、九月一〇日の五社社長会議において正式に決定・調印された（『映画年鑑』一九五四年版、七〇頁）。それは、堀が記者会見を開いて公に日活の製作再開を発表した一〇日後のことであった。

以上から明らかなように、結果において五社協定は日活による引き抜き防止策としての機能を担うことになるとはいえ、五社が自ら「五社協定をつくろうと動き出したのは日活が製作再開を発表する前のこと」（大川博「映画往来」『ダイヤモンド』臨時増刊『財界人物』一九五五年一一月一日、一九頁）であり、この点は改めて確認しておく必要があろう。

2 「五社協定」とその問題点

五章一五条からなる「五社協定」の主たる内容は、①「五社と夫々その所属芸術家、技術家との間の契約を五社が相互に尊重し、不公正、不法な競争をしないことを約する」ことを「目的」（第一条）として、②契約の種類をⓐ専属、ⓑ本数、ⓒ臨時の三つに区分し（第二条）、③「新人」（養成機関で養成中の者、及び養成を終え、またはこれを終えないで初めて出演契約を締結した日から満三年を経過しない者で管理委員会が新人として登録を認めた者）については、所属会社の承諾なくしては「出演契約」ないし「雇用契約」をしてはならない（第三条）が、④「他社より自社契約の芸術家、技術家の出演交渉を受けた場合は、自社の製作に支障がなく、当該芸術家、技術家が希望した場合は好意を以て善処する」（第一二条）。また⑤「契約期間の満了した芸術家、技術家と契約することは自由であって、以前契約していた会社の確認や了解を得る必要はない」（第四条）。そして⑥この協定の実施・運用は五社から各一名選出された委員をもって構成する「管理委員会」が担当し（第五条）、⑦「五社は新たに芸術家、技術家と契約をした場合は、直ちにその契約内容を明示して管理委員会に登録する」（第六条）。その上で⑧「この協定に違反した会社は違約罰として金一千万円也の違約金を管理委員会に拠出しなければならない」（第一〇条）（『映画年鑑』一九五四年版、八九頁）というものである。そして協定には五社に所属する監督、脚本家、技術者および俳優が契約種別に記載された名簿が付帯された。

この協定は、したがって五社が互いに他社所属の監督や俳優（新人を含む）、技術者など製作スタッフを契約期間中は原則として使用できないということであって、日活はこれに加盟していないから直ちにはこの協定に縛られることはないが、しかし実際は日活が五社所属のスタッフと契約したり使用したりすることは、この協定に抵触するためにできないこととなる。日活排除のための協定だといわれるゆえんであるが、しかし日活の製作再開発表以前から引き抜きへの対応策が取り沙汰されていたことからすれば、この協定は日活による引き抜き防止だけではなく、五社相互間とりわけ市場参入の浅い新東宝や東映などによる引き抜きの牽制をも意図したものであることは否定できない。新東宝や東映が協定の作成に「最後までシブった」のもこのためであった。

そもそもスターや監督とりわけスターの引き抜きが問題となるのは、企業にとってスターという存在が、その養成と売り出しのために多額の資本を投入して人気を意図的に作り出し、多数の作品出演によって自社の作風＝カラーを体現させ、多くの観客を動員する役割を担う代替不可能な希少商品だからである。が、そこには映画に固有の商品特性が作用していることにも留意する必要があろう。映画は、観客にとっては基本的にチケットを買って実際に観賞するまではその作品内容がほとんどわからない、すなわち商品の内容は購入して使ってみてはじめてわかる（しかも観た後でも観客によって作品＝商品の評価が異なる）という意味で、売り手と買い手との間の情報の格差＝情報の非対称性が極端に大きい商品であり、それゆえに売り手と買い手双方にとってきわめてリスクの高い商品といってよい。したがって映画会社としては事前に広告・宣伝を駆使し、試写会などを開催して映画の売り込みを図るのであるが、それにはむろん限界がある。スターに求められ彼らが担うのは、そのような売り手と買い手＝映画企業と観客との間の圧倒的な情報の非対称性のもとで、映画作品そのもののいわば代理指標＝表象としての機能にほかならない。そしてこのことが次第に定型化されるならば、作品の内容いかんにかかわらず特定のスターが出演しているということそれ自体によって観客を動員できるようになるのは必然であろう。

こうして映画の商品価値が第一義的にスターによって決定されるようになれば、会社にとってスターの養成・輩出と作品出演の制度化＝スター・システムの確立が、重要な経営戦略となるのは見やすい事実である。まさにスターは、映画企業にとって自らの市場競争力を構成し支える最も重要な経営資源なのであって、多額の資本投下をもってそれを創出するゆえんがここにある。スターの引き抜きが深刻な問題となるのは、以上のような文脈においてであり、この点について大映松山製作本部長の発言は、きわめて直截的である。

映画にはスターがつきものだが、このスターは一朝一夕に生れるものではない。そこで新人の養成が必要となるが、この新人がスターになるまで最低三年かかる。この間会社は巨大な宣伝費をかけて一〇本内外の作品に出演させて売り出す。作品一本の製作費を最低一千万円と見積もっても、一人の新人が育つかげには、約一億円の資本が投資されている勘定だ。こうやって育てる俳優を、いきなり他社に引き抜かれたのではたまったものではない。しかも現行の法律では、引き抜いた相手の社に文句をつけるわけにはいかぬ。当の俳優相手に契約違反の民事訴訟を起すのがせいぜいだが、この解決には一年以上もかかるという始末。結局泣き寝入りだ。そうなれば何もムリして新人など養成せんでも、他社からブンどってくればよいことになる。しかしこれでは業界は滅茶苦茶になるので、互いに契約を尊重し合おうというのが（筆者注――五社協定の）主旨で一部につたえられるようなカンズメ協定ではない。

（前掲「五社協定に揺れる映画界」）

ここからは、自らが発掘し育て売り出したスターが、易々と他社に引き抜かれるのは到底許しがたいとする映画企業の強い意志が看取される。しかしスターの側からすれば、それはあくまでも会社の側の論理であって、彼らにはまたそれとは異なる主張があるのも当然であろう。すなわち俳優の側からすれば、スターとしての地位や名声あるいはイメージは、ただに会社の広告・宣伝等によって創り出されただけではなく、自らの個性と演技との格闘を通して自覚的・主体的に造形したものであり、それはまぎれもなく自己の努力の所産でもあるからである。「スターのイメージは、俳優が意識的にそれを結晶化することによって作られるもの」（アレグザンダー・ウォーカー　一九七四＝一九八八：九頁）なのであって、それは会社の創造物であるとともにスター自らの創造物であり、その波及を通して喚起された大衆＝社会の創造物にほかならない。スターが「大衆がその人間としての個性および神話的な偶像性に対し忠誠を誓う存在」（同、一〇頁）足りうるのは、このためである。したがって彼らに、一定の経験と蓄積を経たならば、会社の意向とはむしろ逆に、当該企業のカラーから抜け出して多様な役柄を演じ演技の幅を拡げたい、あるいは優れた企画・内容の作品に出演したい、という欲求が出てくるのも不可避であろう。この点について大川博東映社長の発言もまた率直である。

（筆者注――スターを）一生懸命育て上げてもちょっと人気が出て来ると、鼻が高くなってしまい、他所へ行きたいとか、気に食わない作品には出演したくないとか、いろいろダダをこねられると、腹が立つよりは淋しくなる。それを慰めながら、使ってゆくということは決して生やさしいことではない。

（前掲、大川博「映画往来」一九―二〇頁）

が、スターの側にも、むろん言い分がある。

会社にすれば新人を売出すのには、先ず多くの映画を作って顔を売らなければならない。それにはお金もかかるだろう。けれどもその俳優を恩をかせにして数年間自分の会社にしばりつけようとするのでは俳優はまるで人形扱いではないか。それでは何のことはない近代企業のお面をかぶっていても、封建的な徒弟制度の映画界の素顔が、半分はみ出しっぱなしというものだ。

（高峰秀子「人気女優という名の人形」『文藝春秋　臨時増刊映画読本』一九五三年一〇月号、八八頁）

（筆者注――フリーならば）どこの会社でも、（中略）出演したい作品があれば、いつだって出られる（中略）。

そうすれば、結局視野も広くなるし、色々の事もおぼえるでしょう。

（高峰秀子の発言「スターは専属にすべきか」『キネマ旬報』一九五四年三月下旬号、六五頁）

会社の専属になってカラーを忠実に代表することが強制されるなら、何のための俳優かといいたい。

（鶴田浩二の発言、前掲「五社協定に揺れる映画界」）

専属も結構だが、その条件が問題だ。たとえば年四本なら少なくとも二本は、自分の好きな作品に出してもらいたい。

（池部良の発言、同）

このようにスターたちにとって作品の自由な選択に対する欲求には根強いものがあったが、さらに監督にとってもまた「一社の手もちスターしか使えないことになれば作品はマンネリズムに陥ることは必定だ」（渋谷実の発言、同）。「ただでさえ大船調といわれている松竹の場合、必要なのは監督、スターの交流ではないか」（中村登の発言、同）というように、「五社協定」が作品の幅を狭めかねないことを危惧している。

すなわち「五社協定」の最大の問題点は、監督・スターの演出や出演に対する自由が契約期間の間奪われるということにあり、協定によるそうした自由意志の抑圧が、結果として作品の質にマイナスの影響を与える可能性があるということにほかならない。もっとも、いわゆる大部屋俳優や人気に翳りの出てきたスターなどにとっては、この協定によって専属制が適用されるならば雇用の安定をひとまず確保できるというメリットがないわけではないが、総じてこの協定が企業の自己利益の追求によって、結果として作品創造に否定的に作用しかねないというパラドックスをはらむものであったことは看過してはならない。かつて伊丹万作は、東宝ブロックによる本格的な市場参入を阻止する目的で、松竹を中心に日活・新興キネマ・大都を巻き込み一九三六年に成立した「四社協定」に対して、「私は引抜きが悪いものだとは思っていない。そればかりか、むしろこれはなくてはいけないくらいに考えているのである。なぜならば、私には映画産業の最も健康な発展形式は自由競争をほかにしては考えられないからである」（伊丹万作 一九三六：一六頁）と批判したが、この批判はこの「五社協定」にも等しく当てはまるというべきであろう。

三 日活による引き抜き攻勢と「五社協定」

1 製作スタッフの引き抜き工作

既述のように、一九五四年三月、撮影所の第一期工事が竣工するが、日活はその前後から製作部長山根啓司を中心として他社から監督はじめ製作スタッフの引き抜きを本格化し、「映画界は、しだいに戦場に化していくかのようであった」（若槻繁 一九六八：五三頁）。スタッフの引き抜きに際して山根は、当初「旧日活の連中が入ってくると、それがグループになってしまって、ほかから来た連中が疎外されたみたいな居づらい雰囲気を作りたくない」として、「大映（筆者注――のスタッフ）を入れたくないと言って」（日活関係者の発言、八木信忠他編 一九八六：七四頁）いたが、実際には助監督の古川卓巳[*7]、牛原陽一、カメラの姫田真佐久[*8]、峰重義、安藤庄平[*9]、伊佐山三郎、萩原憲治[*10]、美術の木村威夫[*11]、照明の熊谷秀夫、岩木保夫[*12]、録音の中村敏夫、神保小四郎[*13]、橋本文雄[*14]、紅谷恒一、杉崎友次郎、スクリプターの秋山みよ、[15]堀北昌子、そして大道具などのハンドも引き抜き、あるいはスタッフ自ら求めて大映から移籍する。監督については「各社撮影所で長年下積みで生活している助監督をマークし」（江守清樹郎 一九九一：六〇頁）、とくに松竹の助監督を対象に監督としての採用と厚遇を条件に移籍を誘い、[16]最初にそれに応じた西河克己と一九五四年二月一日に契約を取り交わす。[17]西河は、移籍後山根の意向を受けて松竹の助監督六人に声をかけ、それに応えて中平康、斉藤武市、鈴木清太郎（清順）の三人が移籍し（西河克己・権藤晋 一九九四：一五二頁）、松竹からはさらに監督（候補を含む）として野口博司、蔵原惟繕、松尾昭典、堀池清、川島雄三、今村昌平、浦山桐郎が、またカメラの高村倉太郎、[18]美術の中村公彦、[19]そしてプロデューサーの山本武[20]が移る。他方、新東宝からも監督の井上梅次のほか「撮影関係の技術者二十数名が引き抜かれ」（『映画年鑑』一九五五年版、六九頁）る。そしてプロデューサーとしては大映の芦田正蔵、浅田健三、東映の岩井金男、柳川武夫、新東宝の坂上静翁、高木雅行、独立プロデューサーの三上訓利、児井英生（児井プロ）、星野和平（東京プロ）、茂木了次、水の江滝子、大野和も参加するなど「引抜きは各方面に及んだ」（同）。

その上で最も重要なスタッフである俳優については、フリーとなっていた津島恵子、松竹の阿南純子、北原三枝、三橋達也、三島耕を引き抜き、一九五五年には大映から南田洋子、坂東好太郎、松竹から月丘夢路、新東宝から左幸子、安西郷子、宝塚歌劇団から新珠三千代を引き抜くものの、他の製作スタッフに比して俳優の引き抜きは困難を極め、江守自身「スター不在の日活」（江守清樹郎 一九九一：六三頁）を自認せざるを得ない状況がしばらく続く。したがって再開当初は新国劇や新劇の俳優に大きく依存したが、それだけでは当然にも限りがあり、新人の発掘やニューフェイスの育成はむろんのこと、他社の主役級ではなく脇役に声をかけたり、他社の本数契約のスターとやはり本数契約を結んだり、あるいは契約切れを待って移籍を誘うなど多様な方法・経路で俳優を確保することに傾注する。[*21] 元俳優ブローカーの星野和平などのプロデューサーや独立プロと契約したのも、「間接的には」彼らが傘下に収めている「監督なりスターを獲得するという」「ねらい」（「今日の話題　需給バランスの道を行く」『映画時報』一九五四年三月号、三一頁）があったことは疑いない。[*22]

以上の製作再開の前後に他社から移った製作スタッフに特徴的なことは、その移籍理由が、第一に、彼らの多くが助監督や技師助手など「下積み」層だったために在籍会社では先輩が多く、キャリアの展望を持てなかったこと、第二に、日活が提示した給与など処遇条件が在籍会社に比べかなり高かったこと、第三に、日活撮影所の設備の近代性など製作インフラが魅力的であったこと、そして第四に、移籍する者全員がいわば新入りスタッフとして同じスタートラインに立つことから、新しい職場での秩序のあり方が比較的平等であったこと、などの点にあったことである。これらの条件は、彼らにとって堀久作の世評の悪さや日活の映画製作企業としての先行きの不透明さを補ってあまりあるものだったのであり、この点に着目すれば、日活の製作再開は、既存五社のもとでは充分に能力を発揮する機会を得られなかったスタッフたちの不満を顕在化させ、彼らに新たな活躍の場――新天地を提供する役割を果たしたというべきであろう。こうして第一撮影所が稼働した一九五四年夏の時点において、日活は監督と技術者そして大道具など現場スタッフに加えて、助監督約二〇名（うち半数は新期学卒採用者）、ニューフェイス二〇名、俳優約七〇名を確保し、専属希望者以外は全員本数契約を基本とした陣容を整えたのである（山根啓司の発言、座談会「新しい製作方式を確立する日活」『キネマ旬報』一九五四年七月夏の特別号、三二―三三頁）。

2　日活と「五社協定」

日活によるスタッフの大幅な引き抜き攻勢に対して反発を強めた既存五社は、日活への対抗策を模索するものの、当初日活を閉め出したままではさらに混乱が増すばかりであるとの判断から、日活に「五社協定」への参加を求めることとなり、映連会長の東映社長大川博から非公式に呼びかける。しかし日活は拒否していた映連加入については考慮するとしたが、五社協定への参加については難色を示す。製作スタッフとりわけスターが未だ充分に整わないなかで協定に加入すれば、それに縛られてさらなる引き抜きが不可能になるという判断によるものであった。[*23] こうしたなかで、東宝専属の三國連太郎による日活の『泥だらけの青春』（菅井一郎監督）出演問題を契機として、五社と日活との対立が激化する。三國は一九五四年六月、東宝で『宮本武蔵』（稲垣浩監督）に出演中、日活の『泥だらけの青春』に出演すると発表したため東宝がこれを拒否したが、三國は東宝の企画に対する不満もあって出演の意思を翻さなかった。そのため森製作本部長は「この問題で日活に何度も足を運び、「もし五社協定に参加してくれるならスターも貸し、大いに協力しよう」と説得したが、日活側はこれをけったため決裂」（「もめる五社対日活」『朝日新聞』一九五四年七月一一日夕刊、二頁）し、結局七月、東宝は当該作品を初監督する菅井一郎の所属する「第一協団に貸与するという苦しい名目をつけて」（『映画年鑑』一九五五年版、七〇頁）三國の出演を認めたものの、その後三國との契約を解除して「五社協定のメンツを守った」（「日活旋風はまだ序の口」『朝日新聞』一九五四年八月二六日夕刊、二頁）。この三國問題は「五社協定」の実効性を問うものであったが、この事件によって三國は五社からボイコットされ、一九五五年、日活と専属契約を結ぶことになる。

三國問題の次に日活と五社との間で問題となったのは、日活が田中絹代の監督によって製作しようとした『月は上りぬ』であった。プロデューサー児井英生による日活移籍第一作として企画された『月は上りぬ』は、もとは日本電信電話公社が日本映画監督協会に劇映画の製作を依頼し（柿田清二 一九九二：九〇頁）、これを受けて小津安二郎が斉藤良輔とともに脚本を書いたものであるが、児井の日活移籍にあたり小津自らこの「以前からあたためていた企画」（児井英生 一九八九：二二一頁）を児井に薦めて日活での映画化に供したのであった。監督も小津の推薦により前年『恋文』を初監督した田中絹代を「抜擢」（同）して準備に入ったものの、これに対して映画監督協会理事長の溝口健二が「絹代には映画は撮れません」（同）と田中絹代の監督起用に反対し、両者の信頼関係にひびが入る。が、より深刻な問題は、田中絹代と五本の優先出演の本数契約をしていた大映による反対であり、田中絹代が契約時に大映から「百五十万円の前渡しを受けていた」（同）こともあって、大映は彼女の監督起用を「五社協定」違反として日活に強く抗議する。児井は、田中絹代の前受金を児井プロから返済させて大映との契約を解消させたが、大映は「絹代ボイコットを宣言し、他社にも彼女を締め出すよう手を回した」（同、二二二頁）ために、企画者である監督協会の対応が焦点となった。

結局、この問題は小津の働きかけによって松竹木下恵介、大映田坂具隆、東宝成瀬巳喜男、新東宝阿部豊等が、各社の監督を代表するかたちで日活江守、児井、田中等当事者と話し合った結果、監督協会として田中の監督による『月は上りぬ』の製作を決定してひとまず落着した。が、今度は俳優のほうが五社から「干されてしまうことを恐れて」（同）この作品への出演を躊躇しキャストの編成が困難となったため、再び監督協会が牛原虚彦・小津安二郎・伊藤大輔等各社の代表的監督七名による「『月は上りぬ』製作委員会」を組織した（柿田清二 一九九二：九一頁）上で、「田中監督によってあくまでも良い作品を作って貰うべく、万難を排して之を推進する」（「五社対日活、又々対立し、監督協会ついに声明書発表」『キネマ旬報』一九五四年一〇月秋の特別号、九六頁）との声明書を発表し、日活を交えた五社との話し合いの末に、主役の交代などの曲折があったものの決着した。

一九五五年に入り映画製作を本格化させた日活は、全プロ二本立製作体制の確立をめざして、フリーあるいは契約期間の終了したスターやスタッフに焦点を合わせて、引き続き本数契約などによる引き抜き攻勢を強める。これに対して五社側は、三月、フリーの芸術家・技術者に対して、①「映連に加入していない会社とはこんご契約しない」ことを誓約させる、②日活と契約中の芸術家・技術者に五社側から働きかけ、五社陣営に抜き返す。その際も前記の誓約をさせる、③誓約に応じない者は一切五社で使用しない（『映画年鑑』一九五六年版、一六四頁）、との強硬方針をもって五月末を目途に日活に対する「巻き返し作戦」（同）に打って出る。これは、「日活映画に関係した人間は、契約者とフリーを問わず、他の五社から締出しを喰うということ」（「木曜評論」『合同通信　映画特信版』一九五五年三月一七日号、一頁）にほかならず、「仕事本位にフリーで生活している芸術家の（中略）自主性を束縛」し、「生活権」（藤本真澄「映画界の冷たい対立」『朝日新聞』一九五五年三月二一日朝刊、五頁）を侵しかねないものであったから、多くの映画関係者に「大センセーションを巻き起こし」（『映画年鑑』一九五六年版、一六五頁）たのみならず、「一種の地下カルテル類似行為」との「疑義」（前掲「木曜評論」一頁）を喚起して、公正取引委員会が独占禁止法に抵触するか否かの調査を開始するなど、社会的にも大きな反響を呼び起こすこととなった。

このように日活と五社との対立が続くなか、江守と親交のある東映専務マキノ光雄がプロデューサー協会の理事長として調停に動くが不調に終り、また四月一日には、プロデューサー、監督、シナリオ作家、俳優、映画音楽家の五つの協会と新劇三劇団が、共同で「われわれの自由な活動が拘束され、われわれの人格権ならびに生活権が脅かされるようなことがあるとすれば、決して看過でき」ず、「日本映画の健全なる発展を期するために、五社および日活の良識ある反省を促す」との「共同声明書」（『映画年鑑』一九五六年版、一六六頁）を発表するものの、事態は動かないままに五社が当初目途とした五月末を迎え、ひとまず「巻き返し作戦」は終了する。

こうして「五社協定」が日活の加入はむろんのこと引き抜きも充分に阻止することができないままに、五社と日活との関係は、その後しばらく膠着状態のまま推移する。が、一九五六年から五七年にかけて、社内外の状況の変化によって日活の態度が軟化し、日活も「五社協定」に加わることとなった。すなわち石原裕次郎を中心とする新人スターの輩出と全プロ二本立体制の確立によって、日活の引き抜き工作が少なくなり、五社との対立が緩和される一方で、日活内部にもいわゆる「太陽族映画」など企画の偏りとギャラの遅延などへの不満から、三國連太郎、名和宏、河津清三郎、伊藤雄之助が退社し、月丘夢路、三橋達也等主役級スターにも移籍の動きが出てくるようになる（「動揺する日活スター陣」『読売新聞』一九五六年一一月二九日夕刊、四頁）。他方、一九五七年一月にニューヨークで日本映画見本市が開催された際、日活も参加することによってはじめて六社が一堂に会し、また折からの映連の改組を契機に日活が新たな映連に加盟してその社長会に参加するようになる。このような動きを踏まえて、一九五七年七月一八日、「五社協定」に代えて日活も加わった六社の「申し合せ」が成立することとなった。[*24] その骨子は、六社は①新人の養成に一層の努力を払うこと、②専属制を確立し、相互にこれを尊重すること、③各社が芸術家・技術者と締結している契約を攪乱するものに対して共同防衛に努力すること、の三点である（『映画年鑑』一九五八年版、一五七―一五八頁）。ここに日活の加入によって、「五社協定」は四年の歳月を経て正式に廃棄された。この六社の「申し合せ」は、その後一九六一年に新東宝の倒産によって五社の「申し合せ」となり、一九六三年の大映の山本富士子問題、一九六七年の三船・石原プロ製作『黒部の太陽』（熊井啓監督）問題など日本の映画界に深い影を与えた後、一九六〇年代末には形骸化し、一九七一年大映の倒産によって事実上機能を停止するに至る。

四　日活の再参入による映画市場の変化について——むすびにかえて

日活による映画製作の再開は、スターの引き抜きなどを通して大きな社会的反響を呼び起こしたが、それと同時に映画市場における企業間競争に与えた影響も無視できないものであった。日活の製作再開によって引き起こされた映画市場における競争上の変化として注目すべきは、第一に、日活の引き抜き攻勢の結果、俳優のギャランティとくにスターのそれが高騰して俳優の経済的地位が高まる一方で、企業の映画製作費の高騰を招く結果となったことである。日活が高いギャラでスターを引き抜いたために、他社においても契約更新時に日活への移籍を潜在的な交渉条件として、スターたちがギャラの引き上げを要求する動きが頻出し、そのため「三、四年前、トップスター一本の出演料は七〇万円という相場だった。それが昨年（筆者注——一九五三年）二本建興行の影響でつり上がり、百万円スターが一挙に一〇数名出現して映画各社を大いにあわてさせたものだ。ところが、こんどの日活攻勢では、なんと倍額の二〇〇万円を軽く突破、鶴田浩二などは四五〇万というウワサ」（「二〇〇万円スターの続出」『朝日新聞』一九五四年九月九日朝刊、三頁）といわれるほどにギャラの相場が大幅に上がったが、それはスターにとどまらなかった。「フリーの俳優を使う場合は今までよりも二、三割出演料が上がっている」（「今日の話題　もめる日活対五社協定」『映画時報』一九五四年八月号、三六頁）というように、フリーの俳優にまで波及する。その意味において、日活の市場参入は俳優の会社に対する賃金交渉力を強化する役割を果たしたことは疑いない。が、他方、このことはまた企業にとっては当然にも俳優費の高騰による製作費の増大を招くこととなった。「人件費最大三〇％というのが企業の常識。それが映画企業では昨今七〇％近いのだからベラ棒だ」（大映松山常務の発言、前掲「二〇〇万円スターの続出」）というようにギャラの高騰は、企業のコスト構造に圧力を加え、作品の量産競争に拍車をかける一因となったのである。

第二に注目すべきは、いわゆる「俳優グループ」の出現である。日活の引き抜き攻勢に対して既存五社は、「五社協定」を楯に俳優など製作スタッフの自由移動を厳しく抑制しようとしたために、これを嫌ってスターたちが会社から独立してグループを結成する動きが活発化する。「映画会社にしばりつけられ、いいなりになって愚劣な作品に出演させられるよりは、苦しくても一人だちしていい作品に出たい」（「抵抗する映画スターたち」『朝日新聞』一九五四年一二月二三日夕刊、四頁）というのである。それは、それまで抑制されていた俳優たちの作品選択の欲求が、日活の市場参入による俳優労働市場の流動化を契機に顕在化したものといってよい。一九五四年に結成された岸恵子・久我美子・有馬稲子による「にんじん・くらぶ」を嚆矢として、佐野周二らの「まどか・ぐるーぷ」、鶴田浩二らの「クレインズ・クラブ」、三國連太郎らの「三文ぐるーぷ」、山田五十鈴らの「親和プロ」、さらに岡田英次らの「青年俳優クラブ」などがそれである。こうしてスターを中心として俳優たちは、日活の市場参入を契機に、その組織力をもってギャラだけではなく、出演する企画・作品についても映画会社に対する交渉力＝発言力を確保・強化することとなった。

そして第三に注目すべきは、日活の市場参入が既存五社の興行市場を蚕食することによって企業間競争が一層激化し、そのことが結果として映画市場のさらなる拡大＝観客層の増大に寄与したことである。日活が製作を再開する直前の一九五三年の劇映画製作本数は三〇二本であったが、一九五八年には五〇四本と六六・九％も増大し、映画館は同じく三、九五九館から七、〇六七館に七八・五％の、また観客動員数も同じく七億六、四〇〇万人から一一億二、七〇〇万人に四七・五％の増大をみせる（通産省編　一九六二：六・二六・二八頁）。それは、東映を嚆矢とする各社の新作二本立製作・配給による量産効果に加えて、日活の製作再開が映画市場の拡大に寄与した結果である。[*25]その上で、看過してならないことは、日活の製作再開が興行市場とくに中・下番線の興行館にとってもった意味についてである。日活は製作再開後その五〇余りの直営館に加えて、全プロ契約館の獲得に精力的に乗り出したために興行市場においても五社との競争が激化したが、日活作品の登場は全国の映画館にとっては作品の選択肢が拡大することにほかならなかったから、とくにこれまで劣勢にあった中・下番線館の製作・配給会社に対するフィルム賃借料の交渉力＝発言力が強まるように作用した。「下番線にいくほど映画料金を少し安くして呉れないと日活作品を買いますと言い出す館がふえている。（中略）日活系に替わる替わらないは別として、日活をタテに料金のかけ引きをやれるわけである」（前掲「今日の話題　もめる日活対五社協定」三五頁）という現象があらわれ、中・下番線の興行館にとってはそれまでの配給会社に対する交渉力の劣勢をいささかなりとも改善する契機をなしたのである。

以上、日活の映画製作再開と五社によるそれへの対応について、やや立ち入って検討してきた。そこから明らかとなったことは、日活の市場参入が企業間競争の一層の激化を通して日本映画のいわゆる戦後黄金期を形成する一翼を担ったということにほかならない。が、留意すべきは、そのことがテレビの急速な普及などその後の環境条件の変化によって収縮する映画市場のもとで、過当ともいわれる企業間競争に転化し、結果として映画産業の衰退を招く一要因となったことも否定できないということである。その意味において、日活の市場参入がもたらした光と影は、ことのほか大きかったというべきであろう。

1――日活による製作部門の切り離しと大映の成立事情については、井上雅雄（二〇一一：五一―六一頁）を参照せよ。

2――新東宝と日活との資本提携の挫折については、井上雅雄（二〇一四：一六六―一六七頁）を参照せよ。

3――この点について業界誌記者は次のように述べている。「（筆者注――日活は）アメリカ映画の封切では、どこよりもよく稼いでいる筈だが、何しろ五〇％以上の写真料では、利益は案外すくない。興行部門ははたでみるほど儲からないという結論なんだね。それに反して製作は儲かっている。東映はあの通り立直った。凡打連発の新東宝でも、みちがえるほど内容がよくなっている。松竹、大映はいわずもがなで、現在、およそ製作費を回収できない作品は皆無ではないか、といわれているほどだ」（本誌記者座談会「日活の製作をめぐる群像」におけるＣの発言『映画時報』一九五三年一一月号、三二頁）。

4――戦前山王ホテルの支配人から日活社長に就任した堀久作自身は、製作再開に必ずしも積極的とはいいがたかった。というのも、「（筆者注――堀は）映画に対する魅力が全然ないんです。むしろ、不動産の仕事のほうが興味があった。だから、堀さんにすれば映画はまったくサイドビジネスだった」（山崎辰夫の発言、八木信忠他編 一九八六：六四頁）からである。実際にも、堀は一九五一年初頭の一ヵ月余りに及ぶアメリカ視察旅行の後、ＭＧＭについて「一社だけの規模が、まさに鎌倉市に匹敵」し、「屋内ステージが四〇数棟ある。（中略）もっと驚いたのは屋外セットで自動車で見て歩くだけでも一時間半はかかる」（堀久作「アメリカ見聞記⑵」『東洋経済新報』一九五一年四月一四日号、二〇頁）とその巨大さに驚き、この「撮影所を見るまでは、もう一度日本映画の製作の方をやってみようと思わんではなかったが、あれを見たらイヤになった。製作（筆者注――を考えること）はもうやめたよ。録音室なんか素晴らしい。わたしは全くあれを見て垂涎三千丈の思いがした。あれだけ完備した機械を設備するだけでも日本ではそろばんが持てん。（中略）日活の今後の方針は従来通り、変更はしない。アメリカ映画だけを配給上映する」（堀久作談「アメリカで私は何を学んできたか」『キネマ旬報』一九五一年三月下旬号、一七頁）と述べている。

すなわち「もともと映画製作よりも、金もうけに興味があり、作るよりも、出来上ったもので商売するというのが彼の主張」（『朝日新聞』一九五三年九月八日朝刊、三頁）であって、このことを例証するように、堀久作は新東宝との資本提携が取り沙汰されていた一九五二年から製作再開発表の五三年にかけて、老舗百貨店白木屋の株を、乗っ取り屋として悪名高かった横井英樹とともに買い占め、重役を推薦するなど白木屋の経営に発言力を行使しようと試みたが、その後、横井の世評などを気にしてか、突然その持株約八〇万株をすべて山一証券に売却して白木屋から手を引く（『読売新聞』一九五三年一〇月五日夕刊、一頁）など、証券業界においては市場で大量の株式を投機的に売買して売却益を稼ぐ「仕手」としても知られた存在であった。そのような堀が「いよいよ日活で映画を作るといい出したのは、よほどの心境の変化である」（前掲『朝日新聞』）が、そこには「江守が堀を引っぱった」（山崎辰夫の発言、八木信忠他編 一九八六：六四頁）といわれるように、日活の経営の先行きに危惧を抱いていた江守清樹郎による強い説得があった。

5――この事件については、柏木隆法（一九九二）、犬塚稔（二〇〇二）、矢野誠一（二〇〇四）を参照せよ。

6――森岩雄に引き抜き防止案の作成が依頼されたのは、日活の製作再開が発表された前年の一九五二年一二月一八日、他社の新年度企画に東宝の監督の名前が挙がっていたため、森がそうした動きを牽制する目的で東宝の契約監督と俳優全員の連名をもって他社の「誤りと不徳義に反省を求める」（「今日の話題」『映画時報』一九五三年一月下旬号、二六頁）との声明書を発表したという経緯によるものではないかと推察される。

7――古川卓巳は、「日活が製作を再開するというんで、昭和二九年の一月か二月に日活に移ったわけです。山根（筆者注――啓司製作部長）さんに呼ばれて（中略）。大映にそのまま残る気持ちは、ぜんぜんありませんでしたね。というのは、その当時、大映は五年くらい助監督をやってもなかなか監督にしないで、ちょうどみんなで監督昇進運動を起こしていたときなんです。だから未練はなかったです」（古川卓巳 二〇〇〇：七八頁）と述べている。

8――姫田真佐久の移籍については、姫田真佐久（一九九八：三九―四一頁）を参照せよ。

9――安藤庄平の移籍については、安藤庄平（二〇〇〇：四〇―四一頁）を参照せよ。

10――萩原憲治の移籍については、萩原憲治（二〇〇〇：二〇頁）を参照せよ。

11――木村赳夫の移籍については、木村威夫（一九八六：一一八頁）、及び木村威夫著、荒川邦彦編（二〇〇四：一二〇頁）を参照せよ。

12――熊谷秀夫と岩木保夫の移籍については、熊谷秀夫・長谷川隆（二〇〇四：五二―五三頁）、及び岩木保夫（二〇〇〇：四九頁）を参照せよ。

13――神保小四郎の移籍については、新保小四郎（二〇〇〇：六五頁）を参照せよ。

14――橋本文雄の移籍については、橋本文雄・上野昂志（一九九六：七六―七七頁）を参照せよ。

15――秋山みよの移籍については、秋山みよ（一九九四：四九―五〇頁）を参照せよ。

16――松竹の助監督に焦点を合わせて引き抜いたのは、西河克己によれば「初代の製作部長、山根さんには独自な考え方があったんですね。日本の映画界で監督は松竹が一番いいと。将来監督部を作るのは、大船のやり方で行こうと」（西河克己 一九九五：三九〇頁）という理由による。

17――西河克己は声をかけられた時の状況を次のように語っている。「ちょうど、そんな（筆者注――『螢草』〔佐々木啓祐監督〕の撮影準備に入っている）ときに日活から、入らないかって使いが来たんです。だけど、当時は、日活の堀久作という人は非常に評判の悪い人で、松竹のような所では、あれは実業家じゃない、虚業家だよって、まるでサギ師のごとく言われていた。（中略）そして今度、突然、多摩川に撮影所を建てて、しかも、冷暖房完備とか。しかし、そんなことは、誰も信じない、あれはハッタリ家だからねと。まあ、あれはタダの不動産家だから、映画を作るかどうかあやしい。映画界の人じゃないし、あまり僕らも知らないから、アブナイ話だったんですね。ですから、日活には、「いま、作品に入っているから」と、アイマイな返事をしていたんです。（中略）（筆者注――しかし）製作部長の山根啓司っていう人が、現場を見てくれというので、日活に正月の五日に行ったんですね。（中略）撮影所に連れて行かれて、暖房装置にビックリした。すべて床下暖房か空調なんです。松竹にはそんなものは無いですからね。そして、もっとビックリしたのは、男と女の便所が別々になっていた（笑い）。しかも、タイルの色が違っていましてね。だいたい撮影所というのは、世間一般よりキタナイというのが常識ですから。イヤー、スゴイモンだな、と。やはり、それが移籍の一番大きな理由ですね（笑い）」（西河克己・権藤晋 一九九三：一二四―一二六頁）。これに加えて西河には日活で監督として処遇されることと、月給が松竹では二万四千円だったの対し日活では七万円が提示された（同、一二六頁）ということも移籍の大きな誘因になったであろう。

18――高村倉太郎が引き抜かれたのは、「松竹の倍くれる」という手当の魅力もあったが、それよりも「年数とか先輩後輩の差別がないっていうのが、僕にはものすごく魅力だったですね。川島（筆者注――雄三）さんもそれで伸び伸びとやったんじゃないかな」（高村倉太郎 二〇〇五：二〇三―二〇六頁）というように、新しい製作現場が年功序列的な職場秩序ではないことにあった。

19――中村公彦の移籍については、中村公彦著、岩本憲児・佐伯知紀編（二〇〇一：一〇四頁）を参照せよ。

20――山本武の移籍理由は、「第一に経済的な問題で、今後のことを考えた場合に、とても松竹のシステムの中ではやって行けないと思ったから」であり、第二に「アメリカの近代設備を十分に取り入れて造った撮影所に対する魅力」であり、第三に「江守日活常務が明治大学当時の友人で、この人となら一緒に仕事をしても面白いと思ったからである」という（山本武「日活転向の弁」『キネマ旬報』一九五四年九月上旬号、五八頁）。

21――この点について雑誌記者は次のように述べている。「A：裏方のスタッフは大体大丈夫なんです。追々と契約の切れた人を順々に補充して行けばいいわけです。結局足りないのは役者です。今一生懸命やっております。（中略）B：バイプレーアーはいいのを使っておりますね。どの作品を見てもそうです。しかし主演クラスがいない」（第一線記者座談会「回顧と展望　激動する業界」『映画時報』一九五五年一月号、一八頁）。

22――もっとも、星野和平については「星野和平だったら役者が集まるだろう。つまり、松竹にも顔がきいているから、ということで星野和平を使ったわけです。（筆者注――しかし）実際には、企画も知らなければ、役者のほうも津島恵子を引っぱっただけですよ。それ以外には、何もしなかった。できなかったんです」。せいぜい「新国劇を持ってきただけで、後はほとんど星野和平の力は何もなかったわけです」（山崎辰夫の発言、八木信忠他編　一九八六：五一―五二頁）ということで、彼はその後日活を去り、新東宝に移る。

23――日活が「五社協定」に入らないのは、引き抜きができなくなるということのほかに、「犬猿の仲」である大映に対する反発があり、「戦時中の映画新体制で第三会社である大映へ撮影所及びスタッフを現物出資し自らは興行会社に安んじて波乱の十年をすごしてきたことを忘れようとしてもなかなか忘れられない」（「どうなる五社対日活」『合同通信　映画特信版』一九五五年四月二一日号、三―四頁）からであった。その上で留意すべきは、五社と日活との対抗意識の激しさである。一九五四年六月二九日、日活の製作再開第一号作品『国定忠治』と『かくて夢あり』が封切られたが、その日東宝を除く既存四社は浅草、新宿、渋谷などの都内主要封切館において自社専属スターを動員して歌や踊りなどの実演を催し、日活に攻勢をかける。これに対して、日活側も急遽契約スターを糾合し舞台挨拶をさせてこれに対抗するなど、「小児病的アトラクション合戦」（「時評」『キネマ旬報』一九五四年七月下旬号、二一頁）を展開し、「お盆興行にはまだ早いのに、これは何事ぞと、かえって観客の方が面喰らう珍現象を呈した」(「今日の話題　日活第一号作品登場の日」『映画時報』一九五四年八月号、三六頁)。五社と日活との対抗意識の激しさを物語っている。

24――なお、日活が「五社協定」に加わる意思を固めた一九五七年五月頃、「六社協定」の成立が危ぶまれる問題が発生する。一つは、東宝系の東京映画が日活の監督川島雄三と俳優三橋達也の引き抜きを密かに画策していることが明るみに出て、日活側の強い怒りを喚起したこと、いま一つは、独立プロ作品『異母兄弟』(独立映画、家城巳代治監督)の松竹直営三館での封切りが、この作品に東映スター南原伸二(後に宏治)が無断出演していることを問題視した東映の強硬な抗議によって、封切り直前に上映中止に追い込まれたこと、である。前者は、東宝と日活との話し合いによって処理されたが、後者の問題は配給元の独立映画が五社を独禁法違反として損害賠償請求とともに提訴し、社会党が独立映画を支援して「六社協定」成立阻止の決議文を発表するなど問題が拡大する。が、当該問題は、配給の問題ではなく興行の問題であり、興行の問題である以上「五社協定」の適用範囲を超えるとの六社間の了解によって、東映は松竹に対する上映中止の申し入れを撤回し、それ以外の問題については興行会社と独立映画との話し合いに委ねることで、ひとまず決着する(『映画年鑑』一九五八年版、一五六〜一五七頁)。新たに成立した協定が、「六社協定」ではなく六社の「申し合せ」として表現が緩和されたのも、これらの問題の発生を受けたものといってよい。

25――この点について「日活があったから、あれ(筆者注――観客動員数)がピークになった。もし日活ができなきゃ、映画界そのもののピークはもっと前、(筆者注――昭和)三一年ぐらいなんです。日活があそこで加わったために、またしばらくもったんです。結果的に日本映画界の全体の数字がしばらくもった」(日活関係者の発言、八木信忠他編　一九八六：八一頁)という発言は看過してはならない。

引用文献

秋山みよ　一九九四「戦後映画の黄金時代を歩んで」桂千穂編『スクリプター　女たちの映画史』日本テレビ

アレグザンダー・ウォーカー　一九七四＝一九八八『スターダム――ハリウッド現象の光と影』渡辺武信・渡辺葉子訳、フィルムアート社(A. Walker 1974 *Stardom-The Hollywood Phenomenon*, Penguin Book)

安藤庄平　二〇〇〇「苦節一三年、日活晩期に一本立ち」野沢一馬編『日活 1954-1971――映像を創造する侍たち』ワイズ出版
伊丹万作　一九三六「映画界手近の問題」『改造』一九三六年八月号（大江健三郎編『伊丹万作エッセイ集』ちくま学芸文庫、二〇一〇年所収）
犬塚稔　二〇〇二『映画は陽炎の如く』草思社
井上雅雄　二〇一一「大映研究序説――映画臨戦体制と大映の創設」『立教経済学研究』六四―三
井上雅雄　二〇一四「占領終結前後の映画産業と大映の企業経営（下）」『立教経済学研究』六七―三
岩木保夫　二〇〇〇「照明一筋、担当した日活映画は八〇余本」野沢一馬編『日活 1954-1971――映像を創造する侍たち』ワイズ出版
江守清樹郎　一九九一『俺は最後の活動屋』江守画廊
柿田清二　一九九二『日本映画監督協会の五〇年』協同組合日本映画監督協会
柏木隆法　一九九二『千本組始末記』海燕書房
木村威夫　一九八六『わが本籍は映画館』春秋社
木村威夫著、荒川邦彦編　二〇〇四『映画美術――擬景・借景・嘘百景』ワイズ出版
熊谷秀夫・長谷川隆　二〇〇四『照明技師　熊谷秀夫　降る影　待つ光』キネマ旬報社
児井英生　一九八九『伝・日本映画の黄金時代』文芸春秋
神保小四郎　二〇〇〇「日活映画に関わった歓びと誇り」野沢一馬編『日活 1954-1971――映像を創造する侍たち』ワイズ出版
高村倉太郎　二〇〇五『撮影監督　高村倉太郎』ワイズ出版
通産省編　一九六二『わが国映画産業の現状と課題――映画産業白書』尚文堂出版部
中村公彦著、岩本憲児・佐伯知紀編　二〇〇一『映画美術に賭けた男』草思社
西河克己・権藤晋　一九九三『西河克己映画修業』ワイズ出版
西河克己　一九九五「大船は象牙の塔というか閉鎖社会、日活は「実社会」って感じでした」山田太一・斉藤正夫他編著『人は大切なことも忘れてしまうから――松竹大船影所物語』マガジンハウス

日活株式会社編　一九六二『日活五十年史』日活株式会社
萩原憲治　二〇〇〇「日活時代の思い出」野沢一馬編『日活 1954-1971――映像を創造する侍たち』ワイズ出版
橋本文雄・上野昂志　一九九六『ええ音やないか　橋本文雄・録音技師一代』リトル・モア
姫田真佐久　一九九八『姫田真佐久のパン棒人生』ダゲレオ出版
古川卓巳　二〇〇〇「日活アクション映画を撮り続けて十一年」野沢一馬編『日活 1954-1971――映像を創造する侍たち』ワイズ出版
八木信忠他編　一九八六『個人別領域別談話集録による映画史体系』（2）日本大学芸術学部映画学科
矢野誠一　二〇〇四『二枚目の疵――長谷川一夫の春夏秋冬』文芸春秋
若槻繁　一九六八『スターと日本映画界』三一書房

＊――本稿の基礎となった研究会での報告に対して、谷川建司、ミツヨ・ワダ・マルシアーノ両氏をはじめとして研究会メンバーの有益なコメントをいただいた。ここに改めて感謝を申し上げる。

2

日本映画輸出振興協会と輸出向けコンテンツ

政府資金活用による怪獣映画製作とその顛末

谷川建司

はじめに

日本映画輸出振興協会（輸振協）という組織がかつて存在したことは今日ではあまり知られていない。この組織は、不況にあえぐ映画業界からの融資の要望に日本政府が応える形で一九六六年に成立した「輸出映画振興金融措置」を受けて、その融資を実行するにあたって設立された通産省管轄の社団法人であり、加入金五〇〇万円を支払った邦画五社を会員とし、「輸出適格映画」として認定された作品への融資を行なった組織である。[*1]

同協会を通じての政府融資は当初予定では三年間総額六〇億円、結果的に二年の延長措置で総額九〇億円となったが、実際のところこの制度を利用して「輸出適格映画」を製作したのは大映、日活、松竹の三社のみで、[*2]輸振協自体も前年度繰り越し分の処理のため一九七一年度末の一九七二年三月三一日まででその役割を終えている。

輸振協の活動時期は映画不況の真っ只中で、日活のロマンポルノ路線への転換（一九七一年一一月）、大映の倒産（一九七一年一二月）という大激震が走り、松竹も一部新聞報道によって製作からの全面撤退が報じられる[*3]という状況下での制度の成立・運用だったため、潰れかかった映画会社の救命策と見做され、批判の対象となった。『映画年鑑』の記述などからは、映画産業斜陽の危機的状況だった一九六〇年代後半の時点で、国内マーケットの収益の伸びが期待できない中、欧米や東南アジアなど海外マーケットへ映画を輸出することで打開を図ろうとした動きが映画産業界全体としてあり、政府に対して融資を働きかけた中心人物が大映の永田雅一であったこと、そして、大映、松竹、日活の各社が、テレビで『ウルトラQ』（一九六六年）、『ウルトラマン』（一九六六～六七年）が高視聴率を挙げている状況下において怪獣映画を〝輸出に適したコンテンツ〟と捉え、輸振協を通じて製作資金を得、それぞれに怪獣映画を製作したことなどがわかる。

本稿では、一九六〇年代後半の時点で、①映画産業界の危機的状況下での輸振協成立に至るプロセスを検証し、②政府による輸出向け映画製作資金の融資措置とその受け皿としての輸振協の成立が、経営難に陥っていた大映・日活・松竹の三社にとっては国の融資制度を利用して次々と輸出向け映画を製作することで延命策として機能していた可能性を吟味すると共に、③海外向けコンテンツとして当初最も有望視されていた〝怪獣もの・特撮もの〟やスパイアクション物などでは、〝海外向け〟を初めから想定していたため、海外セールスにおいて有利と見なされていた要素、すなわち外国人登場人物の付加、海外ロケーション撮影などが重視され、そのコンテンツにも影響を与えていたのではないか、という仮説を検証したい。

一　背景としての映画輸出振興を目指す映画界の動き

日本政府による融資制度の成立とその受け皿としての輸振協設立に至る映画産業界側の長年にわたる政府へのアプローチにおいて、そのキーマンは、映画産業振興審議会委員長・通産省化学品輸出会議映画部会長をしていた大映社長の永田雅一であり、これをサポートしていたのは海外の映画界と幅広い付き合いのあった東和商事社長の川喜多長政だと思われる。

永田は自身のプロデュースによる黒澤明監督作品『羅生門』のヴェネツィア国際映画祭金獅子賞受賞によって脚光を浴びた直後に出版した著書の中で、日本映画の海外輸出を目的としてヨーロッパやアメリカを訪れたことに触れている。そして、そもそも映画は輸出に向いているという主旨で「資源に恵まれない日本は、海外から原料を買って、これに加工し、一〇〇の外貨を獲得しても、原材料は九〇％までかかるから、本当の日本のインカムは一〇％だ。そこで私は、私なりに外貨獲得に邁進しようと決心した訳である。（中略）映画というものは九九・九（筆者注――％）までがインカムだ。材料はフィルム代だけで、殆ど版権料である。外貨獲得にこれ程便利で有益なものはない」と述べている。[*4]

永田は他の雑誌対談などでもほぼ同趣旨の発言をしているが、[*5]永田がこうした主張を繰り返し公にしていた一九五〇年代半ばの時期は、日本国としての貿易収支が赤字だったため、輸出を伸ばしていくことが国としての急務であり、その文脈の中で映画という商品を輸出していくことを主張していた訳である。だが、実際に「輸出映画振興金融措置」と輸振協が生まれた一九六〇年代半ば頃は既に重化学工業の発展などによって日本の貿易赤字は解消され、映画の輸出ということが少なくとも国にとってはさほど重要な意味を持ち得なくなり、これと反比例して映画産業の斜陽化が問題となってきた時期である。したがって、永田がこの時期に再び同じ論理での映画輸出の重要性を主張し、そのための政府による融資制度実現へ向けて奔走したのは、傾き始めた映画産業を何とか持ち直すためのテコ入れとして政府による融資制度を作ること自体に主眼があり、輸出の重要性云々はその実現のための方便であったと考えた方が実態に近い可能性がある。だが、動機がどうであれ、永田の築きあげてきた政界、特に自民党とのパイプの太さが、永田個人の大映という会社の経営に対するプラスの材料を引き出すというだけでなく、映画業界全体にまで影響を及ぼすだけのものであった、という点は間違いない。

一方で、東和商事の創設者である川喜多長政は、一九二〇年代からこのかた、日本映画をヨーロッパに紹介する努力を重ね、その生涯を通じて海外の優れた映画を何百本も日本に輸入し、海外との合作映画を製作することで「東洋と西洋の和合」に尽力した人物であり、実際に一九三七年にはドイツとの合作映画『新しき土』を製作して商業的にも大成功を収めていた。川喜多は、その翌年に映画雑誌『日本映画』に発表した「映画輸出の諸問題」という論考の中で、どのような日本映画を輸出するべきかという問題に関して「第一は国内用として製作せられたるものの中優秀なるものを詮衡して輸出する、(中略)第二は輸出を目標として製作する事」と述べている。そしてその第二の〝輸出向け映画〟のパターンとして、ⓐ外国人に理解されやすい内容のものを作る、ⓑ外国との合作、ⓒ外国の監督・俳優・技術者を日本に招く、ⓓ海外ロケを行なう、という案を提示している。[*6]

合作映画、外国人俳優の起用、海外ロケは、「輸出映画振興金融措置」確定と輸振協設立によって実際に〝輸出向け映画〟が作られ始めた一九六六年の段階でそっくりそのまま取られていくことになる手法であり、川喜多がその二八年も前にこうした提案をしていることは注目に値する。

川喜多が戦前より日本文化を海外に紹介するという観点で映画輸出事業を試みてきたのとは対照的に、ビジネス、すなわち金儲けの手段としての映画の輸出を唱えてきたのが永田ということになるが、この一見かけ離れたコンビというのは通産省化学品輸出会議においては実に阿吽の呼吸で互いを補完し合っている印象がある。たとえば、一九六四年三月一九日の同会議映画部会における審議事項三、「輸出目標達成のための要望事項」の第四項「長期低金利の公的金融機関の設置」の審議において、永田と川喜多は次のような発言をしている。[*7]

永田　私どもこの映画部会は、総体から言えばきわめて零細たる金額ではあるけれども、額という問題ではなく、有形、無形にプラス・アルファ、文化的活動、日本国のPRというものでよりよく外国に認識せしめているというところに大きな付帯がある。(中略)(筆者注——通産省の映画部会で)映画金融公庫が問題になっているということだが、どこかでこれができるかできないか。すぐやれなければどうするか。われわれ同業者がやれなければ、なにか協力的なものを得なければならないが、（中略）何千万ドルというような金を年間輸出し、外貨獲得しようということになれば、この(4)の項目というものが基本的な問題だと思う。なんといっても金だ。（中略）これほど手段として有益なものはない。だからここで五十億か六十億金があれば、日本映画は二千万ドルないし三千万ドル、年々獲得出来るということは単なる理想論ではない。どう思う、川喜多君。

川喜多　そう思うね。

永田　いままで日本の映画界の自給自足でやれていたことが間違っていた。仕合せすぎた。だから好むと好まないにかかわらず、日本の映画界においても、ペイしなかったら外国に出すより手がないという客観情勢になってきた。だからこのことはあらゆる機会に話をするが、俺が個人で金があれば貸してやるよ、ポンと。今日持っていないから。五十億あったら貸してやるよ。

永田　この基金ということは、金融公庫であろうがなんであろうが、ここで三年間ほど、五、六十億、せめて銀行金利の八、九分でいいよ。この金があったら必ず輸出は二千万か三千万ドルに、この二、三年の間にしてみせるよ。（中略）ところが調子の悪いことに、ここに来て俺、金がねえもの。

川喜多　それが二、三千万ドル外貨獲得だけではなく、ほかの日本の繊維類、機械、カメラの輸出にえらく貢献すると思うのです。日本の映画が出れば。

永田　次長（筆者注——通産省企業局乙竹次長）、通産省の立場で、三年間だけ据え置きで、要するに五、六十億あればいいのだよ。

この、第四項というのは「(4)日本映画の輸出促進をより以上伸長させるためには製作面を充実することが必要であり、製作には多額の経費を必要とするので、輸出振興のために公的機関の低金利の長期金融措置を考慮願いたい」[*8]というもので、昭和三九年度における輸出目標達成のための要望事項として同日の会議にて承認され、通産省を通じて政府に提出されている。

翌一九六五年三月、この要望書の内容に基づいて映団連より改めて「入場税の一部を原資とする映画産業金融機関設置方に関する要望書」が政府に提出された。その骨子は「日本映画金融公庫(仮称)」を設立して、輸出振興目的の映画製作のための資金を低金利で融資する措置を講じてほしいということであった。

一九六五年八月一六日に開催された、政府の最高輸出会議(上期)(佐藤栄作総理大臣、各担当大臣、各輸出部会代表、各担当官出席)において、「要望に基づく対策」が審議されており、映画部会からの要望としての輸出振興目的の輸出適格映画製作のための資金を低金利で融資する措置についても審議されたと考えられる。結果的には、映画業界側が想定していたような「日本映画金融公庫」の設立という形ではなく、年額二〇億円の興長銀債引き受けという形での、「輸出映画振興金融措置」が三年間実施されることになったが、映団連に保管されている記録(年報にあたる「映団連事業報告書」、月報にあたる「映団連報告」)では、一九六五年三月の要望書・会議録のあとは一九六六年三月の「化学品輸出会議映画部会・要項」まで映画輸出関連記載のある資料がなく、また一九六六年三月時点では既に「輸出映画振興金融措置」が確定している上での記述しかない。しかし、同措置の確定から日本映画輸出振興協会(輸振協)設立に至る経緯の詳細は『映画年鑑一九六七年版』(時事通信社、一九六八年)

および『キネマ旬報』(一九六六年月下旬号)の記述から確認できる。

六五年九月二二日、邦画五社長は自民党三役(前尾総務会長、田中幹事長、赤城政調会長)を招き、年間三〇億円の融資方について要望した。これは永田映連会長が自民党筋に従来から働きかけておいたのが奏功して、党側から映画界に意向を打診してきたのがきっかけになったものである。(中略)

要望を受けた自民党側では、一〇月五日有志によって「映画産業振興に関する懇談会」を開催、同席上に邦画五社長が出席して推進方を要請した結果、自民党政調会商工部会内に「映画産業振興小委員会」(委員長南好雄代議士、委員二四人)を設置することが決定した。同委員会は一〇月一四日、二九日と会合を重ね、一一月二九日の第三回会合で金融措置に関する次の四案を作成した。

①輸出入銀行活用 ②興長銀債の資金運用部引き受け ③日本開発銀行活用 ④特殊法人「日本映画輸出振興協会」設立[*9]

輸出金融は、当初の自民党案では、特殊法人「日本映画振興協会」を政府と映連が折半出資し、ここへ政府補助金五億円、日本開発銀行を通ずる財政投融資二十億円を集結して、融資の道を開くという計画であった。この構想は、政府=大蔵省の公団、公庫など特殊法人の新設は一切認めないという基本方針の前に崩れ去り(従って同法律案も流産)、代って自民党が出していた第二案、つまり興長銀を通ずる財政投融資のかたちにふりかえられたわけである。[*10]

最終的には、一九六六年一月一三日、興長銀債の引き受け限度額は一九六六年度財政投融資計画の中に二〇億円が組み込まれ、一九六七年度、一九六八年度も同額の見込みとして「輸出適格映画の製作資金」が政府によって用意されることになった。*11

年額二〇億円を三年間、計六〇億円というのは永田と川喜多の主張がそのまま実現したということである。年額二〇億円の根拠として、永田は、「ここで三年間ほど、五、六十億」という数字の明確な積算根拠は提示していないが、映画業界的には邦画五社が製作費二億円の輸出向け映画をそれぞれ年に二本製作するのに必要な額、といった認識で受け止められていたようであり、*12 通産省も自民党もこれに対して独自の積算根拠によって別の数字を持ち出したりはしていない。自民党政調会がまとめた「輸出映画振興金融措置要綱」では、社団法人日本映画輸出振興協会を通じて製作会社に融資することとされ、融資を受けた作品は「輸出されるように極力努めるとともに「日本映画特別上映制度」の対象として考慮する」こととされた。*13

一九六六年四月一五日に設立された輸振協の理事会は永田を含む邦画五社長ら一五名が理事に名を連ねる組織だった（理事長は日本芸術院長・映倫管理委員長・通産省産業構造審議会映画部会長の高橋誠一郎）が、その下に輸出映画の適格性を審議する「輸出適格映画選定委員会」が設立され、そのメンバーとして次の九人が選ばれた。*14

委員長：有光次郎（輸振協理事。元文部事務次官。武蔵野美術大学初代学長）
委員：細川隆元（評論家）、福良俊之（ＮＨＫ解説委員、産業構造審議会映画部会委員）、島田喜仁（前通産省企業局長）、村上公孝（ジェトロ理事）、松方三郎（共同テレビニュース）、大澤善夫*15（大澤商会会長）、曾我正史（東京第一フィルム社長）、池田義信（映倫管理委員会常任委員）

輸出適格映画選定委員会は一九六六年六月二四日の第一回選定委員会で大映から申請のあった『小さい逃亡者』を、八月一〇日・二二日の第二回・第三回選定委員会で日活の『アジア秘密警察』をそれぞれ審議の上承認し、それぞれの製作費の八〇%相当額を日本興行銀行が五五%、日本長期信用銀行が四五%の割合で融資する形で、日本映画産業界として初めて、日本政府の資金での映画製作がスタートすることになった。[*16]

二　背景としての怪獣映画ブームと海外での需要

1　特撮映画のパイオニア＝東宝の輸出実績

東宝の戦後の海外進出は、すなわち日本の戦後における怪獣映画の始まりである『ゴジラ』（一九五四年）の海外版『Godzilla, King of Monsters!』（一九五六年に日本でも『怪獣王ゴジラ』として凱旋公開）誕生とともにスタートした。その後、『三大怪獣　地球最大の決戦』（一九六四年）まで、毎年のように東宝が製作した怪獣映画一二作品は海外でも評判となり、テレビ放映のみであった『宇宙大怪獣ドゴラ』（一九六四年）を除くすべての作品が実際に米国で劇場公開されている。東宝はまた、一九六一年には香港のキャセイ・オーガニゼーションと『香港の夜』を、また一九六五年にはシナトラ・エンタープライズと『勇者のみ』を手掛けるなど、早くから海外との合作映画の試みも行ってきたし、そういった海外でのビジネス展開を念頭に置いた作品を製作するだけでなく、それらを上映する自前の劇場を海外に展開してきた。

一九六五年の前半に東宝と米国のベネディクト・ピクチャーズを主宰するプロデューサー、ヘンリー・G・サパースタインとの間で五本の作品の共同製作契約が交わされたことが米国の映画業界誌『ヴァラエティ』にて報じられた。サパースタインは、米国のテレビ局がSF映画やモンスター映画を「死ぬほど欲しがっている」[*17]と聞いて東宝ラブレア劇場に『Godzilla, King of Monsters!』を観に行き、観客が悪役であるはずのゴジラの大暴れに喝采を送っている様子を観察した。彼は、東宝に対して「映画の視点をほんの少しだけ変えれば、それらは世界中のマーケットを、特に北米のマーケットを獲得することができる」と指摘し、「我々が北米での配給権に対して製作費の半額を支払い、脚本に対してコンサルティングを行う。映画は日本語で撮影するが、その中に白人の俳優を入れ込んで、日本人俳優の台詞を英語に吹き替え、日本ではその逆をやる」という申し出を行ない、東宝がこれに飛びついた。

白人俳優を付加した五本の作品とは、『怪獣大戦争』（一九六五年）、『フランケンシュタイン対地底怪獣』（一九六五年）、後者の続編『フランケンシュタインの怪獣　サンダ対ガイラ』（一九六六年）の三本の怪獣映画と、『太平洋の地獄』（一九六八年）、そしてスパイ物シリーズ第四作『国際秘密警察　鍵の鍵』（一九六五年）である。[*18]

東宝はまた、『キングコングの逆襲』（一九六七年）をランキン／バス・ピクチャーズと、『緯度0大作戦』（一九六九年）をアンバサダー・プロ、ドン・シャープ・エンタープライズ、ナショナル・ジェネラル・ピクチャーズとの共同で製作している。

このように、米国ベネディクト・ピクチャーズとの提携を契機に、東宝はコンスタントに合作映画を製作し続け、また着実に輸出実績を伸ばしていき、結果として、通産省が認定する一九六七年度の「輸出貢献企業」二〇〇社の中に、映画界から唯一認定を受けるなど[*19]、怪獣ものという観点でも、輸出向け映画製作という観点でも、

「輸出映画振興金融措置」成立とその受け皿としての輸振協設立という制度上の後押しなどは全く関係ない形で数歩先を進んでいたことになる。

2 邦画各社首脳による海外視察

政府による「輸出映画振興金融措置」の実現とその受け皿としての輸振協の設立に中心的役割を果たした大映では、輸出適格映画選定委員会が同社の『小さい逃亡者』を第一号作品として認定し、その認定業務を順調に開始したことを受けて、ソ連でロケ撮影中の同作品の状況視察とヨーロッパ各国における大映映画輸出促進のための相手国業者との話し合いの目的で、永田秀雅副社長を一九六六年八月末にヴェネツィア国際映画祭に派遣した。二週間の視察と交渉を終えて九月九日に帰国した永田秀雅は、大ヒットしていた「ガメラ」シリーズの第三作『大怪獣空中戦　ガメラ対ギャオス』（一九六七年）のプロデューサーとして製作準備を始め、一九六七年三月春休みの公開を目指して一二月から特撮部分の撮影開始、一月から人間との絡み部分の撮影開始というスケジュールをたてた。同作品は一一月一七日には輸振協に融資申請したが、その際に永田秀雅は『合同通信』に対して次のように語っている。

最近、各社とも怪獣映画を企画しているが、これが外国で大へん受けて外貨の稼ぎ額も大きい、大映第一回作の「ガメラ」はアメリカなどでテレビの反響が大きかったので、続けて製作しているが、第二作からは歩合契約で輸出している、海外市場の開発を積極化するため、アメリカ大映ＫＫ（資本金十万ドル）を設立した、これは輸出だけでなく合作映画の窓口にもなる[*20]

輸振協の推進役で、『大怪獣ガメラ』（一九六五年）の成功で怪獣映画に勝機を見出していた大映としては、『大魔神』（一九六六年）シリーズ第三作で既にこの年の三月に京都市沓掛のオープンセットにて撮影を進めていた『大魔神逆襲』（一九六六年）とともに、『大怪獣空中戦　ガメラ対ギャオス』を輸振協に融資申請するのは当然の成り行きだったが、輸振協が動き出したことで、他社もまたどのような作品が〝輸出向け〟なのかを調査し、その結果として怪獣映画や国際スパイアクション映画が輸出には最適であるという感触を得たようだ。

たとえば、一九六六年九月二八日、松竹専務の白井昌夫が「各国との合作映画製作の打ち合わせと海外ではどんな傾向の企画が受けているかという点を具体的に見聞してきたい」[*21]と記者に語って欧米旅行に出発したが、帰国後の羽田空港での談話では「香港に寄って東南アジアの情勢を見聞した、まだ日本映画の進出する余地は充分にある（中略）合作映画については、各国とも大変積極的で、特に東南アジア諸国や欧州は乗り気であり、企画も具体的なものを持ち出して話し合いした（中略）松竹映画の企画も、今後は世界のマーケットを考慮したものでなければならない」[*22]と語り、一〇月一六日に改めて行なった記者会見では次のように語っている。

日本映画の輸出は東南アジアが有力な市場であって、欧米各国は合作映画などでないと商業ベースには乗らないだろう、日本映画の優秀さは認めているが扱い方は冷淡のようである、合作映画の話はフランス、イタリー、アメリカ（エンタープライズ）、香港などと決めてきた（中略）輸出の場合でも怪獣映画が関心を持たれているので、今後は半期に二本ぐらいはこういうものを製作したいし、また合作をふくめて年に十本程度は輸出を当て込んだ企画を立案する（中略）当分は東南アジア市場を重要視して輸出に本腰を入れるが、距離的にも近いので、香港やシンガポールには現地ロケすると同時に、現地の人気スターを積極的に起用する方針で、すでに香港ロケ中の『神火一〇一』や『シンガポールの星の下』などは、東南アジア地域では相当に売れるのではないかと思っている[*23]

松竹では、白井の渡欧に先だって、九月一三日に一九六六年度下半期のラインナップ発表を行ない、そこで初めて松竹として初の特撮映画である『宇宙大怪獣ギララ』（一九六七年）の製作と一九六七年三月春休みの公開を発表した。[*24]もっとも、その時点ではまだ怪獣の名前は決まっておらず、『宇宙大怪獣』という仮題での発表で、後に渡辺製菓協賛のもとに、同社提供のTV番組を利用して募集要項のスポットを流して一般から怪獣名を募集する大キャンペーンを実施、結果として、翌一九六七年一月二〇日の締切りまでに応募総数は二一万五六四通に達し、審査委員の白井（委員長）、武井・渡辺製菓専務、林家三平、二本松嘉瑞監督らによって審査された結果、〝ギララ〟と決定され、一月二八日に大船撮影所の大船会館で命名式を挙行した。[*25]

その後も、松竹では『吸血鬼ゴケミドロ』（一九六八年）と『昆虫大戦争』（一九六八年）の二本の特撮映画を製作、輸振協に融資申請しているが、[*26]前者については、結果的には融資は受けられずに終わっている。

一方、日活ではやはり一九六七年三月春休みの公開を目指して『大巨獣ガッパ』（一九六七年）の製作を決め、輸振協に融資申請して九月二日・一二日の第四回・第五回選定委員会で審議され承認されると、[*27]一九六六年一二月には撮影を開始したが、三月には大映の『大怪獣空中戦　ガメラ対ギャオス』（一五日公開）と松竹の『宇宙大怪獣ギララ』（二五日公開）が激突するスケジュールとなっていたことを受け、若干公開時期を後ろにずらして、ゴールデンウィークを控えた四月二二日の公開に改めた。[*28]

『大巨獣ガッパ』の脚本家山崎巌は、三〇年後の一九九六年に、映画史家のスチュアート・ガルブレイスのインタビューにおいて次のように語っている。[*29]

山崎　日活は大手映画会社の一つだったけれど、怪獣映画を作ったことはなかった。でも『ゴジラ』シリーズが大成功していたので日活も興味を持ったわけだ。もし映画が海外の国際マーケットにおいて成功すれば多額の収益が期待できる。日活は映画産業の保護政策の一環としての日本政府からの資金調達に成功した。この映画の製作資金はそうやって得ることが出来たんだ。国の予算を得るために大規模予算の怪獣映画を書いてくれって頼まれたわけだから可笑しな話さ！　予算は五億円で、日活の通常の作品の約十倍の規模だった。それを日本政府が全部払ってくれたんだよ！　もちろん、そのお金は返さなければならないわけだけど、日活は（担保になる）ホテルやゴルフ場その他の不動産を沢山持っていたからね。日活はその頃は赤字だったものだから、経営陣はそのお金を映画に使う代わりに借金返済に使ってしまったんだよ。突如として、我々はずっと少ない予算で映画を作らなければならなくなって、本当に腹が立ったよ！（笑）

この証言は不正確なところもあるが、輸振協を通じて得た「輸出適格映画」の製作資金が、実態としてどのように融資先である映画会社に利用されていたのかを示唆する重要な証言であろう。こうした実態はやがて国会の場でも取り上げられて、政府による「輸出映画振興金融措置」そのものの存続意義を問うことになるが、ここでは制度を利用して融資を得ようとしていた映画会社が、初めから海外輸出向け作品としてのシナリオを、契約下にある脚本家に執筆するよう指示していた、という事実にのみ注目しておきたい。

図①　『宇宙大怪獣ギララ』（松竹、二本松嘉瑞監督、1967年）ドイツ版のポスター。同作品はほかにアメリカ、フランス、イタリア、チェコスロヴァキアなどで公開された

図② 『大巨獣ガッパ』（日活、野口晴康監督、1967年）イタリア版のポスター。同作品はほかにメキシコ、フランス、ドイツ、スペイン、フィリピンなどで公開された

三　海外輸出向けに製作された「輸出適格映画」の特徴

「輸出映画振興金融措置」確定と輸振協設立によって映画業界が活気づいた一九六六年春から一九六八年暮れまでに日本で劇場公開された怪獣もの・特撮ものの総数は三五作品、それらの中で「輸出適格映画」として融資を受けた作品は『大魔神逆襲』『大怪獣空中戦　ガメラ対ギャオス』『宇宙大怪獣ギララ』『大巨獣ガッパ』『ガメラ対宇宙怪獣バイラス』『昆虫大戦争』の六作品である。

三五作品の中から外国映画九作品とTVシリーズの再編集版、リバイバルを除くと、二一作品が純粋に一九六六〜一九六八年度に公開された新作の怪獣もの・特撮ものということになる。それらの中で、「輸出適格映画」の特徴としての外国人登場人物が付加されているものをカウントすると一四本ある（日本人俳優が他国人を演じている場合を含む）。逆に外国人登場人物が登場しない作品はすべて特撮時代劇なので、現代または近未来を舞台とした新作の怪獣もの・特撮もののすべての作品に外国人登場人物が登場していることになる。これは明確な特徴と言える。もちろん、「輸出適格映画」として輸振協を通じて融資を受けた作品はすべて含まれている。

怪獣もの・特撮ものだけでなく輸振協を通じて融資を受けた計六〇作品[*30]全体を見ても、少なくとも一六作品に外国人登場人物（日本人俳優が他国人を演じている場合を含む）が登場している。

また、新作の怪獣もの・特撮もの二一作品中の二本、すなわち東宝の『フランケンシュタインの怪獣　サンダ対ガイラ』と東映の『ガンマー第3号　宇宙大作戦』は海外との合作映画（前者は米国のベネディクト・プロ、後者は同じく米国のラム・フィルム）として製作されたものである。

大映の『ガメラ』シリーズをすべて監督した湯浅憲明によれば、「輸出適格映画」として政府の融資を受けるようになった後、『ガメラ対宇宙怪獣バイラス』以降の作品で外国人キャラクターがレギュラー化したことについて、「外国のバイヤーが観ていて人の区別がつかないっていうんだよ。本郷功次郎だろうと炎三四郎だろうと、向こうの人は分からないから（笑）。終いに、ソルジャーは最後までソルジャーの恰好でいてくれなんて言ってきてね。それじゃこっちが困るんで、お隣に外国人の家族がいれば、海外でもちょっとは見やすくなると思ったわけ」[*31]という事情もあったようであり、少なくとも、海外での興行においても外国人登場人物は必要だと見做されていたようである。

松竹の白井専務は「日本映画の輸出の場合は、白人スターを主演級に起用するとすれば一流劇場で上映される可能性が強いので、今後の製作方針は、世界のマーケットを考慮したものに大きく変わるであろう、海外で受ける企画と言えば、アクション喜劇に怪獣映画であるが、怪獣映画は日本でも各社が手掛けるようになったので、松竹としてそう多くは作れない」[*32]と発言している。

一九六七年三月の通産省化学品輸出会議映画部会会議で審議された「昭和四十二年度における輸出目標達成のための振興策及び要望事項」において「合作映画の製作、スターの交流、海外ロケの促進を行ない、これによる輸出増加に勤める」[*33]と明記されていることから見ても、海外輸出向けに製作された「輸出適格映画」の特徴として、①外国人俳優の起用、②合作映画の製作、③海外ロケの促進、の三点が、コンテンツに反映させるべき要素として自覚されていたことは間違いなさそうである。

ただし、怪獣もの・輸出向け作品で他社を大きくリードし、何も「輸出映画振興金融措置」に頼らなくとも、問題なく順調にビジネス展開していた東宝が、出演契約を結ぶ外国人スターにしてもニック・アダムス（『フランケンシュタイン対地底怪獣』）、ラス・タンブリン（『フランケンシュタインの怪獣　サンダ対ガイラ』）、そしてジョゼフ・コットンやシーザー・ロメロ（『緯度0大作戦』）といった、知名度の高いハリウッド・スターを確保していたのに対して、大映、松竹、そして「輸出映画振興金融措置」は利用していないものの二本の合作映画を製作した東映の作品に出演した外国人俳優たちの中に、外国人〝スター〟と言えるような者はいない。

大映の『鉄砲伝来記』（一九六八年）は、東和の川喜多長政社長を通じてポルトガル大使館から打診があって製作が決まり、輸振協を通じて融資を受けた作品だが、[*34]主演俳優の出演交渉のために渡米した永田秀雅は、帰国した際に羽田空港で「合作映画『鉄砲物語《ママ》』の俳優について交渉したが、有名なスターはスケジュールが詰まっていて、こちらの希望するものは駄目だったので、人選を再検討する必要がある」[*35]と語っている。アメリカの映画界とのビジネスとしてはあまりにも拙いやり方、そして認識が原因であろう。

通産省化学品輸出会議映画部会会議が挙げた「輸出適格映画」の三つの特徴のうち、①外国人俳優の起用、②合作映画の製作、については、①は怪獣もの・特撮ものに関しては顕著な特徴であることが確認でき、②は怪獣ものに限って言えば東宝によるビジネス・モデルの確立を受けて東映も実践したものの、どちらの会社も「輸出映画振興金融措置」は利用していない。そして、③海外ロケの促進、についてだが、怪獣もの・特撮ものだけに関して言えば、特撮部分に多くの予算が費やされてしまうためか、あるいは怪獣が暴れ回る場所としてそれが海外である必要性がないためか、該当する作品は一本もない。しかしながら、「輸出適格映画」として輸振協を通じて融資を受けた計六〇作品の中には、少なくとも八本の海外ロケ作品が含まれており、[*36]また『大巨獣ガッパ』のように、実際のロケ地がどこであったかは別としてエキゾチックな南海の孤島（オベリスク島）が重要な舞台となっているなど、ストーリー上は国内外の観客に対して狭い日本国内だけで話が展開されるのではないというイメージを与えているものもあり、「輸出適格映画」に現れている特徴の一つと言えるだろう。

四　輸振協への批判と融資制度の廃止

1　怪獣映画に国民の税金を使うことへの批判

輸振協を通じて融資を受けた計六〇作品のうち、怪獣もの・特撮ものは計九本、他に怪談もの二本を加えると一一本ということになる（他に申請したが融資されなかった『吸血鬼ゴケミドロ』がある）。全体の一五％ないし一八％の割合は多いと言えば多いが、怪獣もの・特撮ものだけを語ることによって輸振協による「輸出適格映画」全体を代表させてしまうことは無理がある。しかし、初年度に限って言えば、融資決定後に製作中止・全額返済された日活の『奔流を行く男』を含めて一一作品に融資が行なわれた中で、怪獣ものが四本、スパイアクションものが二本含まれており、映画業界の内外で明らかな傾向として捉えられていた。たとえば、『映画年鑑』一九六八年版の輸振協についての記載を見ると、次のような記述がある。

> 協会発足後一年半現在、問題点として浮かびあがってきた点は、（中略）申請作が怪獣物やスパイアクションに片寄ったこと、この傾向については「政府融資の意図に反するのではないか」といった外部批判も出たが、アメリカや東南アジア向け輸出作品としてこうした傾向の作品が適していることも事実で、協会としては会員に対し、その他のジャンルの作品も積極的に申請するよう要請した。[*37]

また、輸振協の初年度の成果を検証した『キネマ旬報』の記事「日本映画輸出振興協会初年度決算」では次のように記している。

融資第一号の「小さい逃亡者」を除くと、（筆者注——一九六七年）四月現在まで完成した作品は怪獣中心の特撮もの四本、活劇二本という〝偏向〟ぶりで、特撮ものなどはなるほど海外に売り易いといっても、質的に見てどうか。芸術的とは言わないまでも娯楽的にもすぐれた日本映画とは言いがたい。これが果たして〝輸出適格映画〟なのかという疑問がまず提出されたのである。これらの声の中には、むしろ輸出の足を引っぱるようなものという厳しい批判もあった。[*38]

『読売新聞』では、一九六六年一〇月二五日夕刊娯楽面にて「映画各社の腹積もり／〝怪獣〟やアクションで好条件の融資ねらう」と題した特集を載せているが、その中で批判に応える永田秀雄の談話「特撮技法は、日本の得意とするもの。各社各様の技術を持っているから、いわば技術見本として大事に扱う意味でいいではないか」を紹介している。[*39]

一方、『キネマ旬報』の「怪獣映画と日本の特撮〈特集〉」の中で磯山浩は「この二十億の融資は五社首脳部の政治的な活躍があったのだろうが、日ごろ「斜陽」とか「落日」とかいわれ、それが国民に浸透したためで、融資の背後には国民の同情や、映画ファンの応援があったればこそだと思う。なんとかいい映画を作って国際的にも進出し、もう一度、立ち直ってほしいという声なき声があったからだ。その一弾として怪獣やら特撮を売ろうというわけだからとにかく国民の期待を無にしないような娯楽大作を製作してほしいものである」[*40]と述べ、同じく『キネマ旬報』誌上で字幕翻訳家の高瀬鎮夫は「今度、日本映画の輸出助成のために年に二十億という国民の血税が、貸し出されるそうである。それに申し込んだ映画の企画が、ほとんど特撮ものというのも、悪いことではない。怪物映画というものは、誰が見ても面白いものだ」[*41]と述べるなど、映画業界内では比較的好意的な立場での発言もあった。

こうした初年度の状況を経て迎えた制度二年目に当たる一九六七年に関しては、一〇作品に融資が行なわれた中で、怪獣ものは一本に減ったものの、怪談ものが二本、アクションものが三本含まれていて、こうした娯楽一辺倒の作品群をひとまとめに考えるならば、二年間で二一本中一二本、約五七%を占めていることになる。

実際のところ、最終的に輸振協そのものが廃止に追い込まれるきっかけとなった、一九七〇年当時の新聞報道や国会での審議において指摘された問題点は、必ずしも融資対象となった作品が怪獣映画ばかりという点だけを突いたものだった訳ではない。だが、制度スタート直後の批判的言説の中では、一九六七年五月六日・七日の両日、東京文京区民会館で「日本映画の明日のために」というテーマで行なわれた第四回映画復興会議における、五つあった議題のうちの二つ目の議題〝マスコミ・文化の反動化と映画〟の中の「佐藤内閣による映画助成の一年間」という項目での次のような批判は、この制度の抱える問題の本質を突いていたと言えそうだ。

> 復興会議討議資料でとくに注目したのは、佐藤内閣が一九六六年度予算にはじめて具体化した「映画助成」という名の映画統制への布陣でした、その一年間の実績は、同資料で指摘した危惧をますます現実化しています

㈠通産省の「輸出映画振興金融措置」では、第一年度十一作品が合計十四億円、一本平均一億三千万円弱の融資をうけました

(1)そのために映画独占五社と通産省を中心とする「日本映画輸出振興協会」が生まれ、その下におかれた「輸出適格映画審査委員会」が融資対象を決めました

(2)その結果、怪獣映画と国際スパイ映画が大半を占めそれらが事実上アメリカ映画資本の下請けにひとしいことを合わせ、日本映画の振興に寄与するどころか、産業的、文化的な退廃・反動化・植民地化に寄与しました

(3)平均一億三千万という融資額は、各作品の直接製作費の八〇%に当りますが、これまでの完成作品をみれば、その1／4か1／3しか実際の製作費に使われていないと判断されます、ここでもこの「融資」が日本映画の質的向上に役立たず、映画資本と権力とのなれ合いによる一種のヤミ融資的役割をはたしているとも考えられます[*42]（以下略）

こういった、映画業界内外からの批判は、最終的には、「輸出映画振興金融措置」による融資の仕組みが、経営危機に陥っている映画会社の救済措置に使われているのではないか、という疑念に収斂されていったのである。

2　怪獣映画ブームの終焉と日活・大映の経営破綻

輸振協の成立と機を一にして俄かに盛り上がった怪獣もの・特撮ものの大ブームだが、ブームの遥か以前よりこの分野の牽引役として君臨してきた東宝では、一九六七年三月に行なわれた通産省化学品輸出会議映画部会会

議において副社長の森岩雄委員の代理として出席していた米本正取締役が次のような発言をしており、怪獣ものブームが早くも曲がり角に差し掛かっている認識を示している。[*43]

米本　輸出映画の主なるものを占めておりました、モンスター映画でございますが、（中略）東宝は先鞭をつけてやってきたというお話のとおりでございますが、もうすでにモンスターだけやっていたのでは、いろいろそれに似かよった作品が、アメリカ国内でも製作されていますので、これを一歩進めて飛躍したものをつくらなければならないと思って、いろいろ検討致しています（以下略）

一九六七年七月一一日にベルリン映画祭から帰国した松竹の城戸社長は、空港にて「今やモンスターものは駄目で、スリラーものも未だの感じ、全般的に企画の方向としては多少迷いがあるように憶測された」[*44]と語っている。また、同じくベルリン映画祭に行っていた奥山松竹国際部長も「松竹映画の輸出については、見本市も成功したので明るい見通しはついた、合作映画については、こちらからも企画をもっていって先方と意見交換を行ったが、欧州ではモンスター映画はすたれ気味でありこれからはロマンスものがよさそうだという意見だったので、企画を替えるかも知れない」[*45]と語っている。

東宝は、輸振協に関しては静観したが、七分五厘という東宝の社債よりも高い輸振協の利子について「金利が安ければ安いほうを借りるのは当たり前だ。いまのところ安く借りられるから、安いほうを借りている。簡単にいえば」と藤本真澄《さねずみ》専務が述べているように[*46]、輸振協を利用するメリットはなかったと言える。

松竹は怪獣映画としては『宇宙大怪獣ギララ』の一本だけに終り、特撮ものとしては共に輸振協に融資申請した『吸血鬼ゴケミドロ』『昆虫大戦争』を製作したものの、それ以降はこの分野からは撤退し、同じく輸振協に融資申請し製作費を得た『男はつらいよ』（一九六九年）のシリーズ化によって新たな鉱脈を掘り当てている。[*47]

問題なのは、この数年後に経営破綻した日活と大映のケースだろう。

一九七一年一月二三日付の『日本経済新聞』で、「映画製作から撤退　松竹、配給止め製作専念　大映」と題した記事が掲載された。その記事には「松竹は映画製作から全面撤退して、配給、興行に専念する（中略）一方、大映は極度の経営不振から昨年日活と共同で設立したばかりのダイニチ映配（本社東京、社長松山英夫氏、資本金三千万円）から手をひき、映画製作だけに専念する方針を打ち出した。これは、このほど開かれた邦画大手五社長会の席上、城戸松竹、永田大映両社長からそれぞれ明らかにされたものである。これに伴い、松竹、大映両社は大幅に人員整理する公算が強まってきた。日活も大映との提携を解消する意向であり、東映、東宝をも巻き込んだ映画業界の再編・統合は必至の見通しとなってきた」[*48]とあり、これに対して松竹は同日緊急記者会見を行ない、〝事実無根〟と記事内容を否定した。[*49]

すでに深刻な経営危機に陥っていた日活と大映は、日経の記事に記された通り一九七〇年四月に合理化のための配給部門の共同化として「ダイニチ映画配給株式会社」を設立しており、松竹同様に記者会見にて〝事実無根の誤報〟と記事を否定した[*50]が、結果的には日活は一九七一年九月いっぱいでダイニチ映配から撤退し、大幅な人員整理と機構縮小の末、この年の一一月からロマンポルノ路線へ大きく舵を切った。[*51]

『大巨獣ガッパ』の脚本家山崎巌が証言していたように、日活の経営状況の悪化は深刻で、既に輸振協から得た製作資金を実際には借金の返済に充てるという自転車操業状態になっていたようである。実際、『キネマ旬報』一九六八年九月上旬号の記事では、経営危機に追い込まれている日活が輸振協を通じての融資を「借りて借りて借りまくっているわけだ。映連では継続を要望しているが……。これがなくなると、ちょっとしんどいことになる」[*52]とその実情を危惧している。

大映は、ダイニチ映配からの日活の撤退後も製作・配給を続け、怪獣ものについても「ガメラ」シリーズを第七作『ガメラ対深海怪獣ジグラ』まで引き続き製作、輸振協が成立してから後に製作した第三作『大怪獣空中戦　ガメラ対ギャオス』以降のすべて作品について輸振協に融資申請し、製作資金を得ている。

だが、「ガメラ」シリーズの予算は湯浅憲明監督によれば「一作目はB級予算だったけど、結果的に大ヒットとなったもので二作目（筆者注――『大怪獣決闘　ガメラ対バルゴン』）はA級の予算になった。（中略）これが最も高額製作費のもので、八〇〇〇万円の予算だった。『大怪獣空中戦　ガメラ対ギャオス』は約六〇〇〇万円、（筆者注――第一作目の）白黒の『大怪獣ガメラ』は約四〇〇〇万円、『ガメラ対宇宙怪獣バイラス』と『ガメラ対大悪獣ギロン』は約二四〇〇万円、『ガメラ対大魔獣ジャイガー』と『ガメラ対深海怪獣ジグラ』は約三五〇〇万円だった。（中略）四作目の『ガメラ対宇宙怪獣バイラス』の予算を聞いたときにはショックを受けたけれど、通常の映画の予算で作らなければならなかった。おそらくそれが大映倒産の兆候だったんだね」[*53]という経緯を辿り、シリーズ後半の作品では前作までで撮影した映像の使い回しによって何とか辻褄を合わせるような状況に陥っていた。これは個人の記憶による数字だから正確である保証はないが、大映が輸振協に融資申請した製作費は、融資額がその八〇％であることから逆算すると『大怪獣空中戦　ガメラ対ギャオス』が一億九一二五万円、『ガメラ対宇宙怪獣バイラス』と『ガメラ対大魔獣ジャイガー』が一億五八七五万円、『ガメラ対大悪獣ギロン』は一億四七五〇万円、最も低予算の『ガメラ対深海怪獣ジグラ』でも七三七五万円という建前だったことになる。[*54]

こうしたどんぶり勘定は、当時の映画会社の経営の在り方がそうであったと言ってしまえば元も子もないが、国民の税金によって製作していたという事実から考えると、批判の対象となった時に反論する術はない。

こうした、実際の製作費よりも遥かに多額の金額を輸振協に申請して、差額を他の借金返済に充てるというような自転車操業が表だって批判されたのは『読売新聞』の一九七〇年二月二四日付朝刊の「〝忍法〟映画輸出／実績はちょっぴりで融資はたっぷりと／三社へ、国が援助の「振興協」」と題した記事で、「この審査がいい加減で、申請書類さえそろっていればほとんどOKという。融資条件は、製作費の八割以内を年利七分五厘で期間三年間と決められているが、製作費の計算はデタラメ。たとえば、昨年十月に融資を受けたA社作品の製作費は製作現場での予算では約六千万円といわれているのに、融資決定額はなんと二倍以上の一億三千百万円。こんな水増し例はザラで、名目さえあれば、大半は一本につき一億円以上融資されている」と指摘し、当のA社専務の言葉として輸振協の実態を「輸出振興は表向きの顔で、本当のところは政治的な配慮で、銀行から借りられなくなった映画会社のための〝つなぎ融資〟だ」[*55]と結んでいる。

読売の記事の一月ほど後の一九七〇年四月三日、衆議院内閣委員会において、社会党の大出俊議員が輸振協に関して通産省に「爆弾質問」を投げかけたことを、『毎日新聞』の翌四日朝刊が報じている。この記事によれば、大出代議士は次のような点を問題視したという。すなわち、①六七億円のカネが融資されているが、二一億円が返済されていない、②「三年間の臨時措置」としながら四四、五年度に勝手にこの措置を引き延ばしている、③通産省の融資審査はルーズで、製作費が六千万円しかかからない映画に一億数千万円も融資したり、融資されているのに映画をつくらない例がある、――といった点である。[*56]このうちの③については、日活の『奔流を行く男』が「台湾ロケに行けなくなり止めた」という例と、同じく日活の『鮮血の記録』が「予定していた監督が病気」のため延期になっている例を挙げている。

②については、年額二〇億円を三年間、という当初の措置に対して、一九六九年度以降についても措置を継続してほしいという要望を通産省化学品輸出会議映画部会が提出したことを受けて[57]、一九六九年度についても前年度の繰り越し分に加えてさらに一〇億円の追加が行なわれていた事実を指している[58]。この後さらに一九七〇年度にも追加二〇億円の融資枠が確保され、「輸出映画振興金融措置」は最終的に五年間で計九〇億円に膨らんでいたのである[59]。

大出代議士はさらにこの制度を利用した作品の輸出成果がほとんど上がっていない点、「輸出適格映画審査会議」が国家行政組織法第八条で定められた審議会であるにも拘らず、法律に基づいて設置するというルールを経ずに設けられている点を指摘している。

日本映画産業界として初めて、日本政府の資金での映画製作が行なわれる制度として誕生した「輸出映画振興金融措置」と、その受け皿として設立された輸振協の融資業務は、最終的には一九六六年度から一九七〇年度までの五年間で九〇億円の融資枠を確保し、最終年度の繰り越し分の処理を含めて一九七一年度末の一九七二年三月三一日まで行われ、六一作品に対して計七三億三三四〇万円を融資し（製作中止となり全額返済された『奔流を行く男』を含む）、結果的には一六億六六六〇万円分の融資枠を使い切らずに終わった。この間に、大手五社（実際には三社）だけが独占的に制度を利用しているという批判に応える形で、会員に石原プロモーションを加えて、同プロから申請のあった『甦える大地』にも融資を行なった[60]。

この制度を生み出す原動力となった永田雅一率いる大映は、輸振協の最終年度になった一九七一年度唯一の融資作品『ガメラ対深海怪獣ジグラ』を製作するなど最後までこの制度を利用しての会社存続を模索したが、輸振協が店じまいすることになった一九七二年三月末に先立つ一九七一年一二月二三日に破産宣告となり、融資総額に対して返済残額として残っていた一億八四八〇万円については破産管財人に対して債権申し立てが行なわれた。[*61]

おわりに——輸振協を通じての怪獣もの製作をどう評価すべきか

永田雅一ら映画業界側の働きかけに対して、通産省の仲立ちによってこれを実現させたのは、当時の政権与党自民党幹事長の田中角栄ら党三役だったが、いざ制度が決まった際に実務面を担当したのは超党派の「芸術議員連盟」という組織だった。その会長だった自民党の中曾根康弘は『キネマ旬報』一九六九年六月上旬号での時事通信記者高橋英一によるインタビューで、輸振協を通じての政府による融資制度に問題がないかを問われ、「いったい、輸出効果はあったのかねえ」と苦笑を交えて答えている。[*62]

「輸出映画振興金融措置」が成立して本当に輸出促進効果があったのか、そもそも「輸出適格映画」というものが、画一的な基準として有り得たのか、という問いに答えるのは難しい。

映画業界誌記者戸山三平は、輸振協の制度ができた一九六六年八月の時点で、「芸術的にみれば『羅生門』ほかの黒沢作品、小津作品、溝口作品その他が早くから、西欧から注目されたが、それは全く鎖国同様だった日本映画の実情が西欧一部インテリ族間の目にとまったというだけに過ぎない」と指摘し、真に国際マーケットで勝負できる日本映画誕生に期待しつつも、造船業が巨大タンカー建造などで景気がいいのに倣って大作を作ればよいのだ、という一部批評家の声に対しては「自動車や輸送船のようにはいかないのが、この映画というものの商売のむずかしさだ」と指摘している。[*63] また、批評家の登川直樹は、『キネマ旬報』一九六六年七月上旬号で、「輸出用映画なんて特にそういうジャンルがあるわけではないから狙ってつくれば輸出されるといった簡単なものではない。とすれば作戦上、合作映画で輸出の道を確保することも自然活発になるだろう」[*64]と予測していた。

こうした、期待と不安の入り混じった多くの眼差しが注がれる中、日本映画史上初めての政府資金による製作として試みられ、結果的に成功したとは見做されていない「輸出映画振興金融措置」と輸振協の活動において、そのスタート時点で制度利用の突破口として各社が共通して取り組んだのが怪獣もの・特撮ものというジャンルだった点をどう評価すべきだろうか。

取り敢えず今一番海外で需要がありそうなジャンルだから、とか、東宝がそのジャンルでうまくやっているから、という曖昧な動機によって選択されたものだったとしても、だからといってこれを〝時代のあだ花〟と切り捨ててしまってよいとは思えない。なぜなら、この失敗によって日本政府による映画への助成が未来永劫無くなった訳ではなく、むしろ、ここでの失敗を教訓とする形でその後の継続的な政府による映画助成の制度が形作られていくことになったからである。

すなわち、当初予定の三年間プラス一年間一〇億円の追加期間が終了するタイミングの一九七〇年一月に、映団連と映画産業振興特別対策委員会（城戸四郎委員長、森岩雄副委員長）によって「日本映画産業振興のための助成に関する要望書」がまとめられて、政府関係筋に積極的に働きかけが行なわれた結果、「輸出映画振興金融措置」の停止と輸振協の廃止と入れ替わる形で、一九七三年度から改めて社団法人日本映画産業振興協会設立による映画産業界への日本政府としての包括的助成の仕組みが制度化されていくことになったのである。中心になったのは映画業界の勝ち組である東宝副社長の森岩雄といわれており、それまで政府への働きかけの音頭を取っていた永田雅一が大映倒産によって退場したのと入れ替わった形だ。[*65]

しかしながら、映画産業界へのこの新たな国の助成措置についての文化庁の予算要求に関しては、一九七〇年一〇月二三日の第六三回国会文教委員会で社会党の参議院議員安永英雄理事が輸振協の融資の実態について次のような厳しい質問をし、新たな予算措置への安易な移行に釘を刺している。[*66]

今日までこの融資を受けてそうして映画の作品を作っておるわけでありますけれども、（中略）たとえば「大巨獣ガッパ」「大魔神逆襲」「ガメラ対ギャオス」「宇宙大怪獣」「神々の深き欲望」「怪談雪女郎」「怪談牡丹灯籠」「私が棄てた女」「濡れた二人」まだたくさんありますが、とにかくくだらぬ映画ばかりつくって、そうしてむしろ赤字を出しながら国の融資を受けて作品ができておる。（中略）「目的」にあげておる「わが国の文化および国情の海外への紹介」といったり、「優秀な」映画、こういった目的に沿ったような作品はほとんど出来ていないというふうに私は考えます。まあ日本のいまの文化がエログロ文化とか、あるいは怪獣映画とかいう、そのものずばりが日本の文化、こういうふうに考えるならばこれは何を言わむやでありますけれども、少なくとも日本の文化というものはこういった作品に象徴されるような文化ではないということを私は信じておりますが、通産省として、この輸出振興会に融資をするその効果といいますか、その目的を達したと思われますかどうですか。

この質問に対しては、通産省企業局次長長橋尚が「遺憾ながら必ずしも十分な成果をあげたとは言えないものと判断いたしております」と苦しい答弁を強いられている。次いで社団法人日本映画産業振興協会設立に関して説明を求めた安永代議士の質問に対しては今日出海文化庁長官が答弁しているが、その内容は企業としての五社を救うとかではなく映画そのものの衰退を防ぐために根本的な対策を講じる必要がある、というものだった。[*67]

輸振協への評価は、この安永代議士の質問と長橋企業局次長の答弁が総括しているといってよいだろう。永田雅一が「二千万ドルないし三千万ドル、年々獲得出来る」と豪語していた輸出実績は、一九六六年四三一万ドル（目標額五四五万ドル）、一九六七年四五六万ドル（目標額六〇〇万ドル）、一九六八年四一二万ドル（目標額六二〇万ドル）、一九六九年四五三万ドル（目標額五一〇万ドル）、一九七〇年四〇三万ドル（目標額五二〇万ドル）と少しも増えることがなかったからだ。だが、「輸出映画振興金融措置」と輸振協の活動を、結果として失敗に終わったからと言って全否定すべきではない。

文化庁によって行われている現在の日本映画振興に関する仕組みは、ⓐ映画製作への支援、[*68] ⓑ文化庁映画賞、ⓒ文化庁映画週間、ⓓ海外映画祭への出品等支援、[*69] ⓔ短編映画作品製作による若手映画作家の育成、ⓕ映画関係団体等への人材育成事業の支援、といったものがある。これらの制度が生まれる上で、とかく批判に晒されながらも五年間続けられた「輸出映画振興金融措置」はその礎となった。輸振協を通じてその政府資金を利用して製作された初期の作品群が〝怪獣もの・特撮もの〟であったという事実もまた、日本映画史の一コマとして再評価すべきであろう。

1——田中純一郎『日本映画発達史Ⅴ』（中央公論社、一九八〇年、五四—五六頁）では「政府融資映画第一号」という見出しを付けて約二頁にわたってこの制度の成立と初年度の融資作品の紹介をしているが、他に日本映画史関係の基礎文献の中では松浦幸三『日本映画史大観』（文化出版局、一九八二年、一八二頁）と谷川義雄『年表映画100年史』（風濤社、一九九二年、一四八頁）がそれぞれ数行、協会設立と第一回融資作品としての大映『小さい逃亡者』のタイトルを挙げているくらいで、佐藤忠男『日本映画史』では全く触れられていない。また、大映と日活の社史はこの時期よりも前に編まれたものが最後であるため輸振協に触れていなくて当然だが、松竹の『松竹百年史　本史』（松竹株式会社、二〇〇六年）では「海外における松竹映画」という項目で計二〇頁を割いているにも拘らず輸振協についての記述は全くない。なお、『松竹百年史　映像資料・各種資料・年表』の巻にも記載はない。

2——他に、後に加入を認められた石原プロモーションの『甦える大地』がある。

3——『日本経済新聞』一九七一年一月二三日朝刊第一面。

4——永田雅一『映画路まっしぐら』（駿河台書房、一九五三年）七二—七五頁。

5——永田雅一・近藤日出造「僕の診断書〈録音版〉日本で良いのは映画だけ」（『中央公論』六九—一一、一九五四年一一月）一三四—一三九頁。

6——川喜多長政「映画輸出の諸問題」（『日本映画』三—一二、一九三八年一二月特別号）一九—二五頁（通算頁五〇一—五〇七頁）。

7——「通産省化学品輸出会議映画部会　会議速記録」（一九六四年三月一九日）五三—五六頁。

8——同右、七一頁。

9——『映画年鑑一九六七年版』（時事通信社、一九六八年）八四頁。

10——『キネマ旬報』（四〇九、一九六六年二月下旬号）八九頁。

11——同右。および『映画年鑑一九六七年版』八四頁。

12——戸山三平『映画界三六五日』一九六六—六七年版（東京通信社、一九六八年）二八二頁。

13——『映画年鑑一九六七年版』八四—八五頁。

14——同右、八五—八六頁。

15——一九六六年一〇月の大澤善夫死去を受けて翌一九六七年一月の選定委員会からは早大教授林文三郎に変更となっている（『キネマ旬報』四三一、一九六七年一月上旬号、一二一頁）。

16——『映画年鑑一九六七年版』八六頁。

17——Stuart Galbraith IV, *Monsters are Attacking Tokyo!*, Feral House, 1998, pp.98-99

18――ベネディクト・ピクチャーズは『国際秘密警察　鍵の鍵』には白人俳優は出演させず、代わりに同シリーズの第三作『国際秘密警察　火薬の樽』（一九六四年）の一部のシーンを加え、全編を新進コメディアンのウディ・アレンが全く自由に台詞を作り替える形で英語に吹き替えて『What's Up Tiger Lily?』（一九六六年）として公開している。また、『太平洋の地獄』は東宝の手から離れ、アメリカ映画として松竹映配によって配給された。

19――パトリック・マシアス『オタク・イン・USA　愛と誤解の Anime 輸入史』（太田出版）六〇―七〇頁。

20――『合同通信』昭和四二年七月一日（一〇一八三、通信合同社）、『キネマ旬報』（四四四、一九六七年八月上旬号）八九頁。

21――『合同通信』昭和四一年一一月一八日（一〇〇〇四、通信合同社）。

22――『合同通信』昭和四一年九月二八日（九九六二、通信合同社）。

23――『合同通信』昭和四一年一〇月二四日（九九八三、通信合同社）。

24――『合同通信』昭和四一年一〇月二八日（九九八七、通信合同社）。

25――『合同通信』昭和四一年九月一六日（九九六三、通信合同社）。

26――『合同通信』昭和四二年一月三〇日（一〇〇五七、通信合同社）。

27――『合同通信　映画特信版』昭和四三年六月一六日（一一九二、通信合同社）。

28――『映画年鑑一九六七年版』八六頁。

29――『合同通信』昭和四一年一二月二四日（一〇〇三四、通信合同社）。『合同通信』昭和四二年二月一〇日（一〇〇六七、通信合同社）。

30――Stuart Galbraith IV, *Monsters are Attacking Tokyo!*, Feral House, 1998, pp.109-110. 筆者訳。

31――正確には六一作品だが、日活の『奔流を行く男』は融資決定後に辞退し、製作されなかったため本稿では六〇作品とした。

32――DVD-BOX『ガメラ THE BOX 1965-1980』（徳間ジャパンコミュニケーションズ、二〇〇一年）、附属ブックレットにおける、湯浅憲明監督へのインタビュー。四四頁。

33――『合同通信』昭和四一年一〇月二八日（九九八七、通信合同社）。

「通産省化学品輸出会議映画部会　会議速記録」（一九六七年三月一日）四六頁。

34――鈴木晰也『ラッパと呼ばれた男　映画プロデューサー永田雅一』（キネマ旬報社、一九九〇年）二五二頁。
35――『合同通信』昭和四二年六月二三日（二〇一七六、通信合同社）。
36――ただし、映像での確認ができていないものを含む。たとえば『戦争と人間　第二部・愛と哀しみの山河』は中国での盧溝橋事件の描写が含まれているが、実際に現地で撮影したのかどうかは不明である。
37――『映画年鑑一九六八年版』（時事通信社、一九六九年）八三頁。
38――『キネマ旬報』（四三九、一九六七年五月下旬号）四一頁。
39――『読売新聞』一九六六年一〇月二五日夕刊娯楽面。
40――『キネマ旬報』（四一五、一九六六年五月下旬号）三七頁。
41――『キネマ旬報』（四二八、一九六六年一二月上旬号）一〇三頁。
42――『合同通信』昭和四二年五月九日（二〇一三七、通信合同社）。
43――「通産省化学品輸出会議映画部会　会議速記録」（一九六七年三月一日）二七頁。
44――『合同通信』昭和四二年七月一三日（二〇一九三、通信合同社）。
45――『合同通信』昭和四二年七月二七日（二〇二〇五、通信合同社）。
46――『キネマ旬報』（四四九、一九六七年九月下旬号）三三頁。
47――ただし、『男はつらいよ』の第一作目が輸振協を通じて製作費を得ていたことに関して、少なくとも山田洋次監督自身は筆者の問いに対して「全く知らなかった」と証言しており（二〇一六年四月九日、於フィルムセンター）、また同じく松竹で輸振協を通じて製作費を得ていた『愛奴』（一九六九年）の羽仁進監督も同様に「全く知らない」と証言している（二〇一一年一〇月二二日、於六本木ヒルズグランドハイアット東京）ことから、少なくとも松竹においては輸振協への申請は現場の全く預り知らぬところで行なわれていた可能性が高い。
48――『日本経済新聞』一九七一年一月二三日朝刊第一面。
49――『合同通信　映画特信版』昭和四六年一月三一日（一三三一九、通信合同社）。
50――『合同通信　映画特信版』昭和四六年二月一四日（一三三三一、通信合同社）。

51――『合同通信　映画特信版』昭和四六年七月一一日（一三五二、通信合同社）。『合同通信　映画特信版』昭和四六年一二月一九日（一三七五、通信合同社）。

52――『キネマ旬報』（四七七、一九六八年九月上旬号）二五頁。

53――*Monsters are Attacking Tokyo!*, pp.74-75. 筆者訳。

54――『映画年鑑一九七〇年版』（時事通信社、一九七一年）八六頁、『映画年鑑一九七三年版』（時事通信社、一九七四年）三九頁。

55――『読売新聞』一九七〇年二月二四日朝刊。

56――『毎日新聞』一九七〇年四月四日朝刊。

57――『キネマ旬報』（四六五、一九六八年四月下旬号）九〇頁。

58――制度を利用しているのが大映、日活、松竹という経営難の三社のみで、経営の安定していた東宝、東映が利用しないために使い切らず、使い切らなかった分が次年度に繰り越されることが常態化していた。

59――『映画年鑑一九七三年版』三九頁。

60――『映画年鑑一九七三年版』四〇頁。

61――『映画年鑑一九七三年版』三九頁。

62――『キネマ旬報』（四九七、一九六九年六月上旬号）四〇頁。

63――戸山三平『映画界三六五日』六六―六七年版、三〇八頁。

64――『キネマ旬報』（四一八、一九六六年七月上旬号）四一頁。

65――『キネマ旬報』（五七〇、一九七二年一月下旬正月特別号）一三二頁。

66――参議院会議録情報「第〇六三回国会　文教委員会　第四号」（昭和四五年一〇月二三日）http://kokkai.ndl.go.jp/SENTAKU/sangiin/063/1170/06310231170004c.html（最終確認二〇一六年五月二二日）。

67――同右。

68――文化庁からの委嘱を受けて独立行政法人日本芸術文化振興会が実施。

69――文化庁からの委嘱を受けて公益財団法人ユニジャパンが実施。

作品名		製作／配給	融資額（千円）	監督	日本公開日
1969 年度					
39	あゝ海軍	大映	186,000	村山三男	1969/7/12
40	男はつらいよ	松竹	81,000	山田洋次	1969/8/27
41	鮮血の記録	日活／ダイ※3	80,000	野村孝	1970/6/10
42	尻啖え孫市	大映	144,000	三隅研次	1969/9/13
43	富士山頂	日活	160,000	村野鉄太郎	1970/2/28
44	あゝ陸軍　隼戦闘隊	大映	168,000	村山三男	1969/11/1
45	天狗党	大映	131,000	山本薩夫	1969/11/15
46	わが恋わが歌	松竹	96,500	中村登	1969/10/29
47	影の車	松竹	84,100	野村芳太郎	1970/6/13
48	ガメラ対大魔獣ジャイガー★	大映	127,000	湯浅憲明	1970/3/21
49	玄海遊侠伝　破れかぶれ	大映	103,000	マキノ雅弘	1970/2/21
1970 年度					
50	ボクは五才	大映／ダイ	79,000	湯浅憲明	1970/9/23
51	家族	松竹	75,000	山田洋次	1970/10/24
52	風の慕情◎	松竹	53,000	中村登	1970/7/1
53	ママいつまでも生きてね	大映／ダイ	61,000	池広一夫	1970/9/23
54	おさな妻	大映／ダイ	62,000	臼坂礼次郎	1970/11/3
55	喧嘩屋一代　どでかい奴	大映／ダイ	67,000	池広一夫	1970/11/14
56	土忍記　風の天狗	日活／ダイ	63,000	小沢啓一	1970/11/14
57	甦える大地	石原プロ／松竹映配	90,000	中村登	1971/2/26
58	新座頭市・破れ！唐人剣	勝プロ／ダイ	73,000	安田公義	1971/1/13
59	君は海を見たか	大映／ダイ	64,000	井上芳夫	1971/5/5
60	戦争と人間 第二部・愛と悲しみの山河◎	日活／ダイ	280,000	山本薩夫	1971/6/12
1971 年度					
61	ガメラ対深海怪獣ジグラ★	大映	59,000	湯浅憲明	1971/7/17

日本映画輸出振興協会に融資申請したが認められなかった作品一覧（判明分）

作品名		製作／配給	不可の理由	監督	日本公開日
1	黒部の太陽	三船プロ・石原プロ／日活	協会加入申請却下	熊井啓	1968/2/17
2	東シナ海	日活	不明	磯見忠彦	1968/10/5
3	吸血ゴケミドロ★	松竹	不明	佐藤肇	1968/8/14
4	片足のエース	大映／大映映配	制度終了のためか？	池広一夫	1971/10/28
5	戦争と人間 第三部・完結編◎	日活	制度終了のためか？	山本薩夫	1973/8/11

※1　日ソ合作作品、ソ連側の監督はエドワールド・ボチャロフ
※2　1968 年 4 月製作中止・全額返済
※3　ダイ＝ダイニチ映配
★印＝怪獣映画　◎印＝海外ロケ

日本映画輸出振興協会融資作品一覧

	作　品　名	製作／配給	融資額（千円）	監　督	日本公開日
1966年度					
1	小さい逃亡者◎ ※1	大映	160,000	衣笠貞之助	1966/12/24
2	アジア秘密警察◎	日活	104,000	松尾昭典	1966/12/10
3	大巨獣ガッパ★	日活	132,000	野口晴康	1967/4/22
4	神火一〇一　殺しの用心棒◎	松竹	84,000	石井輝男	1966/12/24
5	大魔神逆襲★	大映	152,000	森一生	1966/12/10
6	大怪獣空中戦 ガメラ対ギャオス★	大映	153,000	湯浅憲明	1967/3/15
7	宇宙大怪獣ギララ★	松竹	120,000	二本松嘉瑞	1967/3/25
8	智恵子抄	松竹	116,800	中村登	1967/6/5
9	鉄砲伝来記◎	大映	204,000	森一生	1968/5/18
10	女の一生	松竹	125,600	野村芳太郎	1967/11/11
11	奔流を行く男（◎） ※2	日活	100,000	——	——
1967年度					
12	華岡青洲の妻	大映	120,000	増村保造	1967/10/20
13	海のGメン　太平洋の用心棒	大映	117,000	田中重雄	1967/9/15
14	神々の深き欲望	日活	150,000	今村昌平	1968/11/22
15	赤道を駈ける男◎	日活	190,000	斎藤武市	1968/4/28
16	ガメラ対宇宙怪獣バイラス★	大映	127,000	湯浅憲明	1968/3/20
17	ジェット F104 脱出せよ	大映	150,000	村山三男	1968/3/9
18	怪談雪女郎	大映	132,000	田中徳三	1968/4/20
19	夜明けの二人	松竹	129,000	野村芳太郎	1968/4/27
20	牡丹灯籠	大映	151,000	山本薩夫	1968/6/15
21	昭和のいのち	日活	123,000	舛田利雄	1968/6/22
1968年度					
22	わが闘争	日活	97,600	中村登	1968/6/30
23	不信のとき	大映	108,000	今井正	1968/6/29
24	燃える大陸◎	日活	140,000	西村昭五郎	1968/12/14
25	孤島の太陽	日活	93,000	吉田憲二	1968/9/21
26	あゝひめゆりの塔	日活	145,000	舛田利雄	1968/9/21
27	黒蜥蜴	松竹	92,700	深作欣二	1968/8/14
28	私が棄てた女	日活	93,000	浦山桐郎	1969/9/3
29	荒い海	日活	340,000	山崎徳次郎	1969/10/15
30	積木の箱	大映	101,000	増村保造	1968/10/30
31	白昼堂々	松竹	115,600	野村芳太郎	1968/10/26
32	濡れた二人	大映	107,000	増村保造	1968/11/30
33	昆虫大戦争★	松竹	131,300	二本松嘉瑞	1968/11/9
34	千羽鶴	大映	110,000	増村保造	1969/4/19
35	日も月も	松竹	93,500	中村登	1969/1/25
36	ガメラ対大悪獣ギロン★	大映	118,000	湯浅憲明	1969/3/12
37	愛奴	松竹	96,700	羽仁進	1969/5/22
38	鬼の棲む館	大映	124,000	三隅研次	1969/5/31

I　最大利益を確保するための構造

東映動画株式会社における映画製作事業とその縮小

木村智哉

3

はじめに

本稿では、東映動画（現・東映アニメーション）株式会社（以下「東映動画」）の経営状況と、東映グループ内における位置づけを、主として一九六〇年代から七〇年代初頭までの劇場用アニメーション映画の製作事業と興行成績から分析する。

この時期に東映動画の劇場用映画の興行は、各種の短編と組み合わせて児童向けプログラムのみで構成する「東映まんがまつり」形式を確立し、その価値を定着させた。一方で一九七一年の『どうぶつ宝島』を最後に、「A作」と呼ばれた八〇分規模の劇場用長編の継続的製作が途絶えた。[*1] 東映動画は一九五八年公開の劇場用長編第一作『白蛇伝』以来、ほぼ年一作の割合でA作を公開してきていたから、これは製作事業上の巨大な転換であった。

東映動画の映画製作は、東映本社からの受注によって成立するものであったが、その中で最も巨額の製作費が本社から支払われるA作の受注が途絶えたことは、収入の減少と赤字の増大に繋がった。そして七二年の夏には、東映動画は希望退職・解約者の募集、「臨時休業」と称した年末までのスタジオの閉鎖、そしてその最中の指名解雇・解約を実行し、さらに録音・編集部門の独立などによって、最終的に一〇〇人以上の人員削減を実現した。

このような巨大な経営危機は、即ちその企業の経営上の特性が顕著に表出される事態である。したがって、このひとつの破局に至る経緯を分析することは、この時期の東映動画の特性を析出することを意味しよう。

ここで劇場用映画を対象にするのは、主として二つの理由による。第一に、特に一九六五年以降の東映動画では、正社員の作画職（原動画員およびトレーサー、ペインター等）は、原則として劇場用映画の製作に従事することが定められていたからである。[*2]正社員は、作業量に基づいて個人別に業務委託契約を結ぶ「契約者」とは異なり、固定給を基本とする職員であるから、その運用は東映動画の経営能力を、より如実に反映したものになる。第二に、東映本社を発注元とする東映動画の映画製作事業は、本社の経営の影響を如実に受ける特徴を持っていたからである。これは東映グループ外のスポンサー動向からの影響を看過できない、テレビアニメ製作事業とは明確に異なる特徴である。

東映動画は東映株式会社の傍系子会社であり、株式の保有と、本社を頂点とする企業組織の人事を通じて、東映グループ全体の経営方針が、様々な形で波及する構造の中に置かれている。本社と東映動画の関係は、単なる親会社と子会社のそれとして片づけるには、時期によって変化する極めて複雑な諸相がある。本社と東映動画は同一ではなく、ある程度別個の組織や経営方針を持ちつつ、しかし一つの企業グループの意思決定の中に、上下関係をもって組み込まれているのである。こうした複雑な関係の一端を明らかにするにも、上記のような特性を持つ時期の、劇場用映画の製作事業を検証の材料とするのが適当であろう。

ただしこれは、テレビアニメの製作事業や、版権などの営業の進捗推移を論ずることの意義を否定するものではない。また、さらに巨視的にはアニメーション産業、ひいては映画産業ならびに放送産業の、この時期の変容と関連付けて論ずる必要もある。しかしこうした作業は、より長大な論考を必要とするものであるから、本稿はあくまで東映動画の映画製作事業に対象を限定する。

なお本稿では、各種公刊資料のほかに、筆者が独自に入手した、指名解雇撤回裁判時における労使双方の準備書面および、その付帯資料を用いる。記述の煩雑さを避けるため、これらの資料を利用した場合には、注記等での出典の記載を省略する。

一 「東映まんがまつり」の形成

興行形態の変化

東映動画のアニメーション映画は、『白蛇伝』から『少年猿飛佐助』『西遊記』『安寿と厨子王丸』の四作目まで、東映本社の実写長編映画との二本立て興行の中に組み込まれていた。続く第五作『アラビアンナイト シンドバッドの冒険』、第六作『わんぱく王子の大蛇退治』では二本立て興行に先駆けて、一本立てロードショー公開が行われ、成功をおさめた。

ただし、『白蛇伝』や『アラビアンナイト シンドバッドの冒険』封切の折には、特に宣伝方法における問題が指摘されていた。それは主として、従来の東映作品の路線との違いから来るものであった。『白蛇伝』の際には、「ある支社の宣伝部員」が「どうせマンガですし、うちの館には向かないものですからね」と述べたとの報が見られるし、[*3]『アラビアンナイト シンドバッドの冒険』では「東映の現在の封切館ではこなし切れぬ感じが強い」との評価があった。[*4]興行界の周辺で東映動画の作品は、その質よりもむしろ、東映本社の宣伝・興行戦略とのズレゆえに、その力量に見合った成果をあげていないと見られていた。

アニメーション映画興行に独自の形態が表れたのは、一九六三年に東映動画でテレビアニメ製作が始まった後に公開された長編『わんわん忠臣蔵』の封切時であった。同作は時代劇映画『柳生武芸帳 片目の忍者』と二本立てで封切られたが、『わんわん忠臣蔵』の演出を手がけた白川大作は、テレビアニメ『狼少年ケン』との併映を主張した。当初は渋谷東映のみで試験的に併映が行われたが、初日の動員数で渋谷が他館を上回ったため、三〜四日目からは他の館でも『狼少年ケン』を併映するようになったという。[*5]

この経緯は『興行年鑑』で確認できる。『わんわん忠臣蔵』の一二月二一日封切後、渋谷以外の各館でも二五日から『狼少年ケン』が併映された。当初から『狼少年ケン』を併映していた渋谷東映の動員数は三万二〇〇〇人弱で、他の主要館の動員数より多いことが明白である［表①］。渋谷東映が常に、他館より高い動員数を示していたわけではないから、初日から『狼少年ケン』を併映した効果であると見てよいだろう。こうしてテレビアニメの興行価値が認められ、翌六四年から六五年にかけて、他社のアニメ番組も含めた劇場用プログラムが組まれるようになった。

このプログラムは、テレビアニメ製作開始の影響を受けて、一時的に製作が中断された長編アニメーションの、興行市場での穴を埋めるものとなった。

既に六三年年頭には、本社と東映動画の社長を兼任していた大川博により、長編の年間二本公開の実現が訴えられていた。そのためそれまでの一班体制から二班体制への転換がはかられ、『わんわん忠臣蔵』と、続く長編『ガリバーの宇宙旅行』が並行して製作されていた。しかしテレビアニメ製作のための人手不足から、後者の製作は一時中断となり、結果的に六五年三月まで公開が延期された。また六四年九月には、東映動画社長に就任した山梨稔が、長編製作自体を当分中止する方針を発表していた。[*6] これにより東映は六四年の興行市場に、児童向けプログラムを補充する必要が生じたと思われる。

館　名	動員数
浅草東映	15,120
新宿東映	20,370
渋谷東映	31,840
丸の内東映	24,080
梅田東映	21,630
大阪東映	20,500
名古屋東映	16,710
福岡東映	8,100
8 館合計	158,350

表①　『わんわん忠臣蔵』ほか興行成績（『興行年鑑』より作成）※ 12 月 25 日から『狼少年ケン』併映（渋谷のみ初日から）

No.	作　　品　　名	封切日程	動員数
1	西遊記（再）／狼少年ケン	3/22～27	11,780
2	隠密剣士（実写）／狼少年ケン	3/28～4/4	18,510
3	少年猿飛佐助（再）／狼少年ケン	5/3～8	6,250
4	路傍の石（実写）／おふくろ（教育）／狼少年ケン	6/14～19	6,430
5	少年忍者風のフジ丸（編集版）／狼少年ケン／鉄人28号／エイトマン	7/21～27	12,020
6	忍者部隊月光／狼少年ケン／鉄人28号／エイトマン	7/28～8/1	5,630

表②　1964年上半期における新宿東映でのテレビアニメ興行成績（『興行年鑑』より作成）※5と6では「フジ丸」を「月光」に差し替えた以外は同内容

六四年三月から七月にかけて毎月行われたテレビアニメの劇場興行は、時期によっては伸び悩んだものの、春休みや夏休みには、新宿東映で一万人以上を動員しうるプログラムとなった〔表②〕。特に新作の実写長編である『隠密剣士』との併映が組まれた際には、新宿で一万八〇〇〇名以上の動員を示した。[*7]『隠密剣士』はテレビ映画から派生したものであったから、この頃の東映の児童向けプログラムでは、テレビ番組との提携が良好な成果を挙げていたと言えよう。

製作中断を経て完成した長編『ガリバーの宇宙旅行』も、テレビアニメとの併映で封切られた。封切館での興行は、一部の館を除いて三週間続いた。新宿東映では動員数が約五万人、興収約一〇〇〇万円と高水準の興行力を示し、[*8]六四年七月から六五年六月までの東映配給作品の中で、封切配収第五位を記録した。[*9]

この頃になると、「テレビ漫画のファンである子供たちへの題名浸透は、よくゆきとどいて」[*10]おり、雑誌やテレビアニメとそれに付随するCMが、劇場への動員をもたらすという構造が現れはじめていた。[*11]また親子券の販売が功を奏し、親子での鑑賞の増加に伴い売店の売上が上昇して、映画館に利益をもたらした。

テレビアニメのみ、あるいは旧作長編ないし時代劇映画との組み合わせで構成されたプログラムと比しても、より高水準の成績があげられたことは、この時期の東映動画の新作長編が、高い観客動員力を持っていたことを示すものであろう。テレビアニメに親しんだ児童観客やその保護者層も、劇場オリジナルの新作が付加されたプログラムに対しては、より魅力を感じていたと思われる。新作長編の動員力は、テレビアニメの人気と組み合わさることで相乗効果を生み、高い興行価値を生み出したのである。

「B作」の登場とその影響

一九六六年には、より小額の予算で製作される六〇分前後の中編、「B作」が登場した。これは企画課長に昇進した白川大作が、本社からの受注で年間一本の長編を製作するだけでは収入が頭打ちであると考え、増産による増収を目指し提言したものだったという。[*12]

六六年の年頭あいさつで、本社社長の大川博は「スポンサーの関係でいろいろのゴタゴタもある」テレビシリーズは「今年から二本」にする代わりに、長編を製作するが、『白蛇伝』のような「立派な長篇漫画」は「年に一本半」、「ちょっと程度の低いB級の長篇漫画――長さも短くてよろしいし、キメももっとアラくてよろしい、但しマンガ雑誌にでているような非常に面白いもの、芸術とかなんとかそんなに重きを置かないで、本当に面白い漫画を年二本作る」と、方針の転換を示した。[*13]

「B作」の第一回作品は、石森章太郎原作の『サイボーグ００９』となり、実写特撮映画の『大忍術映画ワタリ』などとともに六六年七月二一日に封切られて、主要な館で二万人以上を動員した［表③］。低い予算に合わせたB作であっても、集客には影響がないことが立証されたと言

館　名	7/21〜8/3	8/4〜12	合　計
浅草東映	25,260	——	25,260
新宿東映	27,560	——	27,560
渋谷東映	22,230	——	22,230
丸の内東映	17,650	8,400	26,050
梅田東映	31,090	11,840	42,930
大阪東映	22,570	——	22,570
名古屋東映	25,490	6,780	32,270
福岡東映	18,300	7,510	25,810
8館合計	190,150	34,530	224,680

表③　『大忍術映画ワタリ』／『サイボーグ 009』観客動員数(『興行年鑑』より作成)
※丸の内・梅田・名古屋・福岡は8月12日まで延長

作品名	どの映画をみるために来たか	一番面白かった映画は何か
全作品	14.4%	——
少年ジャックと魔法使い（A作）	37.4%	19.8%
サイボーグ 009 怪獣戦争（B作）	28.9%	60.0%
マグマ大使	19.3%	20.2%

表④　京阪神東映直営館での観客調査結果（『合同通信映画特信版』1967 年 4 月 23 日号より作成）
※梅田・大阪・大宮・神戸 4 館で計 1264 名から回収

えよう。

このヒットを受けて、早くも翌六七年三月には「東映まんがまつり」と題し、[14]続編『サイボーグ００９　怪獣戦争』が、Ａ作である『少年ジャックと魔法使い』、他社の特撮テレビ映画『マグマ大使』第二〇話と併映された。

Ａ作とＢ作の併映は、東映動画の映画企画のあり方を問い直す機会になった可能性がある。この時、関西の四館で観客アンケートが実施され、作品の人気や劇場動員への誘因などが数値として明示されたためである［表④］。

「どの映画をみるために来たか」との問いに、最も高い回答率を示したのは『少年ジャックと魔法使い』の三七・四％で、『サイボーグ００９　怪獣戦争』は次点の二八・九％だった。Ａ作は観客動員のための看板作品として、やはり大きな役割を果たしていたと言えよう。

しかし「一番面白かった映画は何か」との問いに対しては、『サイボーグ００９　怪獣戦争』との回答が六〇％と高い割合を占めた。『少年ジャックと魔法使い』という回答は一九・八％であり、『マグマ大使』の二〇・二％をも下回った。七〇〇〇～八〇〇〇万円程度の製作費を投下するＡ作ではなく、二五〇〇～三〇〇〇万円程度の予算で製作されるＢ作でも、[15]人気の素材を扱えば十分に観客は満足したのだった。出資者たる東映本社としては、より小さな出費で観客の支持を得られる企画を優先するであろうから、このアンケート結果は東映動画の映画製作規模を縮小させる、一つの根拠になったのではないだろうか。

製作規模縮小への危機感から東映動画労働組合が、「自主企画によるこみ行った高度細密な技術内容よりは、むしろTVや雑誌など知名度の高い素材を基にした企画が、観客動員率を左右する重点としてクローズアップされる傾向」を問題視したように、[*16] テレビアニメや人気漫画原作の低予算映画の登場は、東映動画作品の興行力を強化した一方で、観客の人気がそうした新企画に集中したことで、従来の長編の存在意義を激しく揺さぶったのであった。

二　長編『太陽の王子ホルスの大冒険』をめぐって

A 作終焉の予兆と抵抗

一九六八年夏に公開された『太陽の王子ホルスの大冒険』の製作は、途中の中断を差し挟みつつ、足掛け三年以上にわたって続けられた。本作で作画監督をつとめた大塚康生の回想によれば、[*17] 長編企画の立案を彼が企画部長・関政治郎から持ちかけられたのは、六五年三月八日であり、紆余曲折を経て本作の企画が一〇月に正式な承認を受けた。しかしシナリオ執筆と絵コンテ作業が難航し、翌六六年の一〇月から六七年一月まで、製作が一時中断した。さらに再開後も遅延が続き、完成後の初号試写は一九六八年三月一九日に行われた。これは同年春の「東映こどもまつり」封切日であり、観客動向からして、次に東映動画の長編アニメーション映画が配給されうるタイミングは、夏を待つほかなかった。こうして『太陽の王子ホルスの大冒険』は同年七月二一日にようやく公開に至った。[*18] 実質的な総製作期間だけでも、二年以上をかけた大作であった。

こうした遅延の過程を、経営側がただ容認していたわけではなかった。大塚は、製作中断後、関から以下のように訴えられたと回想している。

きみたちはたいへんなことをしているんだよ、会社はきみたちにプレハブを作ってくれといっているのに、きみたちがやろうとしているのは頑丈な鉄筋コンクリートだ。いわば注文主の依頼とちがうものを作ろうとしている。予算、スケジュールの大幅な超過はどういうことになるのかわかっているだろうね……[19]

経営側は、本作の意義を全く認めていないわけではなかった。大塚によれば、中断の決定も「画面の質の高さは会社としても十分認めるところだが、これ以上のスケジュール遅延は許されない」という内容だった。また、当時の東映動画社長である山梨稔も、新聞紙上で以下のように述べている。

『太陽の王子』は、スピードとギャグ中心のテレビ動画に対抗して、うちのフル・アニメーション・グループが本格的なものを示そうとした一種の〝反抗〟なんだな。あまり採算を度外視されてもこまるが、作らせてくれという彼らの情熱を殺してもいけないし――[20]

こうした経営側の認識と発言には、スタッフの意欲が企業の要求を逸脱してしまったことへの戸惑いが率直に表明されていよう。

大塚康生は「かたくなに質を守りぬこうという姿勢」の背景に、「もしかすると最後の本格的な長編になるかもしれない」という「悲壮感」があったと回想している。[21]本作の製作は、『ガリバーの宇宙旅行』の一時中断から間もない時期であったから、そうした前例がスタッフ側の危機意識を醸成していたと考えられよう。その意味でこれは、確かに彼らが認識した現状に対する「反抗」であった。

しかし既に東映本社も東映動画も、そうした「こみ行った高度細密な技術内容」を支えるだけの意志を失いつつあった。東映動画設立当初の長編では、一作あたり八〜九万枚の原動画が用いられていたが[*22]、六七年春のA作『少年ジャックと魔法使い』のそれは約三万六〇〇〇枚、B作『サイボーグ009 怪獣戦争』に至っては約一万五〇〇〇枚まで削減されていた[*23]。しかし前述の調査結果に基づくならば、むしろB作の方が低コストで観客の需要に合致していたのであり、この段階で企業としては、より高額の製作費を長編に投下する短期的な意義が、東映本社にも東映動画にもなくなっていたと思われる。六七年七月のスタッフへの告知では、『太陽の王子ホルスの大冒険』に投下された費用が既に一億円を超え、「現在の映画観客の動員状況からみても興行的に収支を合わせることは既に不可能であり、加えて海外への輸出も殆んど期待できない」と、危機的な状況が訴えられた[*24]。

こうして本作の製作過程は管理上の不祥事として評価され、公開後には責任者の関政次郎の退社や、演出の高畑勲、作画監督の大塚康生らの降格、契約金減額等の処分を招いたのであった[*25]。

長編興行の構造と実態

『太陽の王子ホルスの大冒険』は、東映動画のテレビシリーズや他社のテレビ映画との組み合わせで「東映まんがパレード」として公開され、封切館では七月末までの十一日間興行された。この興行は、しばしば大きな失敗に終わったと言われる。大塚康生は「それまでの長編漫画の最低を記録」したと記しているし[*26]、やはり主要なアニメーターであった森康二も、封切初日の観客動員数を聞いた東映の幹部が「あんな作品じゃ お客は来ませんよ」と述べたと回想している[*27]。

しかし、長編の内容をもって不入りの原因と考えることはできない。児童観客は、必ずしも長編だけを目当てに劇場へ足を運ぶわけではなかったからである。A作は「まんがまつり」形式の興行において、宣伝上は看板作品であるものの、テレビ番組の興行も独自の集客力を持っており、むしろそれゆえに長編の意義が問われていたのであった。

金田益実は『映画年鑑』の記録から、その新宿東映での興行成績が、前後の時期に封切られたプログラムと比しても「健闘している」と指摘している。[*28] より詳細に、他の公刊資料も含め検討してみよう。

『興行年鑑』では、浅草・新宿・渋谷・丸の内・梅田・大阪・名古屋・福岡と、計八館の動員数を確認できる。これによれば八館合計の動員数は約一六万人である。前年七月の『ひょっこりひょうたん島』他のプログラムは九日間興行で約一四万六〇〇〇人だったから、「まんがパレード」の方が動員数は多いことになる。[*29] また、六六年夏の『サイボーグ009』ほかのプログラムと比較した場合でも、一日あたりでは「まんがパレード」の方がやや多い［表⑤］。さらに、六八年七～八月の封切作品では、八館累計で「まんがパレード」を越える動員数のものは、八月前半に封切られた東映任侠路線のオールスター映画『侠客列伝』の週以外にはなく、それも一日あたりで比較すれば、やや「まんがパレード」の方が上回る［表⑥］。したがって、この年夏封切の東映系プログラムの中では「まんがパレード」は大きく健闘したと言える。[*30]

他社の夏季児童向けプログラムと比較しても、「まんがパレード」が低調とは断じえない。同年八月公開の東宝特撮映画『怪獣総進撃』ほか二作を組み合わせた封切興行は、『興行年鑑』によれば「まんがパレード」とほぼ同地域の東宝系八館累計動員数で約一三万六千名と、やや低い。前年夏季に封切られた『キングコングの逆襲』および『ウルトラマン』の興行と比較しても、むしろ減少が見られ、六八年夏に大幅に東宝系列館へ観客が

館　名	『サイボーグ009』ほか		『ひょっこりひょうたん島』ほか		『太陽の王子ホルスの大冒険』ほか	
	1966/7/21～8/3	1日あたり	1967/7/21～29	1日あたり	1968/7/21～31	1日あたり
浅草東映	25,260	1,804	14,260	1,584	20,260	1,842
新宿東映	27,560	1,969	15,440	1,716	22,030	2,003
渋谷東映	22,230	1,588	11,780	1,309	18,140	1,649
丸の内東映	17,650	1,261	9,760	1,084	15,620	1,420
梅田東映	31,090	2,221	31,110	3,457	22,940	2,085
大阪東映	22,570	1,612	14,000	1,556	12,980	1,180
名古屋東映	25,490	1,821	36,710	4,079	32,840	2,985
福岡東映	18,300	1,307	12,990	1,443	15,310	1,392
合計	190,150	13,582	146,050	16,228	160,120	14,556

表⑤　1966～68年夏の東映動画作品の観客動員数（『興行年鑑』より作成）

館　名	帰って来た極道／温泉あんま芸者	怪談蛇女／怪猫呪いの沼	太陽の王子ホルスの大冒険ほか3作品	侠客列伝／盛り場ブルース	裏切りの暗黒街／極悪坊主	兄弟仁義・逆縁の盃／㊙トルコ風呂
	6/28～7/11	7/12～20	7/21～31	8/1～13	8/14～23	8/24～9/2
浅草東映	14,920	9,360	20,260	21,960	10,980	15,470
新宿東映	17,690	9,600	22,030	26,230	11,650	16,760
渋谷東映	14,540	7,960	18,140	18,760	9,600	14,360
丸の内東映	13,450	6,570	15,620	19,890	9,860	13,950
梅田東映	28,650	11,470	22,940	31,650	22,140	14,260
大阪東映	18,800	7,840	12,980	21,960	17,190	9,530
名古屋東映	14,890	5,910	32,840	20,210	16,700	7,630
福岡東映	15,340	9,210	15,310	15,520	17,410	8,530
合計	138,280	67,920	160,120	176,180	115,530	100,490
1日あたり	9,877	7,547	14,556	13,552	11,553	10,049

表⑥　1968年7～8月における東映系主要封切館の観客動員数（『興行年鑑』より作成）

作品名	キングコングの逆襲／ウルトラマン	怪獣総進撃／海底軍艦（再）／海ひこ山ひこ
興行日程	1967/7/22～8/11	1968/8/1～13
8館合計	238,770	136,130
1日あたり	11,370	10,472

表⑦　1967・68年夏の東宝怪獣映画の観客動員数（『興行年鑑』より作成）

作品名	『少年ジャックと魔法使い』／『サイボーグ009怪獣戦争』ほか	『アンデルセン物語』ほか	『太陽の王子ホルスの大冒険』ほか
興行日程	1967/3/19〜31	1968/3/19〜29	1968/7/21〜31
8館合計	257,890	254,040	160,120
1日あたり	19,838	23,095	14,556

表⑧　1967〜68年におけるA作を含む興行の観客動員数（『興行年鑑』より作成）※『アンデルセン物語』ほかの興行は、新宿・丸の内で4月5日まで、渋谷・名古屋で3月31日まで延長されているが、個別のデータがないため割愛した

流れたとは考えられない〔表⑦〕。

「まんがパレード」が興行で、それまでの「最低を記録」したとする記述は、現在確認できる資料による限り疑わしい。もちろん下番線での興行が伸び悩んだ可能性までは否定できない。しかし当時の東映系の映画館興行では、一般的に総配収中に占める封切配収の割合は、約六一パーセントとされている。したがって二番館以下の成績は封切館でのそれより重要ではない。

本作の興行成績をめぐる評価にはおそらく、作品内容より、むしろ東映動画の長編興行形態をめぐる営業上の問題が累積している。

第一に、公開時期の問題がある。ここまで、動員数の比較検討はすべて夏季興行のそれと行ってきた。しかしこの時期から東映動画長編の興行は、基本的に三月にA作を、七月にB作を封切る形態を固定化していく。[*31] これ以前にA作を公開した、六七年および六八年三月の興行成績と比較すれば、確かに「まんがパレード」の動員数は低くなる〔表⑧〕。つまり『太陽の王子ホルスの大冒険』の興行は、当時のA作としては不十分なものに終わったことになる。しかしこれは多分に、児童観客が映画鑑賞を長期休みのレジャーとして選択するかどうかという生活習慣が関わった結果であって、プログラム内容がもたらした結果とは言えまい。実際、この後も「まんがまつり」における春興行の優位性は、基本的に保たれていくからである。

第二に観客動員数ではなく、そこから生ずる収入額の問題がある。児童向けプログラムは一般観客向けのそれ

よりも入場料金が低くなるため、大人向けプログラムより多く集客しても、収入は低額に留まる。これは本作に限らず、興行上の成功が報じられた長編でも同様である。

「まんがパレード」の場合、新宿東映では直後の八月一日から封切られたオールスター映画『侠客列伝』および併映の『盛り場ブルース』と同程度の観客動員数であるにもかかわらず、その興収は六割弱になっている［表⑨］。さらに『侠客列伝』は、六八年下半期から六九年上半期の東映系封切作品中で、封切配収第三位に入ったのに対し、「まんがパレード」は記録の残る五位以内には入っていない。[*32]

作品名	『太陽の王子ホルスの大冒険』ほか	『侠客列伝』／『盛り場ブルース』
興行日程	7/21〜31	8/1〜13
観客動員数	22,798	23,348
1日あたり	2,073	1,796
興行収入	6,543,000	11,247,000

表⑨　1968年7〜8月の新宿東映封切2プログラム比較（『映画年鑑　1970年版』より作成）

「まんがパレード」入場者の平均年齢は二二・三歳だが、[*33]これは観客層が、主として小学生とそれを引率する保護者によって構成されるため、結果的にこの程度に落ち着いたと見るべきだろう。仮に親子二人で入場した場合、「まんがまつり」で徴収される入場料金は、一般劇映画に比して、四分の一から三分の一は減少せざるを得ないと思われる。東映動画長編の興行は、一般的に一か月程度の実働期間で製作可能な劇映画に比して、半年以上の製作期間を必要とするにもかかわらず、[*34]興行時には他のプログラムより低額の入場料によって賄われざるをえないため、その収益構造に、もともと重大な慢性的弱点を抱えていたのである。[*35]

本作の製作によって、東映本社が赤字を被ったのかは定かでない。先述のように、長編製作は一定の製作費で本社が東映動画へ発注するものであったから、製作リスクは東映動画の方に大きくかかることになる。

東映動画側は本作の製作に、約一億三〇〇〇万円をかけたとする説が一般的である。[*36]

これは翌年のA作の受注額と比しても五五〇〇万円程度の超過が出るものであり、東映動画側が大きな赤字を抱え込んだことは想像に難くない。会社側の裁判準備書面では、六八年の長編で五〇〇〇万円以上の赤字を出したと述べられているから、東映本社からの受注金額は、おそらくA作として例年並みの七〇〇〇～八〇〇〇万円程度に留まっていたのではないかと思われる。[*37]

『太陽の王子ホルスの大冒険』は、おそらく公開時期に見合う程度の成果を上げたが、様々な構造的要因から、多額の赤字を東映動画に残したと思われる。これは東映本社と東映動画が、既存の劇場用長編の規模を、その製作・配給・興行の包括的な体制の中で賄えなくなっていたことを意味していよう。

三　製作規模の縮小へ

「東映まんがまつり」の興行価値と不採算構造

六〇年代後半、東映動画の映画作品は、国内の興行市場において希少価値と信頼性を保持していたと言える。そもそもテレビシリーズの再編集によらない中・長編を製作できる企業自体が少なかった。一九七〇年までに公開された、六〇分以上で劇場オリジナルのカラー・アニメーション映画は、東映動画作品を除けば、日本動画製作の『九尾の狐と飛丸』、虫プロダクションの『千夜一夜物語』と『クレオパトラ』、レオプロダクション製作の『㊙劇画・浮世絵千一夜』の四作に留まる。六九年には東宝が、「東映まんがまつり」を意識し、テレビ番組やその再編集版などを組み込んだプログラム「東宝チャンピオンまつり」を始めたが、そのプログラムの常連は「ゴジラ」シリーズをはじめとした怪獣映画であった。

これらのうち、児童向けプログラムとしては「東宝チャンピオンまつり」が、アニメーション映画としては虫プロダクションの二作がヒットしたが、六八年一〇月に大映系で封切られた『九尾の狐と飛丸』は、新宿の七日間興行で一九五〇名と不入りに終わり、ほとんどの封切館で八日以内に旧作上映へ切り替えられた。[*38]

東映が他社の児童向けアニメーション映画を配給したこともあった。六八年冬の「東映ちびっ子まつり」は、東映動画がテレビシリーズの合作を行っていた、アメリカのランキン・バス・プロダクションによるアニメーション映画『ピノキオの宇宙大冒険』、東映本社がラム・フィルムと合作した実写映画『ガンマー第3号　宇宙大作戦』のほか、実写テレビ映画や東映動画が製作したPR映画によって構成された。しかしこの観客動員は、九日間の八館合計で九万一〇〇〇名と、やや伸び悩みを見せた。[*39]

この二件の結果は、いずれも従来の児童向けプログラムと異なる公開時期という要因を考慮する必要はあるものの、東映動画のアニメーション映画が、いかに東映系の映画館とその観客層に定着していたかを示すものでもあろう。児童向けのアニメーション映画の配給・興行を継続的に行っていたのは、この時点で東映のみであり、そしてその作品のほとんど全ては、東映動画の製作によっていた。他社のアニメーション映画が興行市場に提供されても、必ずしも児童観客が足を運ぶとは限らなかったのである。

しかし先述のように児童観客主体の映画興行は、その観客動員数の割に入場料金の総和が、一般向け映画に比して低くならざるを得ず、したがって配給収入が低減するという特性を持っていた。ゆえに製作費を出資する東映本社は、東映動画への発注額を抑制することによって利益を確保しようとすることになる。東映動画はその発注額に見合う程度に、製作体制を再編せざるを得ないのであり、その映画製作規模縮小の方針は、長編の興行市場における評価の低さではなく、こうした構造的弱点に起因するものであった。その証拠に、興行市場で特に高い成績を残した時期の「まんがまつり」にこそ、むしろこの特徴が顕著に表れた。

一九六九年三月公開のA作『長靴をはいた猫』は、東映動画ほかのテレビアニメ二作に、実写テレビ映画と、東映動画が製作した交通安全のPR映画とともに、「東映まんがまつり」として興行された［図①］。このプログラムは、一九六八年下半期から六九年上半期の東映配給作品で、封切配収第四位を記録する大ヒットとなった。[*40]

以下、配給を行った東映本社と、製作を行なった東映動画の損益を試算してみる［表⑩］。まず封切配収一億六二〇万三〇〇〇円から、本社が製作費とは別に支払う、一作品あたりのプリント費・宣伝費・配給費の総和である営業上の総コスト二六五七万三〇〇〇円を引くと、[*41] 封切時の収入は七九六三万円となる。本社が東映動画に発注した金額は七五〇〇万円であるから、本社側の長編製作コストは封切時で解消できたことになる。

単位：千円

Ⓐ	封切配収	106,203
Ⓑ	プリント費	11,762
Ⓒ	宣伝費	8,769
Ⓓ	配給費	6,042
Ⓔ	営業上の総コスト （Ⓑ＋Ⓒ＋Ⓓ）	26,573
Ⓕ	封切配給中の利益（Ⓐ－Ⓔ）	79,630
Ⓖ	東映動画の受注額	75,000
Ⓗ	東映本社の利益（Ⓕ－Ⓖ）	4,630
Ⓘ	東映動画の製作原価	77,970
Ⓙ	東映動画の損益 （Ⓖ－Ⓗ）	－2,970

表⑩　『長靴をはいた猫』封切時の東映本社および東映動画の損益（『映画年鑑　1970年版』および東映動画の「累計製作原価」表から作成）

図①　「69年春東映まんがまつり」ポスター（配給：東映）

なお、併映する短編の上映権を東映本社が買い上げた金額は不明だが、下番線への巡回においては営業費のうち最大を占めるプリント費が減少すると思われるし、テレビアニメ上映にあたって、本来の製作予算からかけ離れて高額の上映権料を支払うとも考えにくい。当時の総配収中における封切配収の割合は約六割なので、併映作品の諸コストも、下番線からの残り四割の配給収入で十分に充当できたのではないだろうか。

一方で、東映動画の本作製作原価は七七九七万円強なので、受注額と比較すると、その損益は約二九七万円の赤字となる。このように興行で大ヒットを記録した作品でも、東映は利益を得られたのに対し、東映動画は赤字を出していたのである。

大川博の死去と製作体制の変化

東映本社の社長で、東映動画の創業者でもあった大川博は、七一年八月に死去した。

生前の大川博は、東映動画の劇場作品の「製作」に一貫してクレジットされていた。六四年まで、東映動画社長を兼任していた時期だけではなく、会長に退いてからもクレジットされ続けていたことからは、アニメーション映画の製作事業が、究極的には東映ないし大川博自身の一事業であったことを意味していよう。アニメーション映画を「製作」していたのは東映動画株式会社ではなく、大川博ないし大川が社長として経営の総指揮をとっている東映本社だったのであり、東映動画はその実務を事業委託されていたという構造になる。

こうした構造下で、大川時代の東映動画は、東映内の動画製作部門としての性格を色濃く持っていたのであり、本社事業に深刻な赤字をもたらすのでなければ、その負債はある程度等閑視されていた形跡がある。たとえば東映本社には「アニメーション製作は東映の良心という鷹揚さ」があったとの証言が見られる。[*42] また山梨稔は、

「当時でも劇場用アニメを一本作るのには約一億五〇〇〇万円ぐらいかかるのに、東映の営業サイドで出せるのはせいぜい五〇〇〇万円ぐらいが限度」と言われたため、「会社機構を無視するかたち」で大川に直接交渉し、「一年に一本ぐらい子どものために奉仕するつもりで、一億円ばかり投げ出してもらいたい」と述べて承認を得たという。*43 山梨退任後、映画製作受注額が、一作あたり五〇〇〇万円程度まで減額されていることを見ると、この回想には一定の信頼性が見出せる。映画製作によって生じる東映動画の赤字が一億円程度であれば、それを「製作」の最終的な主体である大川博が黙認することで、不問に付されていた可能性があろう。

長編の「製作」クレジットは、大川の死去後にその表記と意味が一変した。新たに東映社長に就任した岡田茂の体制下で最初に公開された、七二年春のアニメーション映画で「製作」として表記されたのは岡田ではなく、山梨の後に東映動画の社長を務めた高橋勇であった。これはアニメーション映画製作事業が東映本社のものではなく、あくまで東映動画単独のものであるという認識へと転換したことを意味していよう。それは岡田が七二年一月に傍系企業との関係を示した「資本と経営の分離」という発言、すなわち経営の主体と責任をそれぞれの会社のものとして「自主独立の姿勢」を促す方針と、一致する変化と言える。

これらを踏まえると、一見して大川の死が、東映動画の経営に与えた影響が大きかったように見える。大川によって赤字経営を黙認される体制が、岡田の厳格な独立採算体制へと切り替わったことが、東映動画の強硬な合理化の主たる要因を構成していると考える向きもあろう。

岡田による経営改革は、確かに大きな転換であった。邦画市場全体の縮小の中で、東映もまた系列館数を減少させてはいたが、七〇年代初頭に減少が見られるのは、総配収中の六割をあげる封切館ではなく、むしろ二番館以下の館であり、それも九番館以降の下番線ほど減少が激しい［表⑪］。この頃に不振が目立ち始めたのは、映画事業よりはボーリング事業などであり、[*44]そうした大川時代に始められたものの、利益を上げられなくなった事業の存続が、岡田体制下で再考に付されたのであった。その中で東映動画は、自社特有の長編アニメーション製作事業を縮小せざるをえなくなった。これは東映動画単独の問題というよりは、岡田体制へと移行した東映グループ全体の変化の一端だった。

年　月	封 別	2～5番	6～8番	9番以下	合 計
1971年6月	133	259	147	567	1106
1972年6月	129	245	153	465	992
1973年6月	134	236	140	411	921

表⑪　東映系番線別館数（『映画年鑑』より作成）

しかし別の見方もできる。そもそも東映動画の映画製作事業における赤字は、本社からの受注額によってその規模が変動するのであり、仮に東映が東映動画の製作規模に見合う資金を投下すれば、東映動画はこの事業で黒字を出し得たのである。この場合、発注額が配収内の利益に見合わなければ、赤字を出すのは東映本社の、ひいては大川博の「製作」事業ということになる。

東映動画の不採算構造は、岡田体制下ではなく大川体制下で形成されたものであった。構造上の赤字体質を改善するための施策をなすのではなく、むしろ赤字を黙認しつつその構造を維持し、それを会計上は傍系子会社の責任としてきたのは、大川体制であった。つまり大川体制から岡田体制への変化は、合理化が発現した要因ではあっても、合理化の必要性が生じた要因ではなかった。

一九七一年には、本社からの映画製作受注額の大幅減額が断行された。六九～七〇年の受注額は、春のA作が七五〇〇万円、夏のB作が三五〇〇～四〇〇〇万円であったが、七一年には春が五〇〇〇万円、夏が四五〇〇万円となった。夏季作品の受注額は物価上昇に対応したものか、微増の傾向が認められるが、春の受注額は三分の二に縮小された。これは事実上、A作の廃止を意味していた。

これまで述べてきたように、東映動画の「まんがまつり」は、興行市場において既に確たる支持を得ており、その中でA作の占める意義こそ縮小しつつあったとはいえ、他社への優位性は未だ健在であった。したがって、A作の中断はひとつの特性を切り捨てることを意味していた。

しかし東映本社は年間二本の新作封切の必要性自体を疑問視していた。「東映まんがまつり」のプログラムでは、七一年七月から特撮テレビ映画「仮面ライダー」シリーズがラインナップされ始めている。続く七二年三月には、テレビ放映済みの回を上映するのではなく、三〇分強とはいえ劇場用の新作『仮面ライダー対ショッカー』が組み込まれた。この春の「まんがまつり」は七二年上半期で、一般向け映画と並んで封切配収第五位となり、三月中だけでも「平月では不可能ともいえる配収」を記録していたが、このヒットは明確に『仮面ライダー対ショッカー』の人気によるものと認識されていた。[*45]

「仮面ライダー」シリーズは、東映東京撮影所から合理化によって分離された「東映東京制作所」への発注によって製作されていたから、これは東映本社にとって製作コストを抑制しつつヒット作の利益を確保するのに最適の作品であったろう。そしてこれにより、同じ下請け子会社への発注であっても、配収の低下する児童向けプログラムでありながら、長い製作期間と多大なコストを必要とする東映動画の長編アニメーション映画は、東映本社にとって必要不可欠なものではなくなったのであった。

こうした情勢下で東映動画は、夏の新作公開を中止する対応を考えたが、労働組合との交渉の結果、受注額減によって製作本数の維持をはかることになった。しかしこれは、製作体制の縮小なしには、赤字を増大させる判断であった。人件費と諸物価の高騰に反して削減された製作費は、既に東映動画が築いてきた既存の製作体制の毀損なしに受託できるものではなくなっていた。

七二年夏公開のB作『魔犬ライナー0011変身せよ!』〔図②〕の製作においては、合理化が大きく進められた。本作を手掛ける社員アニメーターおよびトレーサー、彩色の人員は、従来の三分の二に減少させられ、剰余人員はひとまずテレビシリーズへと回された。しかしこれによりスケジュールが遅延し、結局従来の人員が呼び戻されて、夏季の公開に間に合わせることになった。

この経緯を労組側は、会社側が「人員縮小政策の誤りを全面的に認めたもの」として認識した。一方会社側はこれを、社員アニメーターには予算から逆算されたノルマを「消化する能力がないということを確認した」ものと認識していた。こうした認識の齟齬が埋め合わされることなく、東映動画は「長編年一本、テレビ二ラインの

図② 「72年夏東映まんがまつりへんしん大会」ポスター(配給:東映)

新製作体制」への規模縮小を打ち出して、希望退職・解約者の募集に踏み切り、それが所期の目的人数に達せず、むしろ労働組合側の猛烈な反対と、職場闘争による時限ストなどを招いたことから、「臨時休業」を宣言してスタジオの閉鎖を決行した。その間の作業は、非組合員や契約者、下請けスタジオの人員などを利用して行われた。そしてこの最中に、四三名の指名解雇・解約が発表された。この対象者を含め、一〇〇名近くの人員削減が、会社側の示した合理化案であった。

四三名の被指名者のうち、二三名は社員で構成された。また、契約者とアルバイトを含め、アニメーターおよびトレーサー、彩色といった作画職は三四名であり、他の被指名者も演出やゼログラフィの技術者がほとんどであった。この人員削減の主たる目的が、東映動画の中でも大規模な製作部門の縮小にあったことを、被指名者の構成が如実に示している。

一方で、合理化後の劇場用作品は規模こそ縮小されたが、本数自体は削減されなかった。また版権営業の好調に伴い、テレビアニメのシリーズ数はむしろ間もなく増加した。したがって社内人員の削減は、外注体制の強化と表裏一体の改革となったのである。[*46]

おわりに

一九六〇年代の東映動画のアニメーション映画は、興行市場に一定の信頼性を確立していた。これは他社の児童向けプログラムと比較した場合でも、一定の優位性を示していた。特に初期のA作は、その質の高さに対し、むしろ東映の配給・興行戦略の拙さが惜しまれる程の評価を受けていた。

しかしA作よりも低予算のB作やテレビアニメが登場し、それが好評を得たことで、高額の製作費を投下するA作を維持する意義が、出資者である東映本社にはなくなっていった。それでも東映動画作品の配給市場における信頼性が損なわれないであろうことは、観客へのアンケートが示していた。

児童料金主体の「まんがまつり」興行は、その観客動員数の高さにもかかわらず配収が低くなるため、東映本社は東映動画への発注額を抑制していった。実写映画の製作費の抑制と、「仮面ライダー」のような児童向け低予算映画の登場も、それに拍車をかけた。

分　野	1969年	1972年上期
劇映画	44,930,500円	75,523,000円
アニメーション映画	55,000,000円	47,500,000円

表⑫　東映作品の平均製作費比較（『映画年鑑　1970年版』および東映動画の「累計製作原価」表から作成）

七一年には東映本社は、翌年からの新作映画の発注を取りやめる姿勢すら見せた。七一年春の『どうぶつ宝島』を最後にA作が終了したというより、同作の発注額を確定した時点で、東映本社にはそれを維持する意思がなくなっていたのである。結果としてA作規模の予算枠は消失し、B作相当の予算枠が年間二本確保される形に変わった。これにより東映動画の一作あたりの映画製作費は、本社劇映画より安い金額に収められるようになった[*47]［表⑫］。

これは受注者側である東映動画にとっては、既存の体制を、もはや維持しえないことを意味していた。発注額の低下は傍系子会社の立場で容易に覆せるものではなく、したがって製作規模の縮小が進められた。これは映画の尺や、そこに傾注される技術力、引いては人員数の減少に結び付いた。ただでさえ赤字であった映画製作事業において、受注額の削減は赤字の増大を意味したから、本社の方針に従えば、従来の東映動画が立ち行かなくなるのは必然であった。

この合理化に反対する東映動画労組は、自社経営陣のみならず、東映本社の経営方針自体と争う必要に迫られたのであり、指名解雇・解約撤回の裁判の折には、東映動画だけではなく東映本社も被告席につくよう求められた。[*48] それはまた、全東映労連として求めてきた、東映グループ全体での労使交渉の方針とも一致していた。しかしそれは、部門ごとの独立採算制を徹底させようとする当時の東映本社にしてみれば、認めがたい主張であった。岡田の経営下で東映グループは、傍系子会社がいかにして利益を上げるかを、子会社自身の責任として明確化したから、製作費の削減から生じる問題は、東映動画単体で解決せねばならなくなっていた。[*49]

言うなれば東映動画は、縮みゆく衣服に合わせて、自らの体の一部を切除したのである。

1——「東映まんがまつり」の興行形態の推移については、浅野俊和「〈長編漫画映画〉の誕生と終焉——「東映まんがまつり」の社会史」(『中部学院大学・中部学院大学短期大学部研究紀要』五、二〇〇四年)、「新聞広告に見る「東映まんがまつり」の成立と変容——子ども向け映画興行の社会史」(『児童文学論叢』一一、二〇〇六年)が詳しい。ただしこれらは興行形態と新聞広告の変化を現象論的に追跡したものである。これに対し本稿は、その変化を導いた内的要因を、一次史料をもとに分析することを目的としている。

2——木村智哉「テレビアニメーションの国産化と初期事業の形成——一九六〇年代日本のアニメーション制作会社とテレビ局を例に」(『東アジアのクリエイティヴ産業——文化のポリティクス』森話社、二〇一五年)二四八—二四九頁。ただし長編製作の端境期には、社員もテレビアニメに関わることがあった。また、演出家等は正社員でもテレビアニメを担当している。

3——『合同通信映画特信版』(一九五八年一一月一六日)一頁。

4——『合同通信映画特信版』(一九六二年八月一九日)六頁。

5——「白川大作インタビュー(六)『風のフジ丸』と「東映まんがまつり」の始まり」http://www.style.fm/log/02_topics/top041213.html(二〇一五年七月一五日最終閲覧)。

6——大塚康生『作画汗まみれ　増補改訂版』(文芸春秋、二〇一三年)一五九頁。

7　『映画年鑑　一九六五年版』（時事通信社、一九六五年）六〇頁。
8　『映画年鑑　一九六六年版』（時事通信社、一九六六年）六五頁。
9　前掲『映画年鑑　一九六六年版』二二四頁。
10　『合同通信映画特信版』（一九六五年四月一一日）七頁。
11　劇場用映画のテレビ宣伝は、一九六三年に日本ヘラルド映画が配給したフランス映画『わんぱく戦争』が日本初の事例と言われているから、テレビアニメの劇場興行によるテレビとの提携は、当時としては最新の宣伝手法であったと思われる。
12　前掲「白川大作インタビュー（六）」。
13　『とうえい』（一九六六年一月）一〇頁。
14　初期には各回で名称が変更されていたが、六九年三月以降は「東映まんがまつり」が一貫して用いられた。
15　「日本映画の明日のために…　アニメ分科会議事録」（日本映画復興会議アニメーション分科会、一九六七年）四頁。
16　『東映動画労働組合第七回定期大会議案書』（映演総連全東映労連東映動画労働組合、一九六七年）一三頁。
17　以降の日程の記述は大塚・前掲書、一五九―一七〇頁による。
18　『太陽の王子ホルスの大冒険（ロマンアルバム・エクセレント六〇）』（徳間書店、一九八四年）一四二頁。
19　大塚・前掲書、一六九頁。
20　「商売繁盛の東映動画」（『読売新聞』一九六七年一一月二三日夕刊）一二面。
21　大塚・前掲書、一六七頁。
22　東映十年史編纂委員会編『東映十年史』（東映株式会社、一九六二年）二四七―二五三頁。
23　前掲「日本映画の明日のために…　アニメ分科会議事録」四頁。
24　前掲『太陽の王子ホルスの大冒険』一四三頁。
25　大塚・前掲書、一七〇頁。
26　大塚・前掲書、一七一頁。
27　森やすじ『アニメーターの自伝　もぐらの歌』（徳間書店、一九八四年）一三八頁。

28――DVD「復刻！　東映まんがまつり　一九六八年夏」付属ブックレット（東映ビデオ、二〇一二年）。

29――ただし「まんがパレード」は昨年よりも二日間、封切興行日程が長い。一日当たりの動員数を比較すると、関東圏で伸長が見られるのとは対照的に、関西圏では縮小している。これはプログラムの問題であるよりは、東映本社が行う各年の宣伝活動の結果と考えた方がよかろう。

30――もちろん『興行年鑑』などの動員数記録は、多くとも八館分程度のものであり、下番線を含めた総動員数のデータではない。しかしそうしたデータは公開されていないし、またこれらの資料が継続的に刊行されてきたのは、そのデータが産業統計上のサンプルとして代表性を持つとみなされ、同時代的にも一定の指標とされてきたからであろう。

31――これは夏休みの帰省や観光旅行などから、都市部封切館への動員が春に比べて減少することに対応したものではないかと思われるが、詳細な分析は今後の課題である。

32――『映画年鑑　一九六九年版』（時事通信社、一九六九年）二四一頁。

33――『興行年鑑〔資料〕一二』（興行通信社、一九六九年）七三頁。

34――したがって六〇年代末の長編アニメーション映画の製作費は、東映本社の実写映画のそれに比して、より高額になっていた。

35――入場料金の低さから収益が低下するのは映画館側も同様であった。しかし映画館はもともと、映画上映と売店販売の双方で利益をあげる業態である。東映動画側の説明によれば、「まんがまつり」興行の際には四〇パーセント強の売店売り上げの上昇があった。映画館ではこの収入が入場料金の低さを補い、「まんがまつり」を有益なプログラムとしていたのではないか。

36――前掲『太陽の王子ホルスの大冒険』一四二頁。

37――なお、準備書面付帯の「累計製作原価」表によると、一億円以上をA作の製作に費やすこと自体は、当時の東映動画において類例のないことでもなかった。このような長編製作コストの高騰については、高額な間接費という特殊な要因もあるのだが、これについては独自の解説を必要とするため、他日を期したい。

38――前掲『興行年鑑〔資料〕一二』七〇頁。ただし梅田では一一日間興行が続き、一万名強を動員した。

39――前掲『興行年鑑〔資料〕一二』七五頁。

40――『映画年鑑　一九七〇年版』（時事通信社、一九七〇年）二四四頁。

41――前掲『映画年鑑　一九七〇年版』二四四頁。

42――古田尚輝『『鉄腕アトム』の時代――映像産業の攻防』（世界思想社、二〇〇九年）二三二頁。

43――東映動画編『東映動画長編アニメ大全集　下巻』（徳間書店、一九七八年）七八頁。

44――『映画年鑑　一九七四年版』（時事映画通信社、一九七三年）八三―八四頁。

45――『映画年鑑　一九七三年版』（時事映画通信社、一九七二年）八八頁。

46――既に六四年頃からテレビアニメ制作実務の社外発注が始まっていたが、七三年からはさらに、その一部の工程を韓国企業へ発注するようになった。

47――一般的な劇映画と東映動画のB作とでは、一作あたりの尺が異なるが、そもそも分数の削減に先立って発注額の削減があったことから、作品規模の縮小に対応して製作費が削減されたのではなく、製作費の削減に従って尺が短縮されたと考えるべきであろう。

48――これに対して東映動画側は、東映本社が席に着く必要性を否定したが、裁判上での具体的な答弁においてはしばしば、東映本社の経営データを用いて、その利益を代弁する姿勢をとることになった。

49――製作体制縮小とは別に、東映動画が経営改善策として重視したのは営業の拡大、特に版権営業であった。こうした諸施策の検討には別稿を期す必要があるが、傍系子会社である東映動画が版権管理窓口業務を独自に行いえたのは、皮肉にも本社が敷いた独立採算性の原則が、その自立的運用を保障する機能を果たしたからではなかったか。

*――本稿は平成二五～二七年度科学研究費補助金（特別研究員奨励費、課題番号25・9020）の成果の一部である。

4

独立プロダクションの製作費に見る斜陽期の映画産業

ピンク映画はいかにして低予算で映画を製作したのか

板倉史明

世の指弾にも負けず、一般紙に広告も出ず、批評家にも取り上げられず、東に肉体路線あればエロダクションの名も恐れず、西に残酷あると聞けばすぐに肩を入れ、天上に芸術あればつまらないからやめろといい、映倫を鼻白ませ、三百万円で、秋風の五社をおびやかす、そういうものに、わたしもなりたい。

（一九六四年の『週刊新潮』における記事見出しより）[*1]

はじめに

「ピンク映画」とは、大手の映画製作会社ではない独立プロダクションによって低予算で製作された、セックス場面を売りにする成人向け劇映画を指すジャンル名である。ピンク映画は一九六二年の『肉体の市場』（小林悟監督）を第一作として現在まで連綿と製作され続けており、特に一九六〇年代後半から一九七〇年代にかけて、毎年一五〇から二〇〇本もの作品が製作される一大ジャンルであった。よく知られるように、「ピンク映画」という名称は、『肉体の市場』が公開された翌年の一九六三年に、『内外タイムス』の記者だった村井実が、成人映画『情欲の洞窟』（関孝二監督）を「ピンク映画」と命名したことがきっかけで普及・定着したものである。[*2] 一九六〇年代にピンク映画は「エロダクション」とも呼ばれ、あるいは三〇〇万円の低予算で製作されていると当時指摘されていたことから「三〇〇万映画」とも呼ばれていた。

ピンク映画が生まれた背景として一般的に指摘されるのは、次のような映画産業のコンテクストである。一九五〇年代末におけるテレビ受像機の普及台数の爆発的な増加によって映画観客数が激減し、映画産業は斜陽化しはじめる。大手映画会社は自社映画の製作本数を削減して予算の切り詰めをはかるが、作品の質の低下と製作本数の削減にともなって契約映画館の数も減少し、徐々にスタジオシステムの崩壊（ブロックブッキングの解体）がはじまる。映画産業の凋落が目に見える形として現れたのは、一九六一年に大手会社のひとつであった新東宝が倒産したことである。その後、全国の映画館の数は一九六〇年の七四七三館から、一九六五年の四六四七館にまで減少し[*3]、それまで大手映画会社が製作する映画のみを上映していた専門館や契約館は、他社の映画とミックスさせたプログラムを組むようになる。多くの映画館経営が危機的な状況にあるときに、セックスを売りにするピンク映画が興行的にヒットすると、二番館や三番館の映画館はピンク映画を上映する専門館に移行したり、二本立て興行のうちの一本をピンク映画に変更しはじめる。[*4]

映画批評家・佐藤忠男は、そのような一九六〇年代前半の状況を次のように明快に説明する。「一九六〇年代以後、観客が急速に減りはじめたとき、まず最初に減ったのは婦人層であり、次いで大人の男性層である。日本映画は次第に、それらの層の好みを排除する傾向に進んでゆく。ポルノ化と暴力化が進行する。中庸と万人の納得するモラルは、映画以上に幅広く老若男女に見られるものになったテレビのものになる[*5]」。佐藤のいう「ポルノ化」とはピンク映画の隆盛であり、「暴力化」は一九六〇年代前半に一時的に流行した「残酷時代劇」や、一九六三年以降に東映によって製作された一連の任俠映画の流行が当てはまる。一九六〇年代の映画産業は、そのようなジャンルを好む若者の観客層をターゲットにした作品によって、テレビとの差異化をはかり、生き残りをかけた。

本稿のテーマとなるピンク映画に関する先行研究を振り返ってみよう。代表的な日本語文献としては、一九八三年の鈴木義昭『ピンク映画水滸伝——その二十年史』（青心社）を嚆矢として、村井実・山根貞男『はだかの

夢　年代記――ぼくのピンク映画史』（大和書房、一九八九年）、鈴木義昭『昭和桃色映画館――まぼろしの女優、伝説の性豪、闇の中の活動屋たち』（社会評論社、二〇一一年）、二階堂卓也『ピンク映画史――欲望のむきだし』（彩流社、二〇一四年）などがある。[*6] いずれも多くの関係者（監督や女優など）へのインタビューを交えながらピンク映画の歴史を紐解いてゆく貴重な成果である。そして二〇〇〇年代後半以降は、欧米の映画研究者によるピンク映画研究も活発になった。先駆的研究として、ジャスパー・シャープの『ビハインド・ザ・ピンク・カーテン――日本のセックス映画の完全な歴史』（二〇〇八年）があり、これは戦前から現代までのセックスを題材とした日本映画史を体系的に取り上げたもので、特に四章と五章において一九六〇年代の初期ピンク映画史を概説している。二〇一四年にはピンク映画に特化した学術論文集『ザ・ピンクブック――日本のエロダクションとそのコンテクスト』が、阿部・マーク・ノーネスの編集によって刊行され、一三名の論者がピンク映画を多様な視点から論じている。特にローランド・ドメーニグの論文は、ピンク映画第一作としてのちに評価されることになる『肉体の市場』（一九六二年）の製作から上映禁止までのプロセスや受容の問題を中心に、スタジオシステム崩壊期におけるピンク映画興行の隆盛について、豊富なリサーチに基づいた研究となっている。[*7]

編者のノーネスは、ピンク映画の研究をおこなう正当性について以下の七点を主張する。①これまで学術分野において等閑視されてきたピンク映画の五〇年の歴史は正当に開拓されるべきである点。②ピンク映画の製作本数の多さを考えると、映画産業的に無視できない大きな力を持っていた点。③ピンク映画はスタジオシステムが崩壊した後の、若手作家やスタッフの修業・育成の場として機能した点。④ピンク映画が、低予算という制約された製作条件のなかで映画監督に自由な表現を許容するメディアとして機能した点。⑤ピンク映画という自由な環境のなかで政治的なテーマが追究された点。⑥ピンク映画がセクシュアリティと政治の関係を分析するための豊かな場を提供してくれた点。⑦ピンク映画がつねに戦後の映倫審査との闘いの前線にいた点。

以上のように、ピンク映画の誕生から半世紀が経過した現在、国内外で活発に研究が進められているが、本稿では以下の三点について論じてゆきたい。

一点目は、一九六〇年代のピンク映画における製作費の多様性である。一九六一年に大手製作会社がカラーの長篇劇映画を製作した時の直接製作費の平均は二八二二・八万円であった（同時期の白黒映画は二三七七・六万円）。[*8]いっぽう、その翌年から製作がはじまるピンク映画は、従来、その約一〇分の一の額である三〇〇万円で製作されたといわれてきた。しかし改めて一九六〇年代の複数の資料を読みこんでゆくと、一概に三〇〇万円で製作されていたわけではなかったことがわかってきた。

二つ目のポイントは、低予算・短期間で生み出されるピンク映画の製作スタイルの源流を探ることである。本稿では一九五〇年代末からはじまり、一九六〇年代前半に本格化したテレビ映画の制作スタイルにその源流を見出したい。

三点目は、一九七〇年代におけるピンク映画の製作費の具体的な内訳を分析することで、ピンク映画を低予算で製作することが可能になった製作体制の特徴を解明することである。後述するが、一九七〇年代のピンク映画では、三〇〇万円に遠くおよばない二四〇万円程度で製作されるという過酷な状況が発生していた。[*9]では、いったいどのようにして二四〇万程度の予算で六〇分から七〇分のカラー長篇作品を製作していたのであろうか。国内外の先行研究においてピンク映画の製作費や俳優のギャラへの言及はあるものの、ピンク映画の製作費が当時の映画産業のどのようなコンテクストで生まれたのか、そしてピンク映画の製作プロセスにおいて製作費がどのような内訳で使用されたのかといった側面に焦点を当てた研究や分析はいまだ存在していない。[*10]

本稿は以上のような三点に着目し、一九六〇年代から一九七〇年代に独立プロダクションで製作されたピンク映画の製作体制の特徴を、映画産業史的な観点から分析するものである。

一　初期のピンク映画は本当に三〇〇万円で製作されていたのか

低予算で映画を製作するには、スタッフやキャストの人数、撮影環境、録音作業など、あらゆるプロセスにおいて予算を節約しなければならない。一九六七年から製作を開始したATG映画が「一〇〇〇万映画」と呼ばれ、一九七一年に製作を開始した日活ロマンポルノの製作費が七〇〇から八〇〇万円だと言われていたなかで[*11]、三〇〇万円と言われてきたピンク映画の製作費は極端に少ない。ピンク映画の名付け親と言われてきた村井実は、ピンク映画の製作費と撮影スタイルの特徴を、「撮影所の設備を使わず、スタッフや俳優のギャラから、器材のレンタル料、フィルム代、ロケ撮影の全費用まで含んだ三百万円」なのだと一九八九年の時点で回顧している[*12]。ピンク映画初期の一九六四年にも、「撮影はオールロケ。ときにはホテル、旅館を借りて（ロケセットという）撮りまくる。スタッフは二十人ほど。一日三十カットから五十カット、徹夜も普通で、一時間半ものを十日間で撮ってしまう超スピードぶり。企画、シナリオ、撮影、アフレコと完成が一ヶ月。一本二百万円から三百五十万円[*13]」で製作されていたことが記録されている。

しかし本当に一九六〇年代当時のピンク映画は三〇〇万円で製作されていたのだろうか。当時の雑誌記事や関係者の言葉を参照すると、実際は作品によって多様であり、当然ながら作品やプロダクションによってばらつきがあったことがわかる。ピンク映画の製作プロダクションである国映の社長・矢元照雄によると、一九六二年ご

図①　『激情のハイウェー』（西原儀一監督、葵映画、1965年）のプレスシート（図版提供：鈴木義昭）

ろの初期ピンク映画の製作費は五〇〇～六〇〇万円くらいだったという。[*14]またピンク映画プロダクション・葵映画の実質的な第一作『激情のハイウェー』（一九六五年）は三七〇万から四〇〇万円程度で製作された。[*15]いっぽう若松孝二は彼のデビュー作『甘い罠』（一九六三年）を一五〇万円程度で製作したと回想しており、[*16]『壁の中の秘事』（一九六五年）の製作費は二五〇万、[*17]そして『胎児が密猟する時』（一九六六年）の製作費は二一〇万円だったという。[*18]ピンク映画研究者の鈴木義昭は、このような初期ピンク映画の一様ではない製作費について、「ピンク映画＝三〇〇万円映画」という定説のような言われ方そのものが全くカン違い」であり、「ほとんどピンクをおとしめるために、その低予算をあざ笑う為に言われてきたのだ」と的確に指摘している。[*19]

「三〇〇万映画」の呼称がはじめて使われたのは、管見の限り、一九六四年の九月である。宮沢賢治の「雨ニモマケズ」をもじった本稿のエピグラフは、一九六四年九月に発行された『週刊新潮』に掲載されたものであるが、このなかで記事の執筆者は映画批評家・小川徹のコメントを次のように引用している。「ああいう独立プロの映画を〝三百万映画〟（注＝一本の製作費を言う）とかなんとかいうんだけれども、とにかく、五社をおびやかす存在として注目していいですね[*20]」。

ここで重要なのは、小川徹が自分の言葉としてではなく、「〝三百万映画〟とかなんとかいうんだけれども」と間接的に表現している点である。このことは「三〇〇万映画」という呼称が当時一般化していないことを示しており、わざわざ『週刊新潮』の編集部が「注」をつけて「一本の製作費を言う」と読者のために補足説明をしていることからも明らかである。『週刊新潮』の記事と同月に、『映画芸術』誌において村井実が「5社をおびやかす300万円映画」という記事を執筆しており、この時期に「三〇〇万映画」という呼称が使われはじめたと特定できる。*21

つまり、ピンク映画は一〇〇万円代から六〇〇万円代の製作費の幅があったにもかかわらず、三〇〇万という言葉が一九六四年九月以降にメディアで使用されたため、その後の批評家やファンが「三〇〇万映画」と呼んできた可能性が高いことが明らかになった。当時これらの成人向け低予算映画に付けられていた「ピンク映画」や「エロダクション」という呼称がそれだけでエロティックな内容を推測できたのに比べると、「三〇〇万映画」という呼称は直接的にエロティックな内容を意味しないため、隠語的な表現としても活用されたのかもしれない。

次節ではその点を踏まえたうえで、「三〇〇万映画」という呼称が付けられるほど低予算で製作されたピンク映画の撮影スタイルが、同時代に量産されはじめたテレビ映画の影響下に生まれたものであることを解説してゆく。

二　ピンク映画の製作スタイルはテレビ映画から

一九六五年の『キネマ旬報』は、ピンク映画の製作スタイルについて「間接費がほとんど要らない」点が特徴であり、撮影は「オールロケーション、スタッフは臨時契約でそれも十人前後。撮影日数は平均十日。編集、録音に日数がかかるが、撮影を始めて二十日後には市場に出回る。一本仕上がればスタッフは解散」するのだと解説している。[*22] 大手映画会社が間接経費を削減するために正社員の合理化を進め、契約社員やアルバイトを増やそうとしていた一九六〇年代に、ピンク映画のプロダクションはアルバイトを少人数雇って短期間で製作し、撮影スタジオを保有せずにロケ撮影に徹することによって、間接経費がほとんどかからない製作スタイルを導入していた。[*23]

外注によって低予算・短期間で作品を生み出す製作スタイルは、すでに一九五〇年代末からテレビ放映用に映画フィルムで制作された「テレビ映画」の制作現場で導入されていたものである。つまり、テレビ局は多くのテレビ映画制作を自社で行わず、外部の制作プロダクションに外注し、買い取る方式を取っていた。一九五〇年代の初期テレビドラマの多くは生放送であったが、一九五九年ごろからフィルムを使った国産「テレビ映画」の制作がはじまる。そして一九六四年ごろから国産テレビ映画の制作が本格化し、一九六五年には外国テレビドラマの放送時間を凌駕するまでにいたる。[*24]

テレビ映画の制作費はその初期から極めて低予算であり、従来の映画製作の予算規模とは大きく異なっていた。初期テレビ映画の代表作『月光仮面』（KRテレビ・宣弘社、一九五八―一九五九年）を制作した宣弘社の撮影は当時次のように伝えられている。「セットは一つも使わぬオールロケはもちろん、舞台となる家はすべて芝白金にあった宣弘社プロ小林利雄邸がセット代りという徹底ぶり。このため小林社長夫妻はその間ホテル住いで夜露をしのいだ」。[*25]

このような低予算・短期間での制作スタイルは、一九六〇年代に入っても変わらなかった。テレビ映画専門のプロダクションとして一九六二年に設立された東伸テレビ映画は、第一作目の『織田信長』を制作する際に、「30分で80万円強、これで決して悪くないのだが、実際には120万円くらい使って」いた。[*26] 一時間番組に換算すると二四〇万円の制作費になる。さらに一九六四年の『合同通信』の記事では、テレビ映画の制作費は「大体一時間もので二百～二百五十万円で、これは劇映画の十分の一といってよいだろう」[*27]とも指摘されている。テレビ映画のほとんどは一六ミリフィルムで撮影されるいっぽう、ピンク映画は三五ミリフィルムで撮影されていたので単純にふたつのジャンルを比較することはできないが、一九六〇年代前半における一時間もののテレビ映画の制作費が、一九六四年以降に使用される「三〇〇万映画」の額に近似している点は重要である。かりに六〇分もののテレビ映画を二五〇万で制作したとすると、分単位の制作費は四・一六万円になる。ピンク映画の平均的な上映分数を七〇分と仮定し、三〇〇万円で製作されたとすると、分単位の製作費は四・二八万円となり、その金額に大きな差はない。

テレビ映画の制作費や制作スタイルがピンク映画に影響を与えていたことは、黒澤明監督の『羅生門』（一九五〇年）をプロデュースした人物として知られる本木荘二郎が、ピンク映画の監督をはじめたエピソードから跡付けることができる。[*28] 本木が「高木丈夫」の名前で『肉体自由貿易』（一九六二年）という低予算成人映画（のちに最初期のピンク映画としてカテゴライズされる作品）を監督した際、岩波映画で教育テレビ番組の制作に関わっていた大井由次から、テレビ映画の制作スタイルを模倣するアイディアを提供され実行した。[*29]

実際、初期のピンク映画の監督やスタッフには、テレビ映画の出身者や経験者がきわめて多い。若松孝二は『月光仮面』や『鉄人28号』（日本テレビジョン株式会社、一九六三―一九六六年）の制作助手を担当することから映像の仕事をはじめたし、後述する葵映画の監督だった西原儀一も、ピンク映画の監督になる前は松竹に所属しながら日本テレビやＮＨＫへ出向してテレビ映画の制作に関わっていた。また一九六〇年代から現在までピンク映画監督として活躍する小川欽也も、フリーの助監督としてテレビ映画専門の日本電波映画などで修業を積み、一九六四年にピンク映画プロダクション・国映の『妾』でピンク映画デビューした人物である。一九六五年にピンク映画製作会社・プロダクション鷹を設立した木俣堯喬《あきたか》も、テレビ映画の監督や制作に関わったあとにピンク映画界に入ってきた監督だ。[*30] 現在はテレビのコメンテーターとしても活躍している山本晋也もまた、一九六五年にピンク映画監督としてデビューする前は岩波映画でテレビ映画の助監督を担当している。なお、国映の製作部長だった直俊一はテレビ業界の出身であった。[*31]

　テレビ映画の制作現場からピンク映画の監督になる人材が数多く移動してきた理由はいくつか考えられる。テレビ映画は通常一六ミリフィルム（ただし初期の東映は映画館での上映も考えていたので三五ミリフィルム）で撮影されていたが、ピンク映画は近年まで一般劇映画と同じ三五ミリフィルムで撮影されてきたので、より本格的な映画製作が可能であったという背景もあるだろう。また、テレビ映画の場合、スポンサーやお茶の間の視聴者の反応に配慮しながら表現内容を制約してゆく必要があるが、映倫によって成人指定を受けるピンク映画であればそのハードルは低くなるため、ノーネスが指摘した通り、より自由な表現が可能となったことも理由のひとつである。

　しかしもっとも重要なファクターは経済的なものである。テレビ映画の場合、テレビ局が大手映画会社やテレビ映画専門のプロダクションから一定額で作品を買い取る方式を採っていた（大手映画会社のなかにはテレビ映画制作のプロダクションへ下請けさせることもあった）。したがってテレビ映画の場合、あらかじめ決められた予算内で作品を制作しなければ、制作プロダクションが利益を得ることはない仕組みになっており、予算オーバーはそのまま赤字につながってしまう。苦労して良い作品を作っても、手抜きをして質の低い作品を作っても、テレビ映画の制作プロダクションが受け取る利益は同じ額なのである。[*32]

一方、特に初期のピンク映画の場合、製作プロダクションが良い作品を作ってヒットさせれば、それに見合うだけの利潤を手にすることができる仕組みになっていた。製作プロダクションが独自に映画館と交渉して配給収入を徴収することもあれば、配給会社と契約して配給収入の何割かを製作プロダクションが受け取る契約も存在した（後述するように一九七〇年代になると、ピンク映画の配給網が制度化され、買い取り方式を採用する配給会社が増えてくる）。例えば葵映画の監督・西原儀一によると、葵映画では一九六〇年代後半に東京本社と名古屋と関西の支社を持ち、計一九人もの営業担当職員をかかえていた。葵映画の営業スタッフは全国の映画館の館主と直接交渉して、自社フィルムを直接配給していたのである。[*33] 木俣堯喬が主宰する鷹プロダクションも、設立当初は鷹プロが独自に映画館主と交渉して配給していた。[*34]

初めて設立されたピンク映画専門の配給会社は、新東宝の社長だった大蔵貢が一九六五年三月に立ち上げた「ＯＰチェーン」（オリジナル・ピクチャの略称）である。加盟した製作プロダクションは、ＯＰチェーンを統括する大蔵映画に配給宣伝のための費用として、一作につき二五万円を支払う条件で、興行収入の二割を受け取ることができた。[*35] したがっていずれの配給方法であっても、初期のピンク映画の製作環境はテレビ映画と異なり、ヒット作を作ればそれだけ利潤を得られるというインセンティヴがあったのである。

三　テレビ映画制作費の高騰とピンク映画製作費の下落

しかしその後、テレビ映画とピンク映画は製作費に関して異なる道を歩むことになる。一九六〇年代後半以降、テレビ映画の制作費は高騰し続けるいっぽう、ピンク映画の製作費は上昇するどころか下落してしまう。東映京都テレビプロダクションの所長だった田口直也は一九六六年の段階で、「テレビ映画の制作費も資材、人件費の高騰で、60分もので1話250万円から300万円ほどもかかるようになりましたが、この1、2年で約50万円ほど高く付くようになったのではないでしょうか」[*36]と制作費の高騰に言及している。また二年後の一九六八年に発行された『合同通信』の記事では、テレビ映画のカラー作品一時間もので制作費一〇〇〇万、白黒作品でも五〇〇万から七五〇万円もかかるいっぽうで、ピンク映画は三〇〇万前後で変わっていないとも指摘されている。[*37]一九七〇年代になるとテレビ映画の制作費はさらに高騰し、テレビ映画一時間ものを下請けのプロダクションに発注する場合、一九七六年には七〇〇万円くらいだったものが、二年後の一九七八年には一二〇〇万円にまでなっている。[*38]

一九七〇年代におけるピンク映画の製作費の下落は、複数の文献から確認できる。『映画年鑑　1970年版』では、ピンク映画プロダクションの「一本の平均製作費は200万円前後」[*39]と指摘され、またピンク映画監督の山本晋也も一九七八年の著書において次のようにいう。「恥ずかしながら申し上げますとわれわれ弱小プロは、一本のポルノ映画を請け負いの形で、二百二十万円から二百四十万円の安値で作っているのです。十年ほど前は、まだ三百万円映画といわれていたのですが、物みな上がる世の中で逆に値下げという奇跡を演じてきたのです」[*40]。

品目によって変動があるものの、日本の物価は一九六五年から一九七五年の約一〇年間でおよそ二倍から三倍に上昇した（消費者物価指数はこの間一・七六倍になっている）。週刊朝日編『戦後値段史年表』（朝日文庫、一九九五年）を見れば、例えば封切館の映画入場料は一九六六年に五〇〇円だったものが、一九七六年には一三〇〇円に上昇し（二・六倍）、山手線の初乗り運賃は一九六六年で二〇円だったが、一九七六年には六〇円に上昇（三倍）している。ちなみに公務員の初任給の場合、一九六五年には二万一六〇〇円だったものが、一九七五年には八万六〇〇〇円にまで上昇（約四倍）した。したがってピンク映画も物価の上昇に合わせて、三〇〇万円だった製作費が、六〇〇万円（二倍）から九〇〇万円（三倍）に上昇するのが自然の成り行きであろう。しかし映画産業のさらなる低迷と、ピンク映画の配給網が確立して配給会社が製作会社から買い取る方式が増えてきたために、ピンク映画の製作環境はますます悪化していったのである。[*41]

四　葵映画の支出項目に見るピンク映画の節約術

一九七〇年代のピンク映画の製作プロダクションは、いったいどのようにして三〇〇万円にも満たない予算で七〇分程度の劇映画を三五ミリフィルムで製作できたのだろうか。本節ではその点について、葵映画というピンク映画プロダクションをケーススタディとして解明してゆきたい。

葵映画は一九六四年に後藤充弘によって設立されたピンク映画専門の独立プロダクションであり、一九八六年までピンク映画を製作し続けた。葵映画の中心人物は、設立された初期から監督として活躍し、一九七〇年以降は後藤に代わって社長に就任して会社全体を統率した西原儀一（一九二九―二〇〇九年）である。西原儀一は戦後にプロボクサーとして活動したあと大映に入社し、その後、宝塚映画へ移籍してさまざまな部署で映画製作の修業を積んだ。さらに西原は、みずから西原企画を立ち上げて松竹の映画製作に協力したり、テレビ番組の制作に関わったりしたあと、一九六四年に後藤弘充に誘われて葵映画に入社。葵映画の看板監督として活躍した。

西原儀一が率いる葵映画が他のピンク映画プロダクションと大きく異なるのは、西原自身が監督だけでなく、企画、脚本、撮影など、多くの業務を兼務することができた点である。一九七二年の映画雑誌で西原は次のように紹介されている。「なにしろ松竹の撮影部にいて、カメラ操作を学んだ本格派。製作、企画、脚本、撮影、監督と自分で何役もやってしまう。ピンク映画の監督で、カメラを自分で回すのはこの西原監督、ただ一人である」[*42]。西原が様々な職種に対応できたのは、宝塚映画時代（一九五二―一九五八年）に、どこの部署にも所属しない「ノンポジション・スタッフ」として、監督助手だけでなく、撮影や録音をはじめ、あらゆる映画製作の仕事を担当していたからである。[*43]

西原は葵映画の社長を兼務するようになって以降、それまで以上にお金の管理を厳密に行ったうえで映画製作全体をコーディネートした（なお一九六九年以降、葵映画の経理は西原の妹が担当していた）。神戸映画資料館には、西原が撮影中に使用した撮影台本が複数現存しており、それらには撮影スケジュール、撮影メモ、スタッフやキャストへのギャラをはじめとする予算執行の具体的な情報が詳細に記載されている。[*44]現存する資料のなかで特に作品全体の予算の内訳が細かく記載されているのは、西原が社長に就任して以降の、一九七四年から一九七六年ごろの撮影台本である。これらの資料を分析することによって、一九七〇年代中期のピ

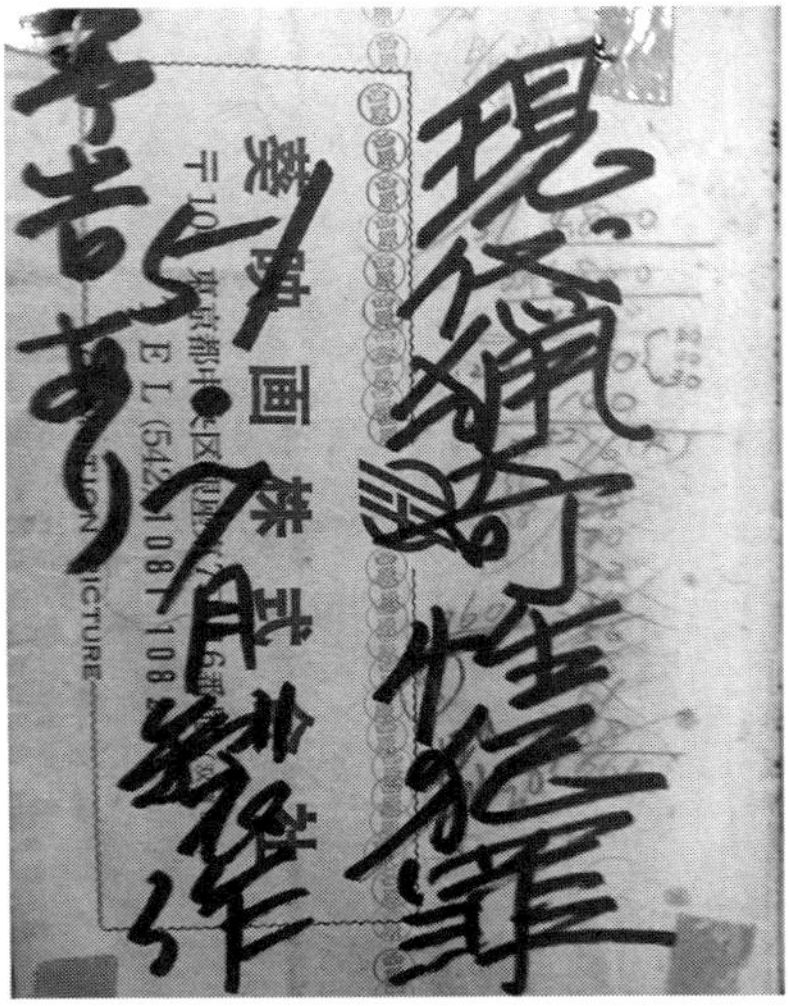

図②　西原儀一監督が撮影時に使用した『現代猟奇性犯罪』の撮影台本表紙（図版提供：鈴木義昭）

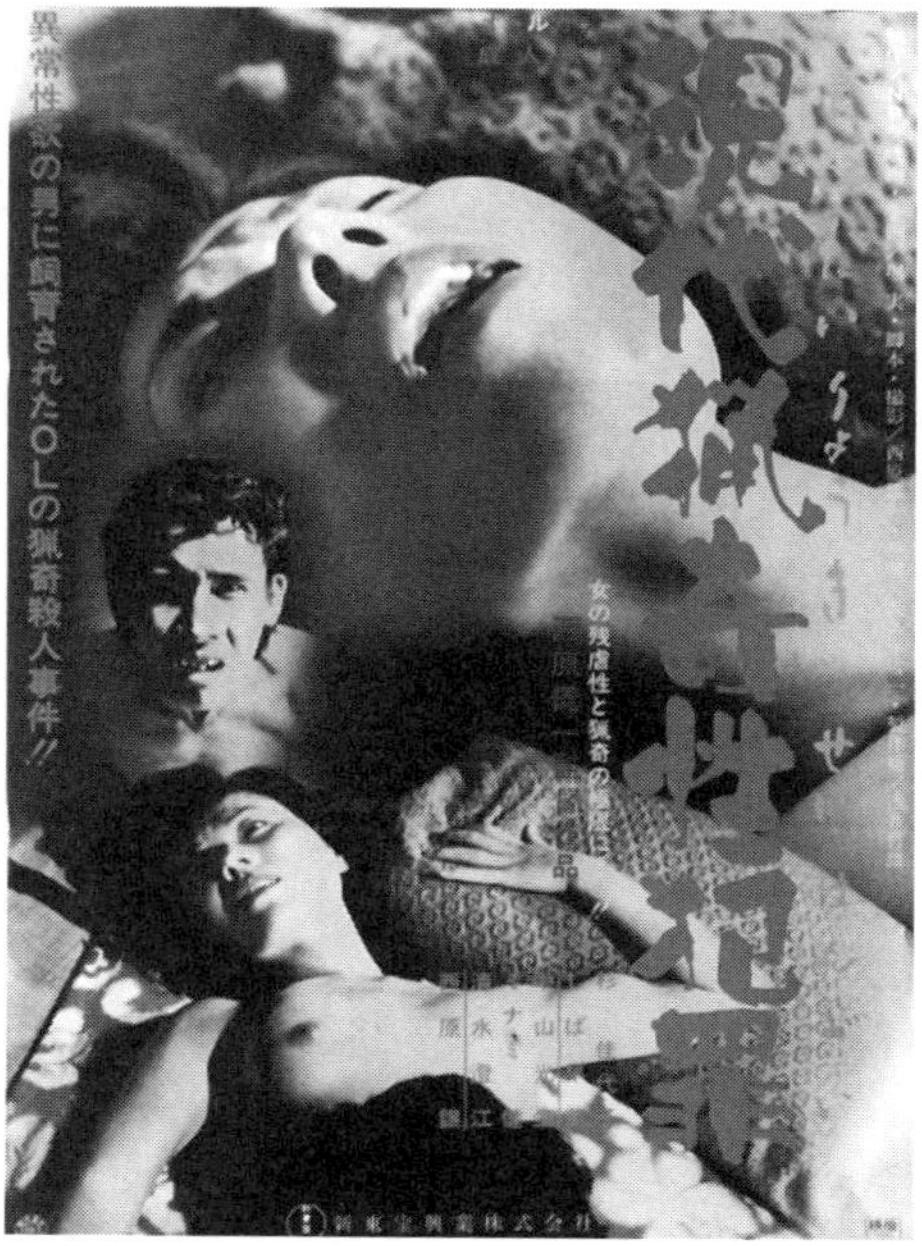

図③　『現代猟奇性犯罪』（西原儀一監督、葵映画、1976年）ポスター（図版提供：鈴木義昭）

ンク映画の製作実態とその特徴がはじめて明らかになる。以下、映画作品一本あたりの（直接）製作費と撮影日数という二つの点から分析を試みたい。なおここで「撮影日数」と呼ぶのはクランクインからクランクアップまでの撮影期間であり、実際は、撮影が終了したあとも、オールラッシュ試写、映倫審査、アフレコ、ダビング、初号試写などの作業が続くので、それらの期間も含める場合は「製作日数」と表記する。

一九七六年七月に公開された『現代猟奇性犯罪』は、製作は葵映画、配給は新東宝興行が担当した作品である（つまり新東宝興行が葵映画から作品を買い取る方式）。撮影台本のメモによると、オリジナルの上映時間は六〇分四〇秒。撮影期間は六月二七日から七月二日までの六日間であった。製作費については撮影台本の中に表①のような経費の内訳が記されており、計二四一万六〇五〇円の直接費がかかっていた。

表①が証明するように、一九七〇年代中期において、たしかに約六一分の三五ミリ・オールカラー作品が約二四二万円で製作可能であった。経費内訳から見えてくる特徴のひとつは、製作スタッフとキャストの外注化である。『現代猟奇性犯罪』は西原儀一が監督・脚本・撮影を兼務しているので、撮影現場のスタッフはわずか五名のみで事足りる。葵映画の社員ではない外部のスタッフを撮影期間の六日だけ拘束し、ひとりあたり四万から五万円の謝金を支払えばいいのである。また、スタジオでの撮影を行うとスタジオのレンタル費を支出しなければ

表①『現代猟奇性犯罪』（一九七六年）の直接費内訳

	経費項目	金額	筆者による備考
1	脚本印刷費	一五、〇〇〇円	印刷部数は不明*45
2	映倫審査料	八〇、三〇〇円	本篇七九、五〇〇円。予告篇八〇〇円。七月一四日審査
3	製作宣伝費	七二、九八〇円	宣伝用のスティル写真を撮影するカメラマンへの謝金
4	スタッフ費	二三五、〇〇〇円	計五名分（制作補一名、撮影助手一名、助監督一名、照明一名、照明助手一名） 各二万～五万円程度
5	キャスト費	二七二、〇〇〇円	六名＋エキストラ二名
6	編集費	五五、〇〇〇円	ネガ編集者への謝金
7	効果費	四〇、〇〇〇円	録音スタジオにおけるダビング・ミックスする作業者への謝金
8	車輌費	八六、〇〇〇円	レンタカー費三六、〇〇〇円（ロケ撮影時に機材およびスタッフを搬送？）＋個人への 車輌費五〇、〇〇〇円（俳優等の送り迎えか？）
9	カメラレンタル	四二、〇〇〇円	三五ミリアリフレックスカメラ
10	録音費	二三〇、〇〇〇円	セントラル録音においてアフレコ・ダビング作業代
11	現像費	三九〇、〇〇〇円	ハイラボセンターにおけるネガの現像＋初号プリント代
12	運搬費	三〇、〇〇〇円	ハイラボセンター（フィルムの輸送費か？）
13	タイトル費	三四、〇〇〇円	作品のクレジット・タイトルおよびエンドクレジットの作成費 予告篇作成費一七、〇〇〇円を含む
14	実行費*46	八三三、七七〇円	撮影時のスタッフの食費、タクシー代等の交通費、衣装や小道具の購入費 撮影用カラーネガフィルム費（三六四、二〇〇円）を含む
	合計	二、四一六、〇五〇円	

ならないので、本作品では喫茶店やホテル、そして路上でのロケーション撮影を徹底させて経費を削減している（路上撮影では警察の許可を事前に取得したうえで撮影していた）。小道具や衣装は葵映画が会社の備品としてある程度は保有していた（「小道具帳」の存在から推測できる）が、俳優たちに必要な衣装や小道具は、随時、「実行費」から支出して百貨店などで購入している（大量の領収書が残されている）。録音については、ピンク映画の先行研究でしばしば指摘されてきたようにアフター・レコーディングである。つまり撮影現場では録音せず、すべて撮影終了後に録音スタジオにおいて俳優たちのセリフを録音することで、撮影現場での省力化を実践している（スケジュールメモから、トラブルがないかぎり、すべての作品においてアフレコ作業は一日で作業が完了していることがわかる）。なお実行費のなかには撮影用のネガフィルムの購入費が含まれているが、編集されたネガフィルムから映画館で上映するための三五ミリプリントを作成するのは配給会社の仕事であるため、三五ミリプリントの作成費は葵映画の製作費に含まれていない[*47]。

表② 葵映画の各作品の製作費（直接費）

封切日	作品名	製作費（直接費）
一九七四年六月	『現代夫婦の性 うずき』	一、六七八、五八八円
一九七五年一〇月	『看護婦㊙売春』	二、〇二九、一一〇円
一九七六年一月	『看護婦 再生処女』	一、八二六、五八〇円
一九七六年七月	『現代猟奇性犯罪』	二、四一六、〇五〇円
一九七六年九月	『現代姦通秘聞』	二、三七〇、九〇五円
一九七六年一〇月	『残酷処女拷問』	二、二六一、三九五円
一九七七年一月	『虐待奴隷妻』	二、三一六、六二二円
一九七八年一月	『博徒無常 蕾みを責める』	二、三四〇、一五七円

このような『現代猟奇性犯罪』の低い製作費は、決して同時代の例外的な数字ではない。一九七〇年代の葵映画作品の製作費を見ると、すべて二五〇万を超えることはなく、おおよそ一七〇万から二四〇万の間で製作されている。表②は、撮影台本に記載されていた葵映画の作品ごとの製作費を年代順に並べたものである。

なぜ作品によって製作費にばらつきがあるのだろうか。この時期はすでにピンク映画の配給網が確立しており、配給会社からピンク映画のプロダクションに支払われる金額はあらかじめ決まっていた。一九六九年に出版された『ピンク映画白書』によると、ピンク映画一本を配給会社が買い取る平均価格は二七五万円であるので、例えば二三〇万円でピンク映画を製作すれば、四五万円が利益として計上できることになる。[*48]

このような状況下において、西原は予算のかかる映画とかからない映画を意識的に作り分けていた。西原自身の解説によれば、ある作品で「制作費をおさえてレベルを下げ」、「その作品でおさえた製作費を次の作品に掛けて少しいい作品を作ってやる。それがプロの経営者のやることじゃないかと思っている」というのだ。[*49] つまりテレビ映画と同じように、製作プロダクションは配給会社から支払われる金額は決まっているので、予算をつぎ込んで仕上げる作品と、低予算で仕上げる作品とのメリハリを意識的につけていたのである。たとえば葵映画が製作し新東宝興行が配給した『残酷処女拷問』（一九七六年）の直接費は、計二二六万一三九五円であるが、撮影台本のメモに「映画料250万」と記されている。おそらく配給会社から支払われる金額（映画料）が二五〇万だったと推測される。したがって先ほどの西原の説明に即して言えば、『残酷処女拷問』で浮いた二三万八六〇五円を、次回作の製作費に上乗せすることができるのである（ただし、『残酷処女拷問』の次作である『現代姦通秘聞』でも二五〇万以上の予算を使用していないことから、実際に直近の次作に上乗せしてはいなかったようだ）。

次に、どの項目を調整することによって、作品ごとの製作費の増減をコントロールしていたのだろうか。支出の内訳を見ると、予算を切り詰められる項目と切り詰められない項目があることがわかる。例えば脚本印刷費、映倫審査費、フィルム代、フィルム現像費、録音費はあらかじめほぼ金額が決まっているので削減できない固定費である。そのいっぽうで、キャスト費や実行費は努力次第で安くすることが可能である。例えば有名なスターを起用しなければキャスト費は安く上がる。また、できるだけ交通費や宿泊費のかからない近場の撮影場所を選

表③　葵映画の撮影日数リスト*[50]

封切日	作品名	撮影日数	撮影期間
一九六五年七月	『激情のハイウェー』	一五日間*[51]	不明
一九六六年五月	『燃える肌』	九日間	五月五日〜一三日
一九六七年七月	『肉体の誘惑』	一三日間	六月二日〜一四日
一九六八年二月	『女体の渇き』	一四日間	一月三一日〜二月一三日
一九六八年五月	『性の階段』	一五日間	四月二日〜一六日
一九七一年五月	『ニッポン発情地帯』	六日間	四月一三日〜一八日
一九七一年七月	『私はこうして失った』	六日間	六月一八日〜二三日
一九七二年六月	『可愛い悪女たちの性宴』	七日間	五月三一日〜六月六日
一九七四年二月	『性の魔性』	六日間	一月三〇日〜二月四日
一九七五年一〇月	『看護婦㊙売春』	六日間	九月二一日〜二六日
一九七六年一月	『看護婦　再生処女』	六日間	一二月六日〜一一日
一九七六年七月	『現代猟奇性犯罪』	六日間	六月二七日〜七月二日
一九七六年一〇月	『残酷処女拷問』	五日間	一〇月一四日〜一八日

んだり、手持ちの小道具で間に合わせれば、それだけ実行費は安くなる。また、確かに実行費に含まれているネガフィルム代は固定費として必ず発生してしまう品目ではあるが、それでもなお、NG率を少なくするという工夫で経費の削減は可能である。実際、西原の撮影台本や製作日誌には、撮影日ごとのOKカットのフィート数とNGのフィート数が丁寧にメモされており、やみくもに撮影していたのではなく、生フィルムの残りのフィート数を日々計算しながら、計画的にフィルムを消費していた。

ただし、製作費の削減に最も効果的なのは、撮影日数を最小限にすることである。なぜならスタッフと俳優の拘束日数を減らせばそれだけギャラを安くすることができるし、レンタカー代（車両費）、食費や交通費をはじめとする実行費も大幅に安くなるからである。表③に示すように、葵映画の撮影日数の変遷を見れば、一九六〇年代後半から一九七〇年代にかけて大幅に日数が短縮されていることは明らかだ。一九六六年の『燃える肌』の九日間という例外はあるものの、一九六〇年代後半の葵映画作品は撮影におおよそ一三日から一五日の期間を費やしていた。しかし、一九七〇年代になると五日から七日にまで短縮している。撮影日数を一九六〇年代の半分以下にまで削減することによって実行費を少なくし、スタッフやキャストへのギャラを抑える工夫があったからこそ、西原は物価が上昇した一九七〇年代においても、ピンク映画を二五〇万円以下で製作することができたといえるだろう。

おわりに――ピンク映画の製作プロセスから見えてくる日本の映像産業

以上のように、本稿では一九六〇年代初頭のピンク映画の製作費の多様性と、「三〇〇万映画」の呼称のはじまりについて検討したほか、ピンク映画の短期間・低予算の製作スタイルがテレビ映画に源流をもつことを明らかにした。さらに一九七〇年代中期の葵映画作品におけるピンク映画の製作スタイルの特徴を分析することによって、さらなる低予算化を強いられていたピンク映画界におけるさまざまな節約策を浮かび上がらせた。特に宝塚映画でのノンポジション・スタッフとしての経験と、初期テレビ映画界での制作経験を活かした西原は、複数の職務（社長、企画、脚本、撮影、監督）を兼務して人件費の節約を実践し、撮影日数を従来の半分にまで圧縮し、さらには撮影時にもみずからNG率を管理して生フィルムの節約を進めるなど、具体的な節減策が明らかになった。

ピンク映画の第一作として知られる『肉体の市場』が生まれた一九六二年は、連続テレビアニメーションの第一作である『鉄腕アトム』の制作が着手された年でもある（放送開始は一九六三年の正月）。一九六二年にピンク映画と連続テレビアニメーションというふたつの新しいジャンルが映像産業に誕生したことは、映画産業からテレビ産業へと主導権が移行する過渡期の、相同性のある出来事だったといえる。[*52] すなわちふたつのジャンルは、映像産業における合理化、外注化、労働環境の悪化という問題が背景となって生まれたジャンルなのだ。ただしふたつのジャンルの誕生を否定的にとらえる必要はまったくなく、ふたつのジャンルはともに悪条件を逆手に取って、情熱ある製作者たちが自身の創造力を注ぎ込んで数々の傑作を世に送り出し、同時代の若者たちを中心に絶大な支持を集めることに成功した。本稿で試みたのはピンク映画という映画産業内の一ジャンルについての研究であったが、この分析を通じて、テレビやアニメーションを含む映像産業の全体像を俯瞰的・有機的に理解するパースペクティブを獲得することが可能となった。

はたして一九七〇年代に実践されたピンク映画の製作スタイルは、一九八〇年代以降のピンク映画製作、あるいは日本における映画製作一般にどのような遺産をのこしたのだろうか。映画産業史的な観点からの日本映画研究にはさらなる課題が残されている。

1——「国映ピンク映画の作り方　斜陽映画界を笑う第二映倫スター」（『週刊新潮』九―三八、一九六四年、一二八―一三三頁）における記事見出しより抜粋。

2——村井実・構成山根貞男『はだかの夢　年代記——ぼくのピンク映画史』（大和書房、一九八九年）二〇頁。

3——『映画年鑑　1966年版』（時事通信社、一九六六年）四六頁。

4——「エロダクション作品の上映館はふえている。二番、三番館で、これら作品の専門館への転向も目立っている」（『合同通信　映画特信版』一〇三七、一九六五年六月二七日号、一頁）。ピンク映画の爆発的な人気は製作本数のデータから明らかだ。大手の映画会社の製作本数とピンク映画のプロダクションを含む独立プロの作品本数の比率を見ると、一九六三年の独立プロ作品の割合はわずか七％（二五本）だったが、一九六四年には二〇％（六九本）、一九六五年になると四五％（二一八本）となり、一九六八年になると五〇％（二五四本）にまで上昇する。なお、一九六五年八月時点で、独立プロは計五二社存在していたが、そのうち一般映画を製作していた会社は新藤兼人が率いる近代映画協会をはじめとして四社しかなく、残りの四八社はすべてピンク映画のプロダクションであった（『映画年鑑　1966年版』時事通信社、一九六六年、一三九頁）。

5——佐藤忠男『日本映画史4』（岩波書店、一九九五年）一一五—一一六頁。

6——そのほか、俳優や監督が執筆した（あるいはインタビューを受けた）代表的な書籍として、野上正義『ちんこんか——ピンク映画はどこへゆく』（三一書房、一九八五年）、西原儀一著、円尾敏郎編『やくざ監督東京進出』（ワイズ出版、二〇〇二年）などがある。またピンク映画監督の若松孝二についてはいくつかの自伝や研究書があるが、代表的なものを挙げると、若松孝二『俺は手を汚す』（ダゲレオ出版、一九八二年）、四方田犬彦・平沢剛編『若松孝二　反権力の肖像（増補決定版）』（作品社、二〇一三年〔初版は二〇〇七年〕）がある。

7——Jasper Sharp, *Behind the Pink Curtain: The Complete History of Japanese Sex Cinema*（Surrey; Fab Press, 2008）. Abé Mark Nornes（ed.）, *The Pink Book: The Japanese Eroduction and its Contexts*（Kinema Club Book, 2014）http://hdl.handle.net/2027.42/107423（最終閲覧二〇一五年九月二五日）。ドメーニグはインターネット上の日本映画研究サイト『ミッドナイトアイ』において、「A History of Sex Education Films in Japan」という連載記事を執筆しており、戦前の性教育映画、戦後の産児制限（バース・コントロール）映画、そして性典映画について論じている。http://www.midnighteye.com/features/a-history-of-sex-education-films-in-japan-part-1-the-pre-war-years/（最終閲覧二〇一五年八月二六日）。なお作品事典ではあるが、先駆的な書籍のひとつとして、Thomas Weisser and Mihara Yuko, *Japanese Cinema Encyclopedia: The Sex Films*（Miami: Vital Books, 1998）もある。

8――通商産業省編『映画産業白書　わが国映画産業の現状と諸問題　昭和37年』（尚文堂出版部、一九六三年）一二頁。

9――そのような過酷な環境を改善するため、ピンク映画の監督・スタッフ・俳優ら一五〇人は、映画会社に対して待遇改善を求める「独立映画人協会」を設立した時期もあった（二階堂卓也『ピンク映画史――欲望のむきだし』彩流社、二〇一四年、三二二―三二三頁）。

10――そのような研究が少ない理由のひとつは、ピンク映画に関連する情報や資料が大手映画会社の製作した作品の資料と比べると絶対的に少ないという点である。たとえば映画産業の一年間のさまざまなデータが掲載されている『映画年鑑』（時事通信社）は、映画の産業的な側面を研究するための基本文献であるが、記載されているのは映画製作者連盟に加盟している大手の映画会社のデータが中心であり、独立プロダクションの詳細なデータはほとんど記載されてこなかった。ピンク映画の製作費について詳しく論じたのは、二階堂卓也『ピンク映画史――欲望のむきだし』（彩流社、二〇一四年）であり、特に第四章「その製作と配給と興行　ピンク映画の経済学」（八一―九七頁）は、製作費や配給費、ギャラなどが関係者への聞き取り調査にもとづいて具体的に記述されている。また同時代の文献として重要なのは、一九六九年というピンク映画の全盛期に後藤和敏（＝後藤敏、当時『映画情報』の記者）によって執筆された「製作面はどうなっているか」という記事である。これにはプロダクション鷹の『赤い謀殺・姦婦の部屋』（木俣堯喬監督、一九六九年）と日本芸術協会の『日本処女暗黒史』（向井寛監督、一九六九年）の製作費の内訳のみならず、撮影スケジュールも詳細に記録されている（キネマ旬報編集『ピンク映画白書』キネマ旬報社、一九六九年、一五六―一六四頁）。なお『赤い謀殺』の直接製作費は二一三万五〇〇〇円、『日本処女暗黒史』のそれは四五六万二一八六円であった。後藤和敏の記事では二作品の製作費を比較したのみであるが、本稿では特に葵映画に焦点を絞り、複数の製作費を具体的に比較検討したい。

11――二階堂卓也『ピンク映画史――欲望のむきだし』（彩流社、二〇一四年）三五五頁。

12――村井実・構成山根貞男『はだかの夢　年代記――ぼくのピンク映画史』（大和書房、一九八九年）四九頁。

13――内外タイムス社文化部編『ゴシップ10年史』（三一新書）』（三一書房、一九六四年）二一一―二一二頁。

14――鈴木義昭『昭和桃色映画館』（社会評論社、二〇一一年）。

15――西原儀一著、円尾敏郎編『やくざ監督東京進出』（ワイズ出版、二〇〇二年）一四三頁。

16――若松孝二『俺は手を汚す』（ダゲレオ出版、一九八二年）七〇頁。
17――若松孝二『俺は手を汚す』（ダゲレオ出版、一九八二年）八七頁。
18――佐藤忠男『日本映画史3』（岩波書店、一九九五年）七七頁。
19――鈴木義昭『ピンク映画水滸伝』（青心社、一九八三年）三六頁。
20――「国映ピンク映画の作り方　斜陽映画界を笑う第二映倫スター」（『週刊新潮』九―三八、一九六四年）一二八頁。
21――村井実「5社をおびやかす300万円映画」（『映画芸術』二〇四、一九六四年九月号、映画芸術社）。
22――「氾濫する〝成人映画〟　その実態と波紋のゆくえ」（『キネマ旬報』三九六、一九六五年八月一日）一三頁。
23――一九六五年に東宝の専務だった藤本真澄は、大手映画会社の間接経費の膨張が経営を圧迫していることを指摘して次のように嘆いている。「直接費も値上がりして膨大になってきている。製作本数が減ってきたにもかかわらず合理化というか、人員整理ができなく、みな抱え込んでいる。それに労働組合が定期的に闘争をする。賃上げをする。それで間接費がどんどん上がる」（「ここに我れ〝日本映画危機宣言〟を発す」『キネマ旬報』三九六、一九六五年八月一日、三三―三五頁）。
24――古田尚輝『「鉄腕アトム」の時代――映像産業の攻防』（世界思想社、二〇〇八年）七七頁。
25――内外タイムス社文化部編『ゴシップ10年史』（三一新書）（三一書房、一九六四年）一二一―一二二頁。
26――『合同通信　映画特信版』（九〇九、一九六三年一月二〇日）二頁。
27――西人「一本立になるテレビ映画」（『合同通信　映画特信版』九八九、一九六四年八月二日）二頁。なおNHKは、一九六一年から一九六三年の期間に外部の監督やスタッフに外注して一時間のドラマを制作させ、『テレビ指定席』の番組として放送していたが、一本二〇〇万で発注していたという（古田尚輝『「鉄腕アトム」の時代――映像産業の攻防』八〇頁）。
28――本木荘二郎については、鈴木義昭「黒澤明に見捨てられた「本木荘二郎」小伝」（『新潮45』三二―一、二〇一三年一月号、新潮社、二〇一二―二一一頁）に詳しい。
29――「常識外の安い製作費で劇場用映画が作れたら、必ず当たると本木荘二郎にアドバイスしたのは、岩波映画でテレビ映画の製作をやっていた大井由次だった。テレビ映画の三十分ものが四日間で作れるのだから、それにならった作り方をすればいいというのである」（後藤和敏「栄枯盛衰　ピンク映画八年史」『シナリオ』二七〇、一九七〇年一一月号、三四頁）。大井由次については、鈴木義昭『ピンク映画水滸伝』（七五―七九頁）を参照されたい。

30――木俣堯喬『続・浅草で春だった』（晩聲社、一九八六年）九―一〇頁。

31――鈴木義昭『ピンク映画水滸伝』（青心社、一九八三年）八二―八三頁。

32――「テレビ映画の制作費は、販売価格から逆算されている」のである（「一本立になるテレビ映画」『合同通信　映画特信版』九八九、一九六四年八月二日、二頁）。

33――西原儀一著、円尾敏郎編『やくざ監督東京進出』（ワイズ出版、二〇〇二年）一八四頁。

34――木俣堯喬『続・浅草で春だった』（晩聲社、一九八六年）一五頁。

35――「ピンク映画の系統化」（『映画年鑑　1966年版』時事通信社、一九六六年）一一八―一一九頁。

36――「背のびすると足許がぐらつく」（『合同通信　映画特信版』一〇六四、一九六六年一月二日）一二頁。

37――『合同通信　映画特信版』（一二二〇、一九六八年一〇月二〇日、一頁）。なお同記事は、大手映画会社が独立プロに外注した作品で一〇〇〇万円弱、ATG映画は一〇〇〇万円、そして東宝がローコストで自社製作する作品で二〇〇〇万円かかっているとも指摘しており、大手会社の作品でも低予算化が志向されていたことがわかる。

38――『合同通信　映画特信版』（一六九一、一九七八年三月一二日）一頁。

39――『映画年鑑　1970年版』（時事通信社、一九七〇年）二三五頁。

40――山本晋也『ポルノ監督奮戦記』（大陸書房、一九七八年）八六頁。

41――『シナリオ』の一九七〇年一二月号に「座談会　成人映画プロの諸問題＝二〇〇万円の中の自由」と題する座談会が掲載されており、この副題からも、ピンク映画の製作費が三〇〇万から二〇〇万円に下落していることが確認できる（『シナリオ』二七〇、一九七〇年一二月号、四二―五一頁）。

42――「ロケ・レポート　西原監督、完全主義を貫ぬく」（『成人映画』九二、一九七二年九月号、一九頁）。特に一九七三年以降、西原はすべての葵映画作品の監督を担当し、ほとんどの作品で脚本と撮影も兼務した。

43――西原儀一著、円尾敏郎編『やくざ監督東京進出』（ワイズ出版、二〇〇二年）九七―一二三頁。

44――西原儀一監督が遺した葵映画に関する撮影台本、宣伝用スティル写真、ガラス乾板、ポスター、プレス資料、編集機材などは、鈴木義昭の仲介によって二〇〇九年に神戸映画資料館へ寄託された。さらに二〇一一年一〇月二二日、神戸映画資料館において上映企画「昭和独立プロ黄金伝説　その2　初代ピンクの女王・香取環」が開催され、ピンク映画女優の第一人者で葵映画の専属女優であった香取環の主演作の上映とともに、香取のトークショーが実現した（聞き手：鈴木義昭）。なお、葵映画の現存するオリジナル・ネガフィルムは現在、東京国立近代美術館フィルムセンターに収蔵されている。

45――葵映画の実質的な第一作である『激情のハイウェー』（一九六五年）の場合、西原は脚本を三〇冊印刷したと回想している。西原儀一著、円尾敏郎編『やくざ監督東京進出』（ワイズ出版、二〇〇二年）一四一頁。

46――他の撮影台本のメモには、以下の様な項目も「実行費」として計上されている。道路使用許可手数料、車のガソリン代、場所使用に関する謝金など。

47――例えば一九七六年の『看護婦　再生処女』にかかった実行費は四六万五五二〇円であるが、内訳は以下のとおりである。食費（八万二八二〇円）、車輌費（一万二〇七〇円）、照明雑費（一〇〇〇〇円）、衣装と小道具費（二万八九五〇円）、フィルム費（三四万一一〇〇円）、雑費（五八〇円）。

48――高橋英一「配給面はどうなっているか」（キネマ旬報編集『ピンク映画白書』キネマ旬報社、一九六九年）一七六頁。

49――西原儀一著、円尾敏郎編『やくざ監督東京進出』（ワイズ出版、二〇〇二年）一六一頁。

50――特に注記のない作品の情報は、すべて神戸映画資料館所蔵の葵映画コレクションの撮影台本に記載されたメモによった。

51――西原儀一著、円尾敏郎編『やくざ監督東京進出』（ワイズ出版、二〇〇二年）一四一頁。

52――『鉄腕アトム』一話分（三〇分）の実質的な制作費は二五〇万であった（『鉄腕アトム』の時代』二二七頁）。

*――神戸映画資料館収蔵の葵映画コレクションおよび関連資料の閲覧について、ピンク映画研究者の鈴木義昭氏と神戸映画資料館館長の安井喜雄氏に大変お世話になった。また、テレビ映画の制作費に関して、国際日本文化研究センター助教の北浦寛之氏に貴重な情報をいただいた。記して感謝申し上げたい。

Ⅱ　観客との関係から定まる方向性

Ⅱ　観客との関係から定まる方向性

リバイバル・メロドラマ

戦後日本におけるメロドラマの再映画化ブームについて

河野真理江

5

はじめに

往年の名作やヒット作を新しいキャストやスタッフを迎えて作り替えることを、現在では一般にリメイクと呼ぶ。リメイク映画は、日本映画の歴史のなかで戦前期から現在まで繰り返し作られてきた。とくに、ポスト占領期から高度経済成長期にあたる期間には、戦前に公開された名作が次々と繰り返し再映画化される現象が起きた。このことは、戦後日本の映画産業の全盛期から衰退期にかけて、リメイク映画が安定した企画の方向性の一つとして機能していたことを意味している。さらに興味深いのは、このとき生み出されたリメイク映画のなかで特に大きな位置を占めていたのがメロドラマであったという事実である。つまり、一九二〇年代と一九三〇年代に公開された女性向けの映画やメロドラマ映画の多くが、一九五〇年代半ばから一九六〇年代の後半のあいだに明らかに集中的に再映画化され、宣伝や批評の過程で「メロドラマ」というラベルを貼られていったのだった。これらのリメイク・メロドラマにかんして重要なのは、それ自体があるジャンル的な集合を形成し、単に一つの作品のリメイクであるというばかりでなく、メロドラマというジャンルのリメイクでもあったことだ。[*1]

本稿では、この戦後日本の再映画化ブームを通じて生み出されたメロドラマが同時代の映画産業のなかでジャンルやサイクルとして機能していたことを確認し、その映画史的位置や特質について検証していくために四五作品をリストアップし、再同定した（論文末にリストを掲載）。

本稿における戦後日本のメロドラマのリメイク映画をめぐる論点は大きく二つある。

一つは、それがジャンルとして展開していく過程での特殊性にかんする問題である。このジャンルの展開にあたっては、二つの段階があった。つまり、一九五四年から一九六〇年にかけての「再映画化の流行」という第一の段階と、いったんこの流行が下火になった後での、一九六二年から一九六八年にかけての「再映画化の再流行」という第二の段階である。本稿ではとくに、第一の段階におけるリメイクを「再映画化メロドラマ」、第二の段階におけるリメイクを「リバイバル・メロドラマ」と呼ぶことにする。呼称を分けるのは、この二つの段階で、ジャンルとしての特質や形態が変容しているためである。個別の作品のリメイクでもあり、ジャンルのリメイクでもあったというすでに触れた特質は主として再映画化メロドラマに顕著であり、リバイバル・メロドラマにおいては、そのジャンル的様態はいっそう複雑になる。すなわち、リバイバル・メロドラマのプロダクションにおける様々な過程は、旧作映画の再上映という新作公開とは別の興行システムや、レコード、ラジオ、テレビといった他のメディア産業におけるリメイクと連関しており、その映画ジャンルとしての価値は、映画産業のなかだけで確立されたものでなかった。とくに、「リバイバル・ブーム」と呼ばれる文化現象が広く波及していた一九六〇年以降においては、まさにその曖昧さこそがジャンルの特質となっていった。

もう一つの論点は、メロドラマというジャンルの需要にかんして、これらのリメイク・メロドラマがその不足状態と飽和状態の両方を象徴するコンテンツとして存在していたという点である。五〇年代半ばから六〇年代後半の期間は、「すれ違い映画」や「文芸メロドラマ」と呼ばれた他のジャンルを含めて、「メロドラマ」と呼ばれるジャンルが隆盛し、氾濫していた時代でもあった。[*2] 主要映画製作会社のすべてが常に何かしらのメロドラマを製作していたこの頃、題材や物語の内容の新奇さに欠けるメロドラマのリメイクは、それとは別の娯楽要素を開拓することが年々重要視されるようになっていく。たとえば、初期においては、白黒スタンダードで作られていた旧作を、総天然色のワイドスクリーン映画として作り直すことがセールス・ポイントとなっていた。そして、より後年においては、出演者であるスターのイメージやその私生活に対する大衆のゴシップ的な好奇心を煽るようなエクスプロイテーション的な手段が取り入れられた。

本稿の最終的な目的は、一九五〇年代と一九六〇年代における二度にわたるメロドラマの再映画化の経緯が、戦後日本のスタジオ・システムの復活と死という二つの極をきわめて象徴的に示していることを例証することにある。

一　再映画化ブームとメロドラマ（一九五四年〜一九六〇年）――「メロドラマ復活の波」

一九五四年上半期、日本映画界に再映画化ブームが押し寄せた。『朝日新聞』と『毎日新聞』は、それぞれ「流行する『再映画化』上半期すでに二十本」、「立派にソロバンに合う流行の〝再映画化〟もの」の見だしを付けて、この映画業界の動向を相次いで報じた。[*3]『朝日新聞』の記事は、二本立て興行の導入という興行形態の変化をこのブームの背景として指摘している。つまり、再映画化という路線は、いわゆる「量産競争時代」[*4]に突入した日本映画界が直面した、新作の企画不足という問題に対して、現実的な解決策の一つとなったのである。さらにこの記事は、この再映画化される作品のなかで「メロドラマ」が「相当多い」ことに注目している。

今年一月末に東宝で上映した「第二の接吻」は大正末期、帝国キネマ、松竹などが「京子と倭子」という題で製作したものの焼き直し、また同じ菊池寛原作の「心の日月」（大映）も昭和初期に日活で田坂具隆が撮った。東映が一月、若原雅夫と角梨枝子で上映した林逸馬作「この太陽」も昭和初め日活が小杉勇、夏川静江でヒットさせたものの再映。大映が天然色で製作した「金色夜叉」に至っては実に十六度目だという。同社の「愛染かつら」（鶴田、京主演）も昔松竹が当てた作。

一九五四年には最終的に、一〇作品を超える名作メロドラマが次々と封切られた。一九五三年以前に再映画化されたメロドラマが、四八年の『新愛染かつら』（大映、久松静児監督）、四九年の『月よりの使者』（大映、加戸敏監督）や、五〇年の『真珠夫人』（大映、山本嘉次郎監督）など年一本程度であったことからすると、五四年の製作本数の多さは際立っていると言える。

最も早くからこの現象に注目していたのは映画評論家の飯島正で、この年の二月に『東京新聞』の紙上で、メロドラマの相次ぐ再映画化を批判する記事を書いた。[*5] 飯島は、フランスのリメイク映画『嘆きのテレーズ』（マルセル・カルネ監督、一九五三年）を引き合いに出してこれを「つくりかえのいい見本」であるとしたうえで、「こういう根本的なつくりかえを、果たして日本映画がやっているかどうか？」と問いかける。「こういう失礼な疑問を提出したわけは、こんどの再映画化が、どうやら『君の名は』の大当たりにそそのかされて、おなじようなメロドラマの新品がまにあわないままに考えだされた窮余の一策らしく思われるからである」。[*6]

飯島の言うように、一九五四年という年に突如として現れた多量の再映画化メロドラマは、前年における松竹映画『君の名は』（大庭秀雄監督）の大ヒットの影響を強く受けている。「戦後最大のメロドラマ」と喧伝された『君の名は』は、記録的な興行成績をあげるとともに、社会現象を巻き起こすほどの人気ぶりで、数多くの「類似品」を生み出し、メロドラマというジャンル自体への大衆的な需要を高めたのであった。[*7] メロドラマのリメイク作品はこのとき、再映画化された名作の一つ一つとしてではなく、メロドラマの企画の方向性の一つとして考案され、集合的に現れてきた。とはいえ、これらの作品のすべてが、飯島の予測通り、「メロドラマの新品がまにあわないままに考えだされた窮余の一策」に過ぎなかったかといえば、決してそうではないだろう。なぜなら、この再映画化メロドラマは断続的にではあるものの、一九五四年の特異現象に留まることなくおよそ十数年の間、映画製作各社で生産されてつづけていったからである。

なかでも大映は、再映画化メロドラマに早期から独自の活路を見出したスタジオであった。再映画化ブームの最初期に企画した『金色夜叉』（島耕二監督、一九五四年）と『愛染かつら』（木村恵吾監督、一九五四年）の製作にあたっては、周到な事前調査を実施したことが報告されている。ある新聞記事によれば、大映の事前調査は、「メロドラマ復活の波」に便乗しようとする大映が、「原作が果たして現代の観衆にどれだけの魅力をもつか」を計るために、「たんなる思いつきではなく、映画を〝科学的にヒットさせる〟初の試み」として実施された[*8]。結果、大映は、『金色夜叉』にかんして「知名度が九七・七％、再映画希望度が七三・四％」、『愛染かつら』にかんして、「知名度が九七・七％、再映画希望度が七四・三％」というデータを得、「成算十分と再映画化ものの安全性」を確認したとされる[*9]。大映が五四年のメロドラマ復活の波のなかで、再映画化という路線を採用することになった背景は、このような観客調査を通じて興行上の勝算をある程度見込むことができたからである。

五五年以降も、大映は、その場しのぎの企画としてではなく、メロドラマの量産時代を勝ち抜く有効な戦略として、メロドラマの再映画化にさらに力を入れていった。このとき確立された独自の方向性が二つあった。一つは、他社が一九三〇年代のモダンなメロドラマを再映画化していたのに対して、より古典的な作品を中心に扱っていたこと、もう一つは、まだ本格的な導入から日が浅かったカラー・フィルムを用いた大作として仕上げたことである。

大映が一九六〇年までに再映画化メロドラマとして売り出した、『金色夜叉』、『春琴物語』（伊藤大輔監督、一九五四年）、『残菊物語』（島耕二監督、一九五六年）、『滝の白糸』（島耕二監督、一九五六年）、『歌行燈』（衣笠貞之助監督、一九六〇年）といった作品はいずれも、オリジナルないし五三年以前までの再映画化の段階では、メロドラマとしてよりも、「新派悲劇」ないし「明治物」や「芸道物」などと呼ばれるのが通例であった。[*10] しかし、五四年以降になると、これらの映画はすべて批評言説上で「メロドラマ」とみなされることが多くなっていく。たとえば、「旧めかしいメロドラマ」[*11]（『滝の白糸』）、「明治的ロマンティシズムの精神ともいうべき、この泉鏡花原作のメロドラマ」[*12]（『歌行燈』）のように、映画が属するジャンルを指示する言葉として「メロドラマ」の語が用いられるようになる。[*13] こうした受容における反応は、「メロドラマ」という用語に対する解釈が、戦後において拡大したことを明らかにするとともに、大映独自のサイクルが、メロドラマというジャンルの認識のもとで受容されたことを示している［図①］。

図①　『金色夜叉』の新聞広告。惹句に「悲恋メロドラマ」の文字がある

こうした大映の企画の方向性は、当時の社長永田雅一の海外進出への強い関心と結びついていた。一九五三年に製作した『雨月物語』（溝口健二監督）と『地獄門』（衣笠貞之助監督）が、いずれもヴェネツィアとカンヌで高い評価を受けたことで、永田は一九五四年から東南アジア映画祭（後にアジア映画祭、アジア太平洋映画祭と改称）を主催、この映画祭に積極的に再映画化メロドラマを出品していく。そして、第一回は『金色夜叉』に、第二回は『春琴物語』に、それぞれ最優秀作品賞にあたる「ゴールデン・ハ

ーヴェスト賞」を獲得させた。大映が、他社とは一線を画して、「明治物」を積極的に再映画化していたのは、大真面目に日本の伝統的な家族制度や恋愛にかんする価値観が現代の日本の観客に通用すると素朴に考えたためというよりは、むしろおもに映画祭での評価や海外輸出を睨んで「日本趣味」を強調する意図があったとみなすことができる。実際、永田は当時、「映画の輸出には、映画そのものが、外国人の興味を引くもの、即ち、国際的興味を本質的に有する映画を作らなければならない」と発言しており、「日本という国の風物、歴史、慣習」をアピールすることに重点を置いた製作方針を示していたのである。[*14]

一九五〇年代後半を中心とする再映画化ブームの第一段階においては、大映を筆頭に、松竹、東宝が積極的にメロドラマをリメイクし、新東宝、東映も数は劣るものの数本製作した。この間、再映画化メロドラマは、他のメロドラマのジャンルと同様、批評家たちからは少しも好意的に受入れられなかった。彼らは、再映画化の乱発を「企画の貧困」と捉えていたし、「興行的な安全性」を求めて「メロドラマ」を手当たり次第に製作する各社の動向を、日本映画の発展に対する後退的な態度として受け止めていた。[*15] くわえて、彼らの批判は、これらの再映画化メロドラマで描かれる男女の恋愛や性関係が「古くさい」ことに向けられた。たとえば、『残菊物語』（大映、島耕二監督、一九五六年）を取り上げたある批評家は次のように記している。

映画はこの菊之助とお徳が苦しい旅まわりの芝居をやっているのを甘ったるく描く。菊之助がカブキの名門の若ダンナであるというので、ひたすらに自分を捨てて彼に仕えるお徳の姿を、全面的に肯定して描く。これが「女の美徳」だと言う。見ていて、スキ間風のようにわれわれの頭をかすめるのは、これが本当に「美徳」なのだろうかということ。そう思い出すと、せっかくあまい愛情物語も、なんとなくそらぞらしい。いまさら、どうして、こんなものを映画化したのか。[16]

特に時代感覚の齟齬が目立つ『残菊物語』のような「明治物」に限らず、リバイバル・メロドラマをめぐる批評家たちの批判は、もっぱら、古めかしい題材の非現実性や、旧態依然とした家父長制の伝統に則った道徳観を肯定的に描くことに対する戸惑いとして現れた。批評家たちはしばしば「きまりきったメロドラマの域を一歩も出ぬ古色そう然たるストーリーである」[17]（『慈悲心鳥』新東宝、松林宗恵監督、一九五四年）、「いかにも古くさいのが致命傷」[18]（『第二の接吻』東宝、清水宏・長谷部慶治監督、一九五四年）、「めまぐるしく反復されて続く女主人公の不幸のシークェンスの数々の中にはひどく現代離れした環境が急にとびだして来たりしていつの時代のことかわからない錯雑した印象を与えて現実を稀薄にし、劇的効果を弱くしている」[19]（『人妻椿』松竹、原研吉監督、一九五六年）などと、物語世界と現代の感覚との隔たりを指摘した。

このような批評的反応が示す再映画化メロドラマの時代錯誤性は、同時期に対抗的な性質を持つ作品群が登場したことでいっそう強調された。一九五六年夏、ある週刊誌は、「安全映画の安全度」の小見出しをつけた記事のなかで、「お盆映画では日活の「狂った果実」が独走、大映の「滝の白糸」は惨敗した」と書き、「太陽映画《マヽ》」と松竹の「きれいごとのメロドラマ」を代表とする「反太陽映画《マヽ》」という対立の構図が日本映画界に出来上がっていることに言及している。[20] いわゆる「太陽族映画」はそれ自体ごく短期的なサイクルに過ぎなかったが、反メロドラマ対メロドラマとも言い換えられる対立の構図は、数年の間、後者に対する前者の優位を保ちつづけた。日活が、再映画化メロドラマの製作に消極的であった背景には、対極的なジャンルである「太陽族映画」を主力としていたことが考えられる。「太陽族映画」の刺激的な内容と話題性は、再映画化メロドラマの時代錯誤性を際立たせることがあった。つまり、「「処刑の部屋」で当て、そのヒロインの若尾がこんど（筆者注――「滝の白糸」）も主役をやっている」[*21]というような目に見える矛盾を顕在化させてしまったのである。

翌五七年にも、リバイバル・メロドラマには目立ったヒット作が生まれなかった。さらに、五八年から六〇年にかけては、『不如帰』『婦系図』『歌行燈』等の新派や歌舞伎でも繰り返し上演されてきた名作が年一本ずつ再映画化されただけで、ついに六一年にはこのジャンルに該当する作品はついに一本も製作されなくなってしまう。

再映画化メロドラマが目に見えて減少する五八年から六〇年にかけては、まったくメロドラマ的でない作品とともに、才能あふれる新人監督たちがそれぞれ鮮烈なデビューを果たした時期でもあった。五八年には日活から今村昌平が『豚と軍艦』、五九年には「太陽族映画はつくらない」と宣言していた松竹から大島渚が『愛と希望の街』、さらにその翌年に吉田喜重が『ろくでなし』と、その記念碑的な処女作をそれぞれ発表している。こうした日本映画における革新勢力は、メロドラマの再映画化という一見逆行的な試みの息の根をいったん止めてしまう程度には、インパクトを持っていたと言える。

二　リバイバル・ブームとメロドラマ映画（一九六二年～一九六七年）――メディア循環的ジャンルへ

ところが一九六二年になると、メロドラマのリメイク映画は息を吹き返す。いわば再映画化の再流行が起こるのである。このとき、これらのメロドラマ映画は、「リバイバルもの」という言葉で認知されることが多くなる。この再流行を直接的に誘発したのは、六〇年頃から流行語になった「リバイバル・ブーム」と呼ばれる文化現象であった。このブームは、放送、音楽、ファッション、デザイン等、さまざまな業界を横断して起こり、数年の間、「リバイバル」という言葉を爆発的に流行させた。[*22] 本節では、このブームにまつわる同時代のいくつかの言説を参照する。とはいえ、このブームの全容を時系列的に解明することは本稿の趣旨ではないので、ここではあくまでもリバイバル・メロドラマとの関連性を問題とすることにしたい。リバイバル・ブーム時代のメロドラマのリメイクにかんしてとくに重要なのは、それが、六〇年代以降の映画界における再上映という興行形態や、放送(テレビ、ラジオ)業界における再制作というメディア横断的なリバイバル戦略と連動していたという点にある。

まず、注目したいのは、旧作の再上映としての「リバイバル興行」が六一年から翌年にかけて映画界で本格化したことである。六二年の四月、『朝日新聞』の「映画時評」欄を担当していた津村秀夫は、「今年の映画興行界の特異現象」として「洋画のリバイバル上映の流行」の加熱ぶりに言及している。

去年は「風と共に去りぬ」に端を発して、「哀愁」「荒野の決闘」などが成功し、今年にはいって「駅馬車」「若草物語」「望郷」などが続き、「シェーン」「赤い風船」も出ている。このあとまだ「黄色いリボン」「アパッチ砦」「西部の王者」「白昼の決闘」「死の谷」「ウィンチェスター銃73」「ヴェラクルス」等の西部劇が予定され、「裏窓」「ローマの休日」「肉体の悪魔」なども待機する。正気のさたとは思われない。[*23]

津村は、この「リバイバル・ブーム」を「映画興行界の不況のしるし」とみなし、プリント代が安価なこと、シネマスコープと色彩映画が主流になるなかで「黒白のスタンダード作品」の魅力がかえって引き立っていること、中年以上の年配の観客の動員に成功していることの三点でかろうじて成立しているに過ぎないという見解を示した。津村は、記事の最後を「いずれにしてもリバイバル流行は安易な興行であり、変則的状態だ。こんなものので客をナメてかかると、いつかはひどい目にあうだろう」と締めくくり、このブームが映画界の先行きを明るくするものではないと主張した。

しかし津村の危惧に反して、再上映による興行は、すぐさま邦画界にも波及することになる。松竹は同年、『愛染かつら』公開に際し、観客に対して『君の名は』の再上映の当否についてのアンケートを実施、その結果を受けて実際に再上映に踏み切る。[*24]これが好評を博したのを受け、同年、『挽歌』（五所平之助監督、一九五七年）、『二十四の瞳』（木下恵介監督、一九五四年）などの名作の劇場での再上映が、「リバイバル興行」と称して実施されている。[*25]

さらにメロドラマのリバイバルは、テレビとラジオという放送業界でも別のやり方でも実践された。一九六二年二月七日、ＮＨＫは「リバイバル・ドラマ・シリーズ」と銘打った連続ドラマの放送を開始、その企画意図は、「これまで放送されたドラマのうち、テレビのために書かれた作品のなかから四本を選んで再制作するもの」[*26]であった。「リバイバル」という言葉がタイトルに入っていることからも分かる通り、この連続ドラマは明らかにブームに乗じて製作されたものだと考えてよい。このような流れのなかで、映画のリメイクが、放送メディアに流出する事態が起きる。というよりも、より正確には、リバイバル・ブームに乗じた放送メディアに対して映画界は旧作のコンテンツを積極的に提供することで、連携を強化していったのである。重要なのは、その中心に「メロドラマ」の作品が置かれていたことだ。同年七月、ニッポン放送は、『君の名は』のラジオ・ドラマを再制作したものを放送しはじめる。周知のように、『君の名は』の物語は、映画化以前に、ラジオ・ドラマとして放送された経緯があるが、この再制作されたヴァージョンは、映画版を参照した原作者である菊田一夫自身によって再構成されていたほか、同年公開された『愛染かつら』の再映画化で主人公・津村浩三を演じた吉田輝雄を春樹に、真知子役に岩下志麻を起用するなど、映画版『君の名は』を製作した松竹との提携を全面的に打ち出したものであった。[*27] 一〇月からは、フジテレビがやはり松竹と提携して『君の名は』をテレビ・ドラマ化する。主役には、村田貞枝と津川雅彦という松竹の専属俳優が起用された。[*28] この『君の名は』の再ラジオ・ドラマ化、テレビ・ドラマ化の過程すべてが、当時においては「リバイバル」という言葉で説明されていた。つまり、六二年における再映画化の再流行のなかで企画されたメロドラマであるところの『愛染かつら』のジャンル的な意義は、メディア間を循環して複雑に絡み合う異リバイバル現象のなかに布置してはじめて把握可能になるのである。

リバイバル・ブームの期間中には、メロドラマのリメイクにかんするこのような複雑な展開のありようが、映画製作各社で一般化した。とりわけ、テレビとの連携は、ますます深化した。映画界でリバイバル・メロドラマの制作が終息していく六〇年代後半になっても、テレビ・ドラマとしてのリバイバル作品は、なお活発に制作された。六六年には、フジテレビで、『金色夜叉』『婦系図　湯島の白梅』『月よりの使者』が、日本テレビで『君の名は』と『新妻鏡』がドラマ化される。これらの番組はすべて、五〇年代後半に再映画化された「メロドラマ」のドラマ化ないし再ドラマ化として企画されたものであった。

映画業界の内部に視点を戻してみても、一九六二年はまさに、メロドラマの再映画化という方向性の復活＝リバイバルの年であった。五〇年代末から六〇年にかけて華々しくデビューしたニュー・ウェーヴの作家たちはこの頃、作品の興行的失敗と、特定のスタジオに所属して作品を作りつづけることの困難に直面していた。「松竹ヌーベルバーグ」の旗手であった大島は六一年に退社、吉田喜重も「文芸メロドラマ」の企画の範疇にあった『秋津温泉』を岡田茉莉子プロデューサーのもとで監督するなど、「新しい波」をとりまく映画産業の状況は一変してしまった。六二年の年頭、松竹の城戸四郎社長は記者会見の席上で、「映画はむろん芸術だ。だが、〝大衆の支持を得る、大衆の生活にプラスする〟ものでなければならない。だから芸術一辺倒の映画は当分、見合わせるつもり。したがって以後、シナリオはぜんぶ自分が目を通す。企画ももちろん、自分がOKしたものでなければ通さない」[*29]と宣言した。このとき、城戸に言われている「芸術一辺倒の映画」として名指しされたものが「松竹ヌーベルバーグ」作品をであることは言うまでもないが、このとき代わりに打ち出された路線こそが、他ならぬ「リバイバル路線」だったのである。

松竹の『愛染かつら』は、この路線の嚆矢とすべく前後編の大作として再映画化され、大ヒットした。[*30]同年の下半期、松竹の姿勢に追随して「パーフェクト・リバイバル」と称する路線を掲げたのが東映で、経営部は、「過去において一定以上の稼ぎをあげた作品を調べあげ、それを片っぱしから再映画化して行く」ことを言明した。[*31]その第一作として製作発表されたのが、一九四八年の新東宝の同名のメロドラマ映画のリメイクであり、前年に日本テレビでドラマ化もされていた『三百六十五夜』の企画であった。[*32]ベテラン監督渡辺邦男を起用したこの作品は、まだ企画の初期段階にあった頃から、大作主義の不振にあえぐ東映が、不得意分野であるメロドラマに活路を見出していくうえでの「試金石」となると予測されるなど話題を呼んだ。[*33]こうして翌六三年には「再映画化ブーム」が再びもてはやされるようになり、日活でも『伊豆の踊子』『何処へ』が共に西河克己監督で再映画化されている。[*34]メロドラマのリメイクは、五〇年代半ばの「メロドラマ復活の波」が過ぎ去ったのちに一端終息を迎えたものの、今度は六〇年から始まったリバイバル・ブームの波に乗ることで、第二の流行を迎え、文字通り復活することができたのである。

リバイバル・メロドラマが消滅したと言えるのは、一九六八年のことである。この頃、大映と日活は経営状況が深刻に悪化し、スタジオ・システムはいよいよ修復の見込みがなく崩壊へ向かって突き進んでいた。日本映画のプログラム・ピクチャーを支えていたあらゆるジャンルの映画が存続の危機にさらされるなか、五〇年代の黄金期の一角をなしていたメロドラマのジャンルも悉く廃れてしまうことになる。

六二年から六七年にかけて日本映画のスタジオ・システムの崩壊を背景として、メロドラマのリメイクが再び活発化し、そして完全にスクリーンから消えていくまでの過程に浮き彫りなるのは、テレビの普及とその大衆的な人気の高まりという決定的なコンテクストである。日本の映画業界がテレビに対する危機感を募らせ、対決と協同という二つの方向を模索しはじめたのは、一九五〇年代後半のことだった。具体的な対策としては、シネマスコープとカラー・フィルムの使用を基本とする大作主義への転換、経営の合理化が図られる一方、テレビ局新設の申請、テレビ局への旧作映画の売却、テレビ局との提携による番組の制作などが推進されていく。[*35] 大映の海外輸出志向に象徴されるリバイバル・メロドラマの大作化や、度重なるテレビ・ドラマ化はこの一環として捉えることができる。このテレビ業界への映画製作会社の参入という事態はしかし、内実においてはテレビの映画への浸食を意味していた。テレビ受像機の一般家庭への普及は、周知のように、日本の映画会社の急激な業績悪化と、一九六〇年代末に日本映画のスタジオ・システムが崩壊へと至る直接的な原因の一つであると考えられているからである。

「リバイバル・ブーム」とメロドラマのリメイク映画との関係にかんしてもう一つ触れておきたいのは、六〇年代初頭、「リバイバル」という言葉が、同時代の言説上で、「復古調」「逆コース」といった保守反動的な社会情勢への危惧と結びつけられ、批判の対象とされたことである。たとえば哲学者の福田定良は、リバイバル・ブーム自体が、「単純に後退的、反動的なものと断ずるのは危険である」としつつも、『愛染かつら』の再映画化や

『君の名は』の再上映等に象徴される「大衆文化のリバイバル」が、「民主主義を否定する精神のリバイバル」を目論む「愛国者」たちによって利用される可能性について懸念を示した。[*36]

とはいえ、多くの場合では、リバイバル・メロドラマの反動的な性格は認識されていても、実際にはそれほど深刻な事態を招くことはないと考えられていた。たとえば、作家の野間宏は映画監督の増村保造との対話のなかで、リバイバル・ブームとメロドラマとの結びつきに言及しつつ、その理由を詳しくは説明していないものの、「復古調ということを言われたのは五、六年まえだろうと思うのですけれども、あの復古調、逆コースというのと、リバイバルというのとはちがうね」[*37]と発言している。おそらく、野間のこの漠然とした印象はリバイバル・メロドラマの映画史的位置のある一面を正確に捉えている。というのも、映画界における「リバイバル」という現象は結局のところ、伝統的なメロドラマ映画の完全復活とは言い難い現状を象徴していたからだ。

つまり、これまで述べてきたように、五〇年代における再映画化ブームを経ていたことで、六二年以降のリバイバル・メロドラマは、厳密には、映画ジャンルとしてそれ自体独立した現象であったわけではなかった。一連の再映画化作品は、そのオリジナル作品がどのメディアのどのヴァージョンなのかがきわめて曖昧だと言う点で、「リメイク」という用語では捉えきれないジャンルを構成した。異なるメディア間を横断というよりももっと複雑に循環しつつ何度も繰り返し作りなおされたということ、いわば徹底的にシミュラークル的な進化を極めたということに、そのジャンル的特質は見出される。おそらく、このときオリジナルへの敬意や賞賛の度合いを強く示す「復古」という視点は、このジャンルの意義を捉えるにはおそらくは単調すぎた。各スタジオは、映画界が華やいでいた時代に郷愁の念を抱き、またその時代の作品のインパクトにあやかろうとした一面があったとしても、現代の観客を惹きつけ映画館に動員するという切実な問題への対処を常にせまられていた。であれば、製作の過程で目指されたのはむしろ、オリジナルへの回帰とはかけ離れた、別の娯楽の可能性を提供することであったはずだ。

三　ゴシップの快楽——『三百六十五夜』（一九六二年）の場合

では、メロドラマのリメイクは、ジャンルとして十数年もの間、商品価値を維持していくにあたって、観客に対していかなる視覚的快楽の可能性を開こうとしていたのだろうか。この問いにかんして本節で検討していくのは、スクリーンの外から持ち込まれた物語やイメージが重要な役割を果たすような可能性である。

たとえば、可能性のひとつとして、「キャンプ」としての鑑賞の可能性がある。米国の映画研究者バーバラ・クリンガーは、ダグラス・サークの映画を過去の作品として観る現代の観客が、そこに描かれている物語の内容とは別の愉しみを持つことを指摘している。*38 つまり、一九六〇年代を通じて、メロドラマ映画を繰り返しパロディー化してきたテレビのコメディー番組に慣れた後年の観客にとっては、サーク映画のいかにも一九五〇年代を感じさせるテクニカラーの質感や、舞台装置や登場人物たちの演技のスタイルは、それだけで滑稽であったり、キッチュなもののように感じられたりするものだ。それは、物語の快楽から外れた、スーザン・ソンタグのいう「悪意ないしシニシズム」*39としての「キャンプ」趣味的な映画の鑑賞のありようである。

たしかに、多くの再映画化メロドラマとリバイバル・メロドラマが、廃れた道徳や価値観に基づいた恋愛物語を扱っていたことを考えると、そのなかには「キャンプ」という意味での鑑賞の可能性を持つ作品があったかも知れない。だが、本稿が探究したい鑑賞の態度は、結局のところクリンガーがサーク映画について言うような

「キャンプ」としてのそれとは違うものだと言わなければならない。なぜなら、ここで重要なのは、過去の作品を現在においてレトロスペクティヴ的に観ることの経験ではなく、これらのリメイク映画を同時代的に見ていた観客の経験であるからだ。このとき、東映のリバイバル・メロドラマ『三百六十五夜』は、最適な事例の一つを提供する作品であるように思われる。

この映画の重要なポイントは、美空ひばり主演作をうたいながら彼女が物語の主人公ではない、という点にある。この恋愛物語の主人公である小六と照子を演じたのは、共演者の高倉健と朝丘雪路であり、美空ひばりが演じたのは二人の恋路を阻む邪魔者であった。本作におけるひばりのイレギュラーな主演者としての位置づけは、彼女の映画スターとしてのキャリアが、高倉と朝丘のそれよりも長く、秀でたものであると認識されていたこととある程度関係がある。というのも、終戦直後から映画界と歌謡界にまたがる大スターとしての地位を確たるものにしてきた美空ひばりに対し、東映の新路線であるギャング路線の担い手として注目されていた高倉健と、宝塚歌劇団出身の朝丘雪路の二名の映画スターとしてのキャリアは五〇年代半ばからのものに過ぎず、当時の映画スターとしての格差は歴然としていたからだ。

いっぽうで、美空ひばりが、東映の社運を賭けた大作メロドラマでヒロインに起用されなかったことにも相応の理由が考えられる。ひばりは当時、人気歌手であり映画スターではあったが、女優としてその演技力をつねに高く評価されていたわけではなかった。さらにより重要なこととして、彼女の持つスター・イメージは、古典的なメロドラマのヒロインとは相容れなかった。なぜなら、映画のなかの美空ひばりのジェンダー・アイデンティティは、彼女自身が多くの娯楽時代劇で繰り返し演じてきた男装者の役柄を通じて、きわめて曖昧なものになっていたからである。[*40]『三百六十五夜』のなかで、彼女のイメージにより相応しい役は、気弱で無垢なヒロインの照子ではなく、「お嬢さま」と呼ばれ、反社会的な勢力ともかかわりを持っているらしい社長令嬢の蘭子に違いない。蘭子は、恋人の照子と結婚の約束をしている小六（高倉健）に一方的な恋愛感情を寄せ、彼の父親の借金のかたに結婚をせまる。

映画の終盤、小六と照子がめでたく結ばれることで、蘭子は恋のハッピー・エンディングから疎外される。その後、蘭子は大勢の女友達を引き連れてゴルフに行き、そこで小六が近々正式に結婚することを知る。彼女はこのゴルフ場の場面で完全に失恋するわけだが、一瞬顔をしかめたのちに、小さなゴルフボールにペンで「小六」と名前を書くと、グラブを勢いよく振り下ろしてそのボームを遠くに飛ばしてしまう。彼女は失恋の痛手などまるで感じさせないあっけらかんとした表情で、女友達と笑い合って騒ぐ。このシーンでは、蘭子を演じるひばりが恋愛物語の主人公の名前を文字通り遠くに放り投げてしまうことで、主演者として彼女の面目が保たれる。しかし、この場面がより強烈な見ることの愉しみを持つのは、美空ひばりが当時、スクリーンの外、すなわち「私生活」の場で幸福の絶頂にあったとみなされていたことを考慮するときである。

ひばりは、六二年の六月、日活のスター小林旭との婚約を発表し、それから数ヶ月の間、週刊誌のゴシップの華として世間を賑わせた。いち早く彼女のウェディング・ドレス姿を表紙グラビアに乗せた六月一四日発売の『週刊平凡』は、「小林旭美空ひばり婚約記念特大号」を企画し、ひばりと旭の結婚に至るまでの経緯や、新居での生活にかんする記事やインタビューを写真付きで掲載している。大衆的な映画ファン雑誌であった『近代映画』でも、ひばり・旭の結婚の話題は、彼らが出演する映画のタイトルよりも大きく扱われた。そして、映画『三百六十五夜』はまさに、このようなひばり・旭の婚約をめぐる狂騒のただなかにあった六月に企画発表された映画だったのである。したがって、『三百六十五夜』が、その古典的な内容のメロドラマの主演に美空ひばりの名を掲げて売り出したのは、ひばりに対する大衆の注目度の高まりを意識した商業上の理由からだと考えるべきだろう。なぜなら、この時、ひばりのスターとしての価値は、映画それ自体とは無関係の、スクリーンの外の現実に属する彼女の婚約というスクープを通じて、かつてなく高まっていたからである。

さらに、このような鑑賞の可能性が推奨されていたことを示唆する一枚のグラビアが、公開直前の『近代映画』八月号に掲載されていることは注目に値する。「ふたりでクラブを」の見出しがついたこのオフショット風のグラビアには、美空ひばりが真剣な表情でクラブを構えているのを後ろで小林旭が見守っている場面と、その下に小さく、旭がひばりの体を後ろから抱くようにしてボールの打ち方を指南しているような場面が切り取られている〔図②〕。キャプションにはこうある。

ひばりちゃんがいま出演中の「三百六十五夜」（渡辺邦男監督）で、ゴルフをやるシーンがあるというのでゴルフにかけては素晴らしい腕前の、フィアンセ旭ちゃんが、撮影にそなえて、今宵はコーチをつとめています。「和枝、ゴルフはパットが一番の基本だからしっかりやりなよ」「でも、むずかしいわダーリンこれでいいのかしら？」楽しい練習風景です。[*41]

注意しておかなければならないのは、このときひばりが身につけている白っぽいズボンと飾り付きの洒落たハットは、実は、彼女が演じた蘭子が『三百六十五夜』の終盤のシーンで着ていた衣装とほぼ同じであるということである〔図②③〕。二つの衣装の違いは、上着が襟付きのシャツであるかノースリーブであるかの差であるように見える。

図③　映画『三百六十五夜』（©東映）の蘭子の衣装

図②　オフショット風のグラビアでの服装（『近代映画』1962 年 8 月号）

おそらく、図②のグラビア写真は、美空ひばりのファンとして劇場に足を運ぶ観客が、ひばりを最終的にハッピー・エンディングから疎外する『三百六十五夜』から、映画のストーリーとはまったく別の物語的な快楽を享受しうる具体的な契機を与えうるものだ。なぜなら、この写真は、物語とは別の部分へ関心が向かうように働きかける可能性を持っているからである。ここで提起したい可能性というのは、『近代映画』のグラビア写真を目にした観客が、『三百六十五夜』の終盤のシーンで見覚えのあるゴルフウェアをひばりが身につけているのを見たときの反応にかんするものだ。つまり観客はこのとき、映画のなかの架空の登場人物である蘭子がありきたりな恋愛物語から疎外されたことよりも、彼女を演じているひばりがこの場面を演じるために、実際のフィアンセである小林旭から熱心なゴルフの指導を受けたという、より現実味の濃いロマンスの一場面へと関心を惹きつけられてしまうのではないか。言い換えれば、この場面では、「映画の物語がどんな結末を迎えても現実のひばりにはまったく関係ない」という鑑賞の態度を取ることが可能なのである。

このような鑑賞の態度から得られる快楽は、「キャンプ」というよりも、「ゴシップ」にかんするものであると言える。米国の文学者パトリシア・メイヤー・スパックは、ゴシップの快楽を支えるものとして、「窃視」「共有された秘密」「物語」「隠された真実を暴くことの快感」の四つを挙げる。[*42] 『三百六十五夜』においては、物語世界の外のスターの私生活という別の物語から、このような快楽が提供されるのである。すなわち、メロドラマ映画のなかの恋愛模様のありふれた結末の裏側に、週刊誌を賑わせた主演女優のロマンスと結婚というプライヴァシーにかんするストーリーが透けて見えるとき、その隠されたよりリアルなドラマを覗き見ることが観客には許されているのである。

『三百六十五夜』は公開当時、『キネマ旬報』で「日本映画批評」の欄に取り上げられないという最低の扱いを受けた作品でもある。おそらく、この作品の映画としての商品価値は、芸術作品としてはおそらく成立せず、むしろ美空ひばりという当代の大スターの劇的な婚約と結婚というゴシップ的な関心に依存していたのではなかったか。少なくとも、この映画が美空ひばり主演のメロドラマとして成立するために、彼女がスクリーンのなかで繰り広げられる物語の主人公である必要はなかったのである。

キャンプが「悪趣味についての良い趣味」であるとするならば、スクリーンの外で現実として提示される別の物語へと注意を向けるこのような鑑賞の態度は「悪趣味についての悪趣味」にほかならないし、それは肯定的に捉えられるべきではないかも知れない。しかし五〇年代を通じてメロドラマ映画の氾濫を経験してきた観客を相手に、六〇年代のリバイバル・メロドラマがその「お馴染みのストーリー」だけを武器とすることは、あまり現実的な判断ではなかったというのもまた確かだろう。この見飽きた、ほとんど価値を失った「リバイバル」のメロドラマを通じて現代の観客を愉しませるために、賢明な製作者たちはどのような手立てを講じる必要があったのか。おそらく彼らは、映画世界内の物語世界からでなく、たとえばテレビや週刊誌のような他の媒体が提供していた新しい娯楽を念頭に置いて、スクリーンの外に存在するイメージと情報とを徹底的に搾取しなければならなかった。このように考えると、リバイバルをめぐるゴシップ的な鑑賞の可能性には、テクストの外で進行していた事態と同じく、映画が映画外のメディアと連携する、あるいは映画外のメディアに映画が浸食されていく過程が色濃く反映されていることになる。リバイバル・メロドラマは、そのジャンル的価値を少しでも長く存続させるために、芸術的な意図や独自性を開拓するのではなく、新しいメディア経験のもたらした快楽から生じた大衆の欲望に迎合することを選んだ。しかしこの選択のために、リバイバル・メロドラマのジャンルとしての独立性はきわめて曖昧なものになっていった。したがって、このジャンルの展開の仕方はそれ自体、衰弱した映画産業とスタジオ・システムを象徴しているのである。

おわりに

以上、再映画化メロドラマとリバイバル・メロドラマの映画史的位置とそのジャンル的展開の特殊性について論じてきた。本論が明らかにしてきたことは大きく次の二点にまとめることができる。第一に、このジャンルは、『君の名は』の記録的な成功を契機とする映画産業におけるメロドラマ・コンテンツの飽和状態から生じ、映画業界全体の斜陽化を背景として消滅を迎えた。第二に、このジャンルに属する作品は、題材や内容に強い魅力を持っていたというよりは、海外輸出向けに装飾された「日本趣味」や、特定のスターにかんする大衆のゴシップ的な関心を利用することに商品価値を持っていた。

したがって、結局のところ、「再映画化メロドラマ」及び「リバイバル・メロドラマ」というジャンルが、戦後の日本映画界で一定の間存続することができたのは、それが「古き良き時代」としての戦前のメロドラマを鮮やかに再現し、大衆の懐古趣味的な願望に答えていたからというわけではなかったということは明らかだ。そうではなく、このジャンルはむしろ、メロドラマが氾濫し、おなじみのストーリーがもはや主題的な価値や影響力を失った時代に、観客の注意を惹きつける新しい娯楽の可能性を開拓することで、そのジャンル的位置を築いたのである。

1――ジャンルのリメイクとは、「過去のフィルムの個別のストーリーではなく、そのような過去のフィルムが属する映画ジャンル全体の約束事が参照される」ケースを指す（碓井みちこ「「リメイク映画」とは何か」藤井仁子編『入門・現代ハリウッド映画講義』人文書院、二〇〇八年、一四七頁）。

2――この二つのメロドラマ・ジャンルについては、それぞれ拙論「『君の名は』と戦後日本の「すれ違い映画」」（『映画学』二〇一五年）三六―五五頁と「文芸メロドラマの映画史的位置――「よろめき」の系譜、商品化、批評的受容」（『立教映像身体学研究』一、二〇一三年三月）二五―四四頁を参照されたい。

3――『朝日新聞』一九五四年七月九日付夕刊、『毎日新聞』一九五四年四月二二日付夕刊。

4――量産体制時代が始まる経緯については、中村秀之「涙の宥和」（『敗者の身ぶり――ポスト占領期の日本映画』岩波書店、二〇一四年）一六一―一九四頁で簡潔に説明されている。これによると、一九五四年六月における日活の製作再開に対して、大手各社が「新作回転の公開を早め、かつ二本立て興行によって集客力向上をはかろうと」したことで、邦画の製作は量産体制へと移行した。

5――飯島正「再映画化の傾向」（『日本の映画――話題の作品をめぐって』同文館、一九五六年）三七―四一頁。初出は、『東京新聞』一九五四年二月八日付。

6――同右、三九頁。

7――映画『君の名は』の影響力については前掲の拙論のほか、横濱雄二「メロドラマと帝国――『君の名は』研究」（『層：映像と表現』一、二〇〇七年）二〇五―二二八頁や、石割透「戦後の風景（1）「君の名は」という事件」（『駒沢短期大学研究紀要』三四）一一―一二五頁に詳しい。

8――「人気を打診　大映で金色夜叉の事前調査」（『朝日新聞』一九五四年一月一二日付夕刊）。

9――「立派にソロバンに合う流行の〝再映画化もの〟大映の観客調査でわかる」（『毎日新聞』一九五四年四月二二日付夕刊）。

10――たとえば、一九四七年における筈見恒夫の著書『映画五十年史』（鱒書房）では、『残菊物語』『歌行燈』『婦系図』は、「明治もの」及び「藝道物」としてまとめられ、「ロマンス」を中心にしているとは触れられているが、「メロドラマ」という認識は認められない（一九九頁）。

11――滝沢一「滝の白糸」（日本映画批評）（『キネマ旬報』一九五六年九月下旬号）六〇頁。

12――清水晶「歌行燈」（日本映画批評）（『キネマ旬報』一九六〇年夏の特別号）一二九頁。

13――そのほか、「メロドラマ」として言及された作品に、『残菊物語』（旗一兵「残菊物語」『映画評論』一九五六年六月号、六二―六三頁）がある。

14――永田雅一「大衆のための映画へ」（今年は何をなすべきか！――六社社長年頭の所感）（『キネマ旬報』一九五七年一月下旬号）四〇頁。

15――「〈時事解説〉映画界の動き」（『シナリオ』一九五八年一一月号）六〇頁。

16――「古くさい〝女の美徳〟『残菊物語』（大映）」（新映画）（『朝日新聞』一九五六年四月二二日付夕刊、署名（純））。

17――「スクリーン」（『読売新聞』一九五四年一一月一八日付夕刊）。

18――双葉十三郎「第二の接吻」（日本映画批評）（『キネマ旬報』一九五四年二月上旬号）。

19――森満二郎「人妻椿」（日本映画批評）（『キネマ旬報』一九五六年夏の特別号）一〇七頁。

20――「日本映画の危機――企画とスターからみた二つの推論」（『週刊新潮』一九五六年八月六日号）一一頁。

21――同右。

22――「リバイバル」という言葉がいつから使われ出したかについての正確な情報は得らなかった。ただ、小林信彦の記録によれば、この言葉が流行語になったのは一九六〇年のことだという（小林信彦『現代〈死語〉ノート』岩波書店、一九九七年、六二頁）。

23――「映画時評（上）」（『朝日新聞』一九六二年四月一七日付朝刊）。

24――荻昌弘「日本映画リバイバル考」（『キネマ旬報』一九六二年七月下旬号）四八頁。この記事によると、各スタジオは以後、旧作の再上映を活発化させ、この年の前期までに東宝をのぞく四社で一三本が公開された。

25――津村秀夫「一九六三年・日本映画の課題　一大改革へ乗り出す準備段階の年」（『キネマ旬報』一九六三年新年特別号）四八頁。

26――『朝日新聞』一九六二年二月七日付朝刊。

27――「「君の名は」リバイバル登場」（『読売新聞』一九六二年七月九日付夕刊）。

28――「真知子役に村田貞枝　フジ「君の名は」主役きまる」（『スポーツ・ニッポン』一九六二年九月一三日付）。

29――「松竹　三つのリバイバルに賭ける」（『週刊読売』二一―一六、一九六二年四月）八五頁。

30――『映画年鑑』一九六三年版によると、『愛染かつら』は一九六二年九月から六三年八月までに松竹が公開した作品のなかで最も配給収入が高かった。また、当時の松竹宣伝部長・橋本正次は、『毎日新聞』の紙上で、『愛染かつら』の企画意図について説明している。「リバイバル・ブームにのって「愛染かつら」が企画されていることは事実であるが、それがすべてではない。（中略）リバイバルであることに違いはないが、そうした時流にのっかることだけでなく「愛染かつら」のもっている本質を再検討して、今日の観客にも十分納得してもらい映画のもつ本領である娯楽性をうちだそうと考えたのである。これを端的にいうと、この映画のもつ興行価値が今日少しでも失われていないとみたわけなのである。つまり「愛染かつら」と企画は、興行者からみたデータによって生まれたものである」（「わかっちゃいるけど……リバイバル映画の現実面」『毎日新聞』一九六二年二月三日付夕刊）。

31――「東映パーフェクト・リバイバル」（『キネマ旬報』一九六二年六月下旬号）三六頁。

32――『三百六十五夜』は、映画公開翌年の一九六三年に、関西テレビで再びドラマ化されている。

33――「『三百六十五夜』の夢」（『週刊現代』一九六二年六月一〇日号）三二頁。この時点では、朝丘雪路が演じた蘭子の役は、雪村いずみが演じる予定であった。

34――「再映画化　その魅力と悩み」（『読売新聞』一九六三年五月二四日付夕刊）。

35——池田一朗「対決するテレビと映画」（『シナリオ』一九五八年一月号）四〇—四三頁。

36——福田定良「心配なリバイバル」（『毎日新聞』一九六二年二月三日付夕刊）。そのほかの類似の言説としてたとえば以下のものがある。「かつてこの種のリバイバルは、「逆コース」と呼ばれた。（中略）しかし、現在ではこの種の現象は逆コースとは呼ばれず、リバイバルと呼ばれる。それだけ、ことによると、日本の世相ないし人心が過去の歴史というものに対して鈍感になってきたといってもいいだろう」（加藤秀俊「リバイバル・ブームと商店」『商店界』一九六一年九月号、誠文堂新光社、八四頁）。

37——（座談会）野間宏・増村保造・尾崎宏次「メロドラマについて」（『映画芸術』一九六一年七月号）三九—四〇頁。

38——Barbara Klinger, *Melodrama and Meaning: History, Culture, and the Films of Douglas Sirk*, Indiana University Press, 1994, pp.132-156.

39——スーザン・ソンタグ「キャンプについてのノート」（『反解釈』筑摩書房、一九九六年）四六〇頁。

40——一九五八年の時点で、ひばりは「八十数本の出演作品のうち時代劇ではほとんど男装している」と伝えられ、「男優顔負け」の「殺陣のできる女優」として位置づけられている（「銀幕に男装スター活躍」『読売新聞』一九五八年六月二六日付夕刊）。ひばりの異性装者としてのスター・イメージについては、板倉史明「視線と眩暈——美空ひばりの異性装時代劇」（鷲谷花・四方田犬彦編『戦う女たち——日本映画の女性アクション』作品社、二〇〇九年）五六—八三頁に詳しい。実際、『三百六十五夜』の作中では、ひばり演じる蘭子は、高倉演じる小六の口から「君は夫ではなく女房をもらったほうがいい」とまで言わしめる。

41——「ふたりでクラブを」（『近代映画』一九六二年八月号）頁番号記載なし。

42——Patricia Meyer Spacks, *Gossip*, Alfred A. Knopf, 1985, pp. 10-11.

*——本論文は筆者が二〇一五年に立教大学に提出した博士論文『戦後日本メロドラマ映画の身体——撮影所時代のローカル・ジャンルと範例的作品』の第5章「リバイバル・メロドラマ——「メロドラマ」の復活と死」を加筆・修正したものである。

公開年月日	題　　名	製作会社	監　督	回数	オリジナル公開年
1964.06.18	『何処へ』	日活	西河克己	3	1941
1965.04.10	『雪国』	松竹	大庭秀雄	2	1957
1966.03.16	『何処へ』	東宝	佐伯幸三	4	1941
1966.04.29	『暖流』	松竹	野村芳太郎	3	1939
1966.09.17	『絶唱』	日活	西河克己	2	1958
1967.02.25	『伊豆の踊子』	東宝	恩地日出夫	5	1933
1967.03.12	『続・何処へ』	東宝	森谷司郎	4	1941
1967.06.10	『人妻椿』	松竹	市村泰一	2	1936
1967.09.30	『純情二重奏』	松竹	梅津明治郎	2	1939

リストに含まれる作品は、同時代の言説（新聞、業界紙、映画専門誌、各種広告、宣伝プレス等）に対する網羅的なリサーチを通じて、筆者が同定した。なお、このリストは未だ完璧なものではなく、今後より精確な情報に基づいて更新される余地を残していることをお断りしておく。

見出し行の「回数」は映画化の回数を意味する。

リバイバル・メロドラマ作品リスト

公開年月日	題　　名	製作会社	監　督	回数	オリジナル公開年
1954.01.09	『この太陽　第一部 暁子の巻 第二部 多美枝の巻』	東映	小杉勇	2	1930
1954.01.09	『第二の接吻』	東宝	清水宏 長谷部慶治	2	1926 ※『京子と倭子』
1954.01.15	『家族会議 東京編、大阪編』	松竹	中村登	2	1936
1954.01.15	『心の日月』	大映	木村恵吾	2	1931
1954.03.21	『金色夜叉』	大映	島耕二	16	1912
1954.03.24	『真実一路』	松竹	川島雄三	2	1937
1954.03.31	『伊豆の踊子』	松竹	野村芳太郎	2	1933
1954.04.21	『愛染かつら』	大映	木村恵吾	3	1938 ～ 1939
1954.09.22	『月よりの使者』	大映	田中重雄	3	1934
1954.11.03	『真実の愛情を求めて 何処へ』	松竹	大庭秀雄	2	1941
1954.11.15	『慈悲心鳥』	新東宝	松林宗恵	4	1927
1955.08.23	『新女性問答』	大映	島耕二	2	1939
1955.09.28	『婦系図 湯島の白梅』	大映	衣笠貞之助	4	1934
1956.04.23	『残菊物語』	大映	島耕二	2	1939
1956.05.25	『人妻椿』	松竹	原研吾	2	1936
1956.07.12	『滝の白糸』	大映	島耕二	5	1915
1956.08.28	『朱と緑 前篇朱の巻 後篇緑の巻』	松竹	中村登	2	1937
1956.09.26	『新妻鏡』	新東宝	志村敏夫	2	1940
1956.10.09	『新・己が罪』	新東宝	毛利正樹	17	1908
1957.01.03	『忘却の花びら』	東宝	杉江敏男	2	1940 ※『花』
1957.07.02	『忘却の花びら 完結編』	東宝	杉江敏男	2	1940 ※『花』
1957.08.20	『月と接吻』	東宝	小田基義	2	1935 ※『女優と詩人』
1957.12.01	『暖流』	大映	増村保造	2	1938
1959.04.03	『貞操の嵐』	新東宝	土居通芳	2	1931 ※『七つの海』
1958.05.24	『不如帰』	新東宝	土居通芳	5	1910
1959.10.01	『婦系図 湯島に散る花』	新東宝	土居通芳	5	1934
1960.03.23	『東京の女性』	大映	田中重雄	2	1939
1960.05.13	『伊豆の踊子』	松竹	川頭義郎	3	1933
1960.05.18	『歌行燈』	大映	衣笠貞之助	2	1943
1962.02.21	『婦系図』	大映	三隅研次	6	1934
1962.04.01	『愛染かつら』	松竹	中村登	4	1938 ～ 1939
1962.09.09	『三百六十五夜』	東映	渡辺邦男	3	1948
1962.10.24	『続・愛染かつら』	松竹	中村登	4	1938 ～ 1939
1963.06.02	『伊豆の踊子』	日活	西河克己	4	1933
1963.10.17	『残菊物語』	松竹	大庭秀雄	3	1939

Ⅱ　観客との関係から定まる方向性

東宝サラリーマン喜劇〝社長シリーズ〟の成立と終焉

西村大志

6

はじめに――研究の方向性

『めし』『浮雲』などで知られる監督成瀬巳喜男は、「娯楽映画の方にも、今少し皆さんが眼を向けられるのもいいのじゃないか。文壇における直木賞のような娯楽映画のベスト・テンもあっていいんじゃないかと思いますが、どうでしょうか」（「入選の思い新たに・十六監督のことば」『キネマ旬報』一六八、一九五七年二月、二四九頁）と述べている。

成瀬自身はいうなれば芥川賞系の監督である。芥川賞（＝芸術性）に相当する映画賞はあるのに、なぜ直木賞（＝大衆性・娯楽性）に相当するものはないのかという成瀬の発言は、映画研究にもあてはまる。客が入った娯楽作品は低く扱われ、よく知られ、見られていた割にはあまり研究されていないものも多い。

東宝の〝社長シリーズ〟（一九五六〜一九七一年）という喜劇映画群はよく知られている。社長の森繁久彌、秘書の小林桂樹、ものわかりのよい上司の加東大介、宴会部長的な三木のり平らが繰り広げる集団喜劇である。社長と社員が対立し、対立を解消する。呼吸のあった掛け合いがある。社長が浮気をしたがるが、かならず邪魔が入る。社長より社員のほうがもてる。劇中劇として宴会芸が入るなどの共通項が随所にみられる。また社員が社長と対立しても、クビになることはないし、誰かがミスをおかしても、周りの人々が何かと助けてくれてなんとかなる。社長は妻に頭が上がらない。家族主義的会社像や恐妻といった基本構造がある。

もし映画に直木賞的な評価があったなら、いわゆる社長シリーズの作品群は確実に地位を高めていただろう。『キネマ旬報増刊　日本映画作品全集』（『キネマ旬報』六一九、一九七三年一一月）では、「サラリーマンの哀歓を描く小市民ドラマから高度成長の時代を反映する上昇志向ドラマへ……社長シリーズの興亡は、戦後日本映画史の特徴的な断面を示している」と紹介されている。さらに「〝駅前〟シリーズとともに、五〇―六〇年代、東宝の興行的支柱であった作品群の俗称」と記されている（二二五―二二六頁）。社長シリーズが最初から「〝社長〟シリーズ」という確固たるシリーズと認識されていたかは疑問である。かつては、東宝の多くの「サラリーマン」ものの中にあった作品であったのが、ある頃から過去を振り返れば、起源からしっかりと「社長シリーズ」というくくりに変容していた。

『ぴあシネマクラブ 外国映画＋日本映画二〇〇八年最新統合版』をみると、「社長シリーズ」は明瞭な実体として記述され、「シリーズ傍流である〝三等重役〟シリーズ四本を含めると、〝社長〟シリーズとしては第一作『へそくり社長』（一九五六年）から四〇作目の『昭和ひとけた社長対ふたけた社員・月月火水木金金』（一九七一年）まで足かけ一五年間の長きにわたって続いた」とされている。このような「社長シリーズ」に関する記述をみると、最初からいかにも計画的にシリーズとして存在していたかのように思ってしまうが、実際はどうだったのだろうか。

『東宝三十年史』（一九六三年）をみると、冒頭の「主要映画作品」での写真のキャプションは、『ホープさん』（一九五一年）が「サラリーマン映画ここに誕生す」、『三等重役』（一九五二年）が「ヒット作十八番芸の基盤ここに成る」（五九―六〇頁）となっている。『社長洋行記』（一九六二年）は、「いよいよ香港に乗り込んだサラリーマン・トリオ」（八〇頁）と書いてある。「社長シリーズ」という表現はない。社史の本文中には『三等重役』が「東宝サラリーマンものの第一作」（二〇二頁）となっている。一九六三年時点では、「サラリーマン映画」の概念が不明瞭であり、「社長シリーズ」も完全には確立されていなかったようだ。

『東宝五十年史』（一九八二年）冒頭の「半世紀・映画アルバム」では、『三等重役』は、「ドル箱映画〝社長シリーズの原点」（四九頁）とされている。三十年史にあった『ホープさん』『社長洋行記』は外されている。本文中で「のちの社長シリーズの原型ともいうべき春原政久監督の『三等重役』」（二〇九頁）、「千葉泰樹監督の社長シリーズ第一作『へそくり社長』」（二一八頁）のように位置づけ直されている。

『三等重役』を基盤にして社長シリーズを展開しようという確固たる気持ちは、『三等重役』製作当時は十分にはなかった。しかし、過去を振り返る形にすると、『三等重役』は社長シリーズの基盤となったことは多くのところで認められている。三十年史では、サラリーマン映画の枠でとらえられていた『三等重役』が、社長シリーズの枠のなかに読みかえられ、五十年史では、「ドル箱映画〝社長シリーズ〟の原点」（四九頁）となる。社史とはある種、レトロスペクティヴに伝統を構築するものでありかつ、その時代の会社による歴史認識をあらわすものである。

起源は隠されており、伝統は創られる。そのようなことに注意を払いつつ、同時代的な資料から〝社長シリーズ〟なるものがどのように構築されていったかを見ていこう。社長シリーズの成立と終焉は、日本の高度成長に重ねられ（たとえば、佐藤 二〇〇六：八三頁）、出世の夢が消えたから、サラリーマンへのあこがれが消えたから終焉を迎えたというストーリーが語られることがある。しかし、このようなマクロすぎるストーリーにのせてしまわずに考えたい。

一　東宝サラリーマン「喜劇」映画の実験期——『三等重役』（一九五二年）

藤本真澄《さねずみ》（一九一〇〜一九七九年）は、東宝のプロデューサーとして長い間東宝の映画製作の実権を握り続けた。藤本は、一九三五年から明治製菓の宣伝部に勤め、松竹の映画にタイアップで広告を出すため、撮影所に出入りしていた。そこで映画のことを学び、一九三七年にはＰＣＬに入社した。助監督などを経て、一九四一年プロデューサーになった。戦後、東宝争議に絡んで退社し、独立してプロダクションを率いていた。阪急東宝グループの創始者である小林一三に請われて、一九五五年東宝の取締役、映画製作本部長に就任する。東宝における藤本の権限を、ヒット作『青い山脈』（一九四九年）のアシスタントプロデューサーであり、長らく歩みをともにした馬場和夫は次のように振り返る。

それはもう、絶対的なものでした。特に昭和三十年に製作担当重役になってからは、藤本さんがオーケーを出さない限り映画の企画が通らない。だから結局、東宝で作る映画は、全て藤本カラーになってしまった。藤本さんはアイディアマンでヒット作を次々と出し、東宝を引っ張っていったけれど、自分の好みを譲らなかったという部分では功罪あると思う。

（『諸君！』四一―六、二〇〇九年六月、二八五―二八六頁）

藤本は、死後刊行された目録によると生涯で二七七本の製作にたずさわった（服部編 一九七九）。客が入った作品で言うと『青い山脈』と『三等重役』が代表的なものである。また、『めし』（一九五一年）、『浮雲』（一九五五年）などの成瀬巳喜男監督の文芸ものとサラリーマンものの二系列がよく知られている。藤本のワンマンぶりを示すエピソードは各所に記されている。気に入らないと脚本を変えさせる、役者を降ろす、相性の悪い監督は他のプロデューサーにおしつけるといった調子である。藤本に見出され、サラリーマン俳優の第一人者となった小林桂樹（一九二三〜二〇一〇年）は、藤本の追悼パーティーで「映画をよくしたのは藤本真澄、そして映画を悪くしたのも藤本真澄」とあいさつし、森繁久彌（一九一三〜二〇〇九年）にいさめられたという（小林 一九八一：二七頁）。一方で、森繁久彌も「あの人は役者への好悪の感情がはげしく、ひとたび逆鱗にふれると一生使ってもらえない役者も多数いた」（森繁 一九八一：八七頁）と書く。

源氏鶏太（一九一二〜一九八五年）の小説『三等重役』は、一九五一年八月から一九五二年四月にかけて『サンデー毎日』に連載された。三等重役とは、戦後の公職追放などの変動期にでた資本家でないサラリーマン重役のことで、当時の流行語であった。藤本自身は映画『三等重役』について、次のように書き残している。

「春原（筆者注――監督の春原《すのはら》政久）は日活出身らしく泥くささがかえって興行的には成功したようである。ただしラッシュを見た時の感想では、都会的に洗練されたところはなかったが、泥くさいのも手伝ってか、あれほどうけるとは正直、思わなかった」。しかし、かつて「あきらめの精神」でつくられていたサラリーマン映画に、『三等重役』は「一転機を画した」という（藤本 一九八一：二一九―二二〇頁）。サラリーマン映画を希望のあるものにしたというわけである。藤本は明るく元気になる映画で、またそれが都会的な雰囲気であることが好みだった。藤本プロデュースのヒット作、石坂洋次郎原作の『青い山脈』も、ベテランの小国英雄の脚本が「雪の深い封建的な町」に設定されていたため納得がいかず、今井正、井出俊郎に脚本を再依頼したことがあった（藤本 一九八一：一九七―一九八頁）。

「よくできたわかりやすい古典的なシチュエーションを新しい風俗や時代感覚でリフレッシュする。これが藤本喜劇のドラマツルギーである」（田波 一九八一：八〇頁）とのちに東宝の〝若大将〟シリーズやクレージーものに関わる脚本家田波靖男は分析する。田波は、社長シリーズの脚本家笠原良三の弟子のような存在である。サラリーマン映画が、松竹の小市民映画がもとになっていることは、藤本自身もたびたび触れている。

サラリーマン映画は私がはじめてつくったようにいわれているが、サラリーマンの出る映画というものは戦前から数限りなくあった。ことに松竹映画に多い。たとえば、小津安二郎、五所平之助、牛原虚彦といったような監督の作品にはそれが多く、当時では小市民映画とよばれていた。ただしこれらはいずれも小市民の哀歓というよりも、うだつのあがらないあきらめにも似た人間感情が、その重要なテーマになっていた。鈴木伝明主演の会社員ものにはじまり、佐分利信、佐野周二、上原謙のいわゆる〝三羽烏もの〟にいたるまで、一貫して下積みサラリーマンの諦観思想が底流しているように思う。見ようによっては、そういう思想形態はうしろにかくされていて、サラリーマンも出ているといった、程度だったのである。

（藤本真澄「わがカツドウ屋商法」『日本』一九六一年七月、一一二頁）

小林桂樹は、「藤本さんは松竹であてたものをうまく東宝にもってきていますよね。「若旦那」シリーズと「若大将」シリーズ、「与太者」シリーズは「お姐ちゃん」シリーズ、といった風にね。藤本さんの家に行くと、ずらっと松竹のシナリオがありました」（小林・草壁　一九九六：一五〇頁）と述べている。松竹でうまくいったものを戦後風、都会風そして楽観主義に焼き直す。それが藤本の得意な手法であった。

藤本は、『三等重役』を振り返り、社長には河村黎吉、秘書課の社員に小林桂樹というように企画と同時に配役が決まったが、秘書課長を誰にするか迷ったという。『ブンガワンソロ』に出ていた俳優が印象に残っていて、調べたところ森繁久彌だったので後から配役した。「森繁が『三等重役』に出演していなかったら、サラリーマン物が話題になっていたかどうか疑問である」と述べ、さらに「河村黎吉、森繁久彌、小林桂樹は、まさに黄金トリオであった」（藤本 一九八一：二一九―二二〇頁）と評価している。

一方、藤本の片腕としても活躍した金子正且プロデューサーは、『三等重役』の思い出を次のように語る。

出来上がったら藤本さん、全然気に入らなくて、自分で製作をやっていながら、「こんなつまらん映画を作りやがって」と口も利かないのよ。それで、（筆者注――監督の）春原さんというひとは見かけは土方みたいだけど、大変気のいいひとで、オロオロしちゃってさ。その頃は封切日が完成の翌々日くらいで、これが大当たりしちゃってね。そうしたら藤本さんが逆にホメ出しちゃって（笑）。（金子・鈴村 二〇〇四：一一三頁）

『三等重役』は事前の予測を裏切るヒット作となった。観客が「日劇を三重にとりまいて、三等重役大入り祝い、全東宝にボーナスが出て、いっぺんに盛り返すのである。全く映画とはキワモノだ」（森繁 一九八三：六二頁）と森繁は書いている。

封切前の業界人の予測とは違った、意外な大当たりは分析すべき対象となり、南博・社会調査研究所による「興行価値の分析　三等重役の場合」（『キネマ旬報』四三、一九五二年八月）が掲載された。映画館（新宿文化）をしらべた限りでは、この映画の観客は、一般的な客層よりも年齢が高く、男性に偏り、サラリーマン、学生をいかに多く動員したかがわかるという。また、「原作を読んだから」という理由の客が五〇パーセントにのぼる。おそらく同様に原作が読まれているだろう『青い山脈』『細雪』などは「好きな俳優が出るから」が圧倒的なのに、この観客動員の理由は異例のことである（七一―七二頁）。さらに観客の笑いの分析から、サラリーマンへの「共感」と社長や重役への「優越感」により、この映画は客の欲求不満を解消してくれるとする。そして、これを日本の大衆娯楽の特徴すなわち、第一に母性愛映画（母もの）にみられる共感、優越、第二に現実逃避、第三に自分に出来ないことを映画が代替してくれることへの満足感とむすびつけ、この映画は大衆娯楽のつぼを押さえているという。また、特殊な環境にある母親に自分を置き換えて泣く母性愛映画に共感が持てなくなり、もっと身近なものへの共感したいという傾向が、風刺的要素をもつ『自由学校』（一九五一年）、『三等重役』などを受けさせていると分析された（七四―七五頁）。

藤本は、もともと石坂洋次郎原作の『青い山脈』、源氏鶏太原作の『三等重役』のように連載中にヒットしたものを押さえて映画化するのが得意であった。源氏作品は、戦後おおいに映画化された。「日本映画における原作の位置」（『キネマ旬報』三九四、一九六五年七月、三四―三五頁）に、一九四五から六四年の間の、原作作家のベスト20が書かれている。一位川口松太郎八〇本、二位源氏鶏太七一本、三位吉川英治七〇本、四位大仏次郎六四本、五位石坂洋次郎五六本となっている。源氏鶏太原作は、一九四五～四九年はなし（一位は菊田一夫の一〇本）、五〇～五四年は一五本で七位（一位は大仏次郎の三一本）、五五～五九年は二六本で四位（一位は吉川英治の三八本）、六〇～六四年は三〇本で一位と着実に増えている。

『三等重役』は、源氏原作で、小林桂樹主演のサラリーマンもの『ホープさん』（一九五一年）、『ラッキーさん』（一九五二年）につづく作品であった。

「『三等重役』は当ったけれどもいいと思わないよ。「続」は柳の下のどじょうを狙ったわけだ。これはあさはかな商魂が出ているから、批評家からはぼろくそに言われた。いいと思わないけれども、初めからそういう写真を作ろうとしているんだ」（藤本真澄・双葉十三郎「日本映画の欠陥」『キネマ旬報』五〇、一九五二年一一月、二九頁）と述べているように、サラリーマン映画で着実に客の入るものを藤本は模索していた。「僕の議論なんだけれども、日本映画は一流映画と四流映画しかない。中間がないと思う。だからもう少し日本映画の最低水準を上げる。つまらない写真をなくして二流と三流にしなければいけないのじゃないか。僕なんか第一流映画はできない。でも二流映画は作れるのじゃないか」（二八頁）。

これは藤本の持論で、のちに『B級映画論』といわれるようになるものだ。源氏は自身の原作の藤本による映画化に関して、次のように振り返る。

> 私には、サラリーマンとしての実生活が二〇年間あり、嘘を書いていないとのうぬ惚れがあった。ちゃんとサラリーマンの真実に触れている筈だとの想いがあった。その点、藤本さんにも映画界に入る前の数年間、明治製菓の宣伝部に勤めていたのだからサラリーマン生活を体験しているのだという自信めいたものがあったようである。
> 事実、そのことは私の小説で映画化される他社の作品と比較すると、いつも微妙な相異が出ていた。すくなくとも荒唐無稽のサラリーマン映画ではなかった。その点で、私は、いつも安心していられた。
> （服部編 一九七九：二頁）

しかし、「真実に触れている」ことは、藤本にとって好ましいことばかりではなかった。リアリティのある映画は繰り返しに弱い。「源氏鶏太が書くところのサラリーマン小説も、映画化されることこれで四たび、ようやく東宝のお家芸となった」（登川直樹「続三等重役」『キネマ旬報』四七、一九五二年一〇月、八六頁）と述べられるなど、次第にサラリーマン小説の映画化という枠組みは安定していくが、源氏のサラリーマンものは批評家にすぐ批判されることとなる。「源氏鶏太の読物にもとずく会社映画も、いうなれば最早お疲れ気味で、この一篇などほとんど見るべきものがない」（双葉十三郎「一等社員」『キネマ旬報』五七、一九五三年二月、五八頁）、「源氏鶏太原作のサラリーマンものといえば見なくてももうわかったといいたくなる」（品田雄吉「坊ちゃん社員前篇」『キネマ旬報』八八、一九五四年四月、八四頁）といった具合である。

批評家は繰り返しを嫌うが、批評家と興行関係者や一般の観客の好みは一致するわけではない。一九五二年一月～一二月の配給収入は、東宝では、黒澤明の『生きる』が六〇五四万七〇〇〇円で四位なのに対し、『一等社員』（一九五三年）が六六三六万九〇〇〇円で三位、五位に『続三等重役』（一九五二年）六〇五一万六〇〇〇円、六位『三等重役』（一九五二年）五六三五万七〇〇〇円となっている（『映画年鑑』一九五四年版、三六三頁）。サラリーマンものは結構客に受ける時代のアイコンだった。それよりも藤本の納得のいかなさは、当時の源氏作品に哀愁がただようところであったようだ。

二　原作いらずの「社長」もの実験期――『へそくり社長』（一九五六年）

サラリーマンものは、その後試行錯誤を重ねる。転機は、正月作品の『へそくり社長』（一九五六年、千葉泰樹監督）であった。藤本は書いている。

かねて『三等重役』的なサラリーマン映画の大作を考えていて千葉泰樹と企画を話し合っていた。社長もサラリーマンと同じ人間。母親も怖ければ奥さんも怖い。浮気もしたけりゃ内証の金もいる。世のサラリーマンと同じく、へそくりもする。というようなアイディアで『へそくり社長』とはいかがなものであろうかという名案が千葉泰樹から出た。（中略）源氏鶏太の原作による『三等重役』がなければ『へそくり社長』はもちろん生まれなかったが、笠原良三のシナリオも娯楽作品として圧巻で、よくまとまっていた。この『へそくり社長』を契機として前後篇を別々に勘定すると計三十三本の「社長」物がつくられたが、原型は『へそくり社長』である。

（藤本 一九八一：二二八頁）

藤本好みで客の入る映画を考えるためには、原作に縛られていてはできない。そこで、まず注文で素早く書いてくれる笠原良三のような職人脚本家が必要となる。笠原良三（一九一二〜二〇〇二年）は、一九三六年の日活を駆け出しに、大映などをわたり歩き、一九四九年からフリーになっていた。一九五五、六年ごろに、藤本にさそわれて東宝の準専属契約シナリオライターとなる（八木他 一九八七：一四三頁）。笠原は東宝の作品では、〝社長シリーズ〟だけでなく、植木等の〝日本一シリーズ〟なども手がけた。

「マンネリズムのそしりを受けながら、東宝では「サザエさん」シリーズ十五本、「お姐ちゃん」シリーズ四本、「若大将」シリーズ四本、最も有名なのは、かの悪名高き「社長」シリーズで三十三本です」（八木他 一九八七：一七六頁）と笠原はのちにインタビューに答えている。笠原は脚本を書く前に、タイトル、千葉の提案、配役と、藤本推薦のいくつかのエピソードを与えられた。笠原には、藤本が青年時代に影響を受けた松竹映画の〝小市民もの〟をルーツとしていることが理解できたという。笠原もまた藤本と同様〝小市民もの〟から影響を受けていた。そして『三等重役』がまだ上映されていた九段下の劇場に参考のために見に行った。「ことに社長族の浮気志向や、それに伴う恐妻ぶりのエピソードが、かつての松竹の小市民ものにはうかがうことのできなかった、新鮮で、明るく、ドライな現代性が見られ、面白かった」。笠原は藤本が東宝で目指すサラリーマン喜劇の基本ムードをつかみ取ったという（笠原 一九八一：五二頁）。

笠原脚本の『へそくり社長』は、興行的に成功した。その当時、松竹の『二等兵物語』（一九五五〜六一年）が始まったころであり、『二等兵物語』は思いがけないヒットを記録していた。この作品は、「二等兵物語は何故ヒットしたか—の分析」（『キネマ旬報』一三六、一九五六年一月）で、『三等重役』同様、南博主宰の社会心理研究所に分析が依頼されている。これは、軍隊を「喜劇」として意図的に描いた戦後最初の作品であると位置づけられ、観客層は圧倒的に中年の男性が占めていることが指摘された。笑いの反応分析では、『三等重役』の反応と似た傾向があり、物語の組み立てもサラリーマンものの喜劇と似ているとされた（七四—七六頁）。一九五六年一月二五日の『読売新聞』夕刊では、「大もて〝笑える軍隊もの〟」というタイトルで、『二等兵物語』の続編や、『二等兵社長』（大映）、『社長は三等兵』（新東宝）などの企画がとりあげられている。二等兵、社長、三等（重役）などが当時のヒット作のキーワードだったことが感じられる。

『へそくり社長』を五五年末に関西地区で正月に先行して封切した結果、大阪支社から「社長、二等兵ヲヤブル」という電報が来たという（笠原 一九八一：五三頁）。社長と二等兵を比較する表現からは、興行の現場で『二等兵物語』が同様のジャンルとしてライバル視されていたことがわかる。実際の一年間の配給収入（五五年七月から五六年六月）をみると、社長は「二等兵ヲヤブ」らなかったようだが、いい線はいった。『二等兵物語』一億四六五一万八〇〇〇円に対し、『へそくり社長』一億一一八〇万円となっている。これらの映画にはさらに続編があり、『続二等兵物語』一億一一九八万八〇〇〇円、『続へそくり社長』一億一八〇〇万円となっている(『映画年鑑』一九五七年版、松竹・二二六頁、東宝・二二八頁)。松竹の一位『修善寺物語』一億八三六八万二〇〇〇円などとくらべると少ない気もするが、コストの面、正、続があることなどを考えるとずいぶん儲かる作品であった。『続へそくり社長』は「ドタバタでなく都会的な味が全編に漂うところが、この会社のサラリーマンもののみせどころだろう」(「俳優の持味で生きる　東宝「続へそくり社長」」『読売新聞』一九五六年三月二〇日、夕刊)などと報じられている。「都会的な味」が松竹の『二等兵物語』と違う傾向であった。

そのなかでも、森繁の即興的演技は重要であった。そのアドリブぶりは、『三等重役』の社長役の河村黎吉に「それにしても、こういう芝居が上手《うま》くゆくようになると、私らは驚異ですな」(森繁　一九八三：六一頁)といわしめたものである。森繁は当時の映画の演技から逸脱していた。「テレビで、〝即興性〟ということがいわれるが、これを初めて映画の世界に持ち込んだのが、ほかならぬ森繁である」(中原弓彦〔のちの小林信彦〕「笑われるほど価値ある喜劇人種」『週刊大衆』一九六六年一二月一日、三五頁)と小林信彦は述べている。

森繁自身は、戦後の生活のリズムを「パチンコ」で説明し、そのリズムを演技に応用したという。「リズミカルな動きと感情の推移とを、サラリとしつこくなく点描して」いき、「次にどう出るか分からぬという未来を予測しえない演技」で客をひきつけるのだ(森繁　一九七七：一四〇―一四一頁)。この演技が、戦後の東宝サラリーマン映画の都会的雰囲気をかもし出すのに一役買った。

森繁の社長への抜擢は、サラリーマン俳優の第一人者小林桂樹に言わせると「えっ、森繁さんが今度、社長になるの？　大丈夫？」という考えられないキャスティングだった。というのもヒット作『三等重役』で社長役だった河村黎吉は、河村流の社長の雰囲気を持っていたが、三作目を前に急逝したため、『三等重役』シリーズが作れなくなった。小林にとっては、森繁の演技の魅力は、軽妙さにあったから社長のイメージと上手く合わなかった（小林桂樹「森繁社長ッ！　お疲れさまでした」『文藝春秋』二〇一〇年一月号、三四四頁）。

一方の森繁は、小林を「若い時は三木のり平と違った写真的な喜劇をやれる唯一のコメディアン」（小林桂樹さんを励ます会　一九八六：三六頁）と認識していた。小林は、「のり平さんは受ける芝居が上手。ぼけるのは絶妙。加東さんと僕がどっちかっていうと突っ込みで、森繁さんは両方できる。四人とも相手が笑わせる芝居をしているときに、それを食う芝居は絶対にしない」（小林・中山　二〇〇五：一〇二頁）と述べる。要するに会社を舞台にした集団喜劇の誕生であった。

三　社長ものの実験期から「社長シリーズ」の安定化／古典期へ

「社長もの」の枠組みは、『へそくり社長』（正・続、千葉泰樹監督、一九五六年）から、『はりきり社長』（渡辺邦男監督、一九五六年）、『社長三代記』（正・続、松林宗恵監督、一九五八年）などを経てもまだ十分に安定するに至っていなかった。

「東宝撮影所の力」という座談会で、共同通信の林六郎が東宝の「サラリーマン映画」を「非常に安定性があって、我々は東映の時代劇のように考えている。ただ一寸タネ切れと言うか、息が苦しくなって来たような気がする」という。これに対し藤本は、「ぼくもサラリーマンものには力を入れている。東宝の観客にはサラリーマン層が多い。そこで近代的な明るい、都会的なサラリーマンものの企画がマッチしているわけです。だが、たしかに最近はネタ切れになって来ました」と一九五八年段階で「ネタ切れ」になってきたことを認めている。林が時代劇の安定性に対し、サラリーマンが比較的身近で、複雑ゆえの描きにくさを指摘すると、藤本は「サラリーマンを必ずしもリアルに描くと言うんじゃあないんです」と答える（『キネマ旬報』二〇一、一九五八年四月、五二頁）。

藤本のサラリーマン映画の基本方針は、「サラリーマン映画は過去のような一生涯下積みというあきらめであってはいけない。いつでもサラリーマンとしての希望があり、明るく割りきったものでなければならない」（藤本真澄「わがカツドウヤ商法」『日本』一九六一年七月、一二三頁）であった。リアルではない明るく割り切った藤本好みの作品ということになると、源氏鶏太の原作を頼れない。源氏は、原作にもとづかなくなっていく藤本製作のサラリーマン映画を「いつか私の小説とは無関係なサラリーマン映画を作るようになった。正直にいうと、私はその大方を見ていないのだが、噂は耳に入ってくる。マンネリ化していた。迎合が目立つようになっていた。サラリーマン生活を体験した頃のことを、藤本さんは、忘れてしまったのでなかろうかと思ったりした。涙を捨てて、笑いだけを求めているような気がした」（服部編　一九七九：二頁）と振り返る。

その供給の担い手となったのが脚本家の笠原良三であったことはもちろんだが、納期に予算内でつくれる職人監督松林宗恵（一九二〇〜二〇〇九年）、杉江敏男（一九一三〜一九九六年）が安定して担当することも不可欠であった。藤本真澄は一九六四年ごろ、東宝の監督を野球の打順にたとえて以下のように語っていたという。

一軍　①千葉泰樹、②川島雄三、③成瀬巳喜男、④黒澤明、⑤稲垣浩、⑥久松静児、⑦松林宗恵、⑧杉江敏男、⑨豊田四郎、ピンチヒッター円谷英二

（高瀬　二〇〇五：二〇五頁）

この世界観からみれば、一番の千葉泰樹に相談し、実験段階の作品『へそくり社長』を撮ってもらい、七番松林宗恵、八番杉江敏男を中心に定期的に撮り続け、ある意味の「古典化」「シリーズ化」するというのは理想の形であった。千葉、松林、杉江に共通するのは職人肌の監督で予算や時間を超過しないことである。そして、黒澤、稲垣らは藤本には苦手なタイプだった。松林監督は述べている。

会社から要求されるスケジュール内・予算内で上げ、尺数も短か目に仕上げるようにしてきました。当然、会社は喜びますが、私自身は、これだけの長さでもいいたいことがいえるのだ、と誇らしい気持でした。私と反対に、市川（崑）さんや黒澤（明）さんは、長目につくる。あれは、ほんの少し長いだけで、こんなにも沢山のことがいえるという自信のあらわれでしょう。つまり、名人気質です。

（松林宗恵・増淵健『キネマ旬報』一〇九三、一九九二年一一月、一六一頁）

松林は自伝でも、「名匠島津保次郎監督の名言「映画は枠《わく》である」の一言を金科玉条と信じ、応援団で鍛えた統率力と、海軍で学んだ規律を基に、責任感ばかりさき走って、まず枠の中で作品を仕上げることにのみこれ専心した」（松林 一九八五：四六頁）と書く。

また、一方の杉江敏男監督は、「大衆映画のむずかしさ」（『キネマ旬報』三二〇、一九六二年九月、五四頁）という座談会の中で、以下のように語る。

僕は生まれつきの性分かどうか知らないが、学校の卒業論文が「映画における産業」。産業だったのですよ。

映画芸術じゃないんだ。だから脚本をもらったときに、この脚本は会社はどれだけのことを考えているか、映画館にかけるときは添え物として考えているのか、トリとして考えているのか、添え物なら会社の言う予算でこの程度でやっていけばいいということを、まず考えちゃうのです。（中略）僕の写真は五十六本ありますが、予算オーバーと日にちオーバーはないですよ。全部予算内で、全部会社の指定した日にち以内です。やはり映画産業ですから、その範囲内で処理していかなければならないということを、いちばん最初に考えるのです。

杉江本人が強調するように芸術でなく産業として映画をとらえる立場である。松林の「枠」といい、杉江の「産業」といい、両監督が職人といわれるゆえんがよくわかる発言である。

一九五八年の藤本のネタ切れ発言以降に『社長太平記』（正・続、一九五九年）、『サラリーマン忠臣蔵』（正・続、一九六〇〜一九六一年）、『社長道中記』（正・続、一九六一年）というように安定的に供給されるようになる（この流れに、『新・三等重役』一九五九〜一九六〇年のシリーズ四本を入れる場合もある）。ある意味シリーズとして安定／固定してくるわけだが、同時に観客にあきられる危険性も出て来る。

サラリーマン映画は、商業ベースに乗って、受け入れ側に媚びるような形で作り始められる。それは、絶対にサラリーマンの味方に立つということであり、そのためには、彼等の反対側に立つ権威の喜劇化ということを、絶対の製作条件とした。時には喜劇化が行きすぎて、権威の否定というところまで行きかけたが、それは、もう体制の否定ということであり、サラリーマン映画のワクをはずれるものとされた。

（井沢淳「ご苦労さん・社長シリーズ」『キネマ旬報』三五七、一九六四年二月、四六頁）

同様に主人公がサラリーマンでも古沢憲吾監督、植木等主演の『ニッポン無責任時代』（一九六二年）や『ニッポン無責任野郎』（一九六二年）といった体制否定的な作品を、藤本は好まなかった。『ニッポン無責任時代』や〝若大将〟シリーズの脚本家田波靖男は、「藤本から見れば、「無責任もの」はテーマと言い、主人公のキャラクターと言い、およそ不健全であり非常識である。（中略）もし藤本が事前にこの脚本を丁寧に読んでいたら、製作をストップさせたにちがいない」と書いている。藤本は『ニッポン無責任時代』が封切初日大入りと聞いて見に行ったが、「見終わった藤本は自社作品のヒットを喜びながらも、安達（筆者注――英三朗プロデューサー）を呼びつけて激怒したそうだ。内容が不愉快だというのだ」（田波 一九九七：七五―七七頁）。

藤本は、エロ、暴力、不道徳を嫌った。その基準でいけば、無責任ものは「不道徳」である。『キネマ旬報』における映画評論家の大黒東洋士と藤本の往復書簡で、大黒は「聞くところによれば「エロ・暴力・不道徳」の三悪追放が、〝東宝三原則〟になっているとか」と問いかけ、健全路線、安定ムードに疑問をなげかけ、あまりに「三悪追放」を強調するのは考えものだと指摘する（大黒東洋士「拝啓藤本真澄さま」『キネマ旬報』四一六、一九六六年六月、一三―一四頁）。これに対し、藤本は「エロも、ヤクザも、暴力も私は否定はいたしませんが、日本映画の主流になるべきではないと思います。映画は本来、大衆の娯楽なのですから、健全なものでなければならないと私は考えております」（藤本真澄「拝復大黒東洋士さま」『キネマ旬報』四一八、一九六六年七月、三六―三七頁）と答えている。

四　安定化／古典期から刷新／パロディ期へ――パロディと観光映画化

〝社長シリーズ〟の安定化の一方で、パロディにより刷新する動きも出て来る。分かりやすいのが、『東海道中膝栗毛』的な道中記の要素を盛り込む『続社長太平記』（一九五九年）からの動きである。タイトルそのままの『社長道中記』（正・続、一九六一年）も撮られている。これを海外に拡大したのが『社長洋行記』（正・続、一九六二年）の香港、『社長外遊記』（正・続、一九六三年）のハワイとなる。これは、古典の要素をもちこんで改良するだけではなかった。風景を写し、サラリーマン喜劇に、観光映画としての要素も盛り込むようになった。のちに藤本は、次のように書き残している。「海外は香港、ハワイに止どまったが、国内は北海道から九州まで、社長が各地へ出張することにしてロケをした。シリーズ物で色々な地方へロケしてローカリティを盛る方法は『社長』物以来、『男はつらいよ』『トラック野郎』でも試みられ、効果を上げている」（藤本　一九八一：二二九―二三〇頁）。

また道中記的方向でなく、もっと明瞭に古くからのドラマツルギーを利用したのは、『サラリーマン忠臣蔵』（正・続、一九六〇～一九六一年）、『サラリーマン清水港』（正・続、一九六二年）である。忠臣蔵や清水次郎長をもとにするというやり方である。藤本自身は、「井手俊郎のすすめで五作目に、「忠臣蔵」をパロディ化した『サラリーマン忠臣蔵』を製作したが、これは成功した。『仮名手本忠臣蔵』は、やはり構成がしっかりしているので、パロディ化してもドラマとしてガッチリしたものになった」（藤本　一九八一：二三〇頁）と振り返っている。『サラリーマン忠臣蔵』（一九六〇年）は「東宝サラリーマン映画一〇〇本記念」と銘打たれた作品であった。

映画評でも、『サラリーマン忠臣蔵』（正・続）は、以下のように珍しく絶賛であった。

東宝十八番のサラリーマンものもこのところ同工異曲のくりかえしで行詰り気味となり、せっかくの御家芸も魅力減退の兆がみえだしたが、この『サラリーマン忠臣蔵』二部作が出ていくぶん面目を取り戻した。カブキの独参湯《どくじんとう》（筆者注――歌舞伎でいつ上演してもよく当たる狂言）といわれる『仮名手本忠臣蔵』を現代風に翻案し、サラリーマンの世界にもちこんだものだが、素材のとりいれ方が巧かったので娯しめる作になった。（中略）笠原良三のシナリオ、杉江敏男の演出も硬軟雑多のエピソードや人物をさばき笑いの要素をもったあたり熟練工としても一級といえる。映画の素材というものは旨くさがせばまだまだつきるとは思えない。東宝企画もこの調子で奇抜なサラリーマンものを考え出してもらいたい。

（飯田心美「続サラリーマン忠臣蔵」『キネマ旬報』二八三、一九六一年四月、八四頁）

五　ふたたび安定化／古典期へ――マンネリと娯楽的価値

古典のパロディ化、道中記的実験と展開もある程度行われて、一九六四年の『社長紳士録』（正・続）で〝社長シリーズ〟は終わるもしくは、大幅な刷新が計画されていた。『キネマ旬報』では、「ご苦労さん・社長シリーズ」という記事が組まれている。「近ごろは、シリーズもののハンランというのが日本映画の特徴だが、そのはじまりといえるものが、東宝のサラリーマン映画シリーズだった。（中略）シリーズものというものが、一般の観客に親近感を与え、それが安定した興行収入をもたらすことの確認は、サラリーマンものと呼ばれるもので打ち出されたといえる」（井沢淳「ご苦労さん・社長シリーズ」『キネマ旬報』三五七、一九六四年二月、四四頁）と述べられている。

新聞記事に目を転じれば、「東宝のドル箱といわれる〝社長シリーズ〟は、間もなく製作に着手する『社長紳士録』で十本目（前後編を一本として）になる。もうマンネリズムで行きづまった、という声もある一面、正月やゴールデン・ウイークの書き入れ時となるとかならず登場して、安定した人気を確保していることも事実」（「十本迎えた「社長シリーズ」東宝のドル箱、新方向をめざす」『読売新聞』一九六三年五月一七日、夕刊九頁）とある。

ところが、実際は『社長紳士録』（正・続、一九六四年）で終らなかった。さらに同じ調子で『社長忍法帖』（正・続、一九六五年）、『社長行状記』（正・続、一九六六年）、『社長千一夜』（正・続、一九六七年）、『社長繁盛記』（正・続、一九六八年）、『社長えんま帖』（正・続、一九六九年）、『社長学ＡＢＣ』（正・続、一九七〇年）と正月映画を中心に作られていく。社長ものが「マンネリ」化しているということ自体は、もう誰の目にも疑いはなかった。しかし、ここでは「マンネリ」をどうとらえるかが重要であろう。「マンネリ」＝マイナスという定式的な捉え方に対して、「マンネリ」＝プラスという視点が重要となってくる。映画評論業界は、「マンネリ」＝マイナスの紋切型を繰り返す。

お客もよろこび、会社も儲かる娯楽映画。こんな結構なことはないわけである。しかしながら、その内容のなんと千篇一律、変わりばえと知恵のないこと！　そんなに観客の人の好さの上に、デンとあぐらをかいたままでよろしいんですか？　といいたくなる。（中略）これからは作品そのものにも新しいテコ入れが望ましい。さもないと、完全なマンネリとやき印をおさなければならない。

（山本恭子『キネマ旬報』四三三、一九六七年二月、七七頁）

というような形である。滑稽なのは、社長シリーズのあまりの定期的な製作ぶりに、紋切型の批判を繰り返す映画評論が、映画以上にマンネリ化することである。

一方の製作側である脚本家笠原良三は、確信犯的「マンネリ」主義者であった。

シリーズはパターナイズすることだ。だからシチュエーションは絶対に変えなかった。それは、そういうふうに安定感を持ってくると、かえって背景を変えたりするということが楽しみになってきた。（中略）マンネリズムというけれども、シリーズ物でマンネリズムでないものはないじゃないかということを、僕は反論したことがあるんです。

（八木他 一九八七：一七六―一七七頁）

そして、ポパイや、ディズニー映画だって「マンネリ」だという笠原はマンネリを肯定し、「いい」マンネリを志向していたとも言える。これに対し、藤本は、若干消極的に「マンネリ」をつづけたように見受けられる。

藤本真澄氏の新しもの好き、流行の先どりをして得意がるくせも、ヒット・パターンを変えるのには臆病だった。

せっかちで、あわてもので、そそっかしく、自分で自分の名前をもじって藤本〝不慎重〟と言っていたが、『若大将』シリーズも『社長』シリーズも、いつも同じパターンで押し通した。名前の通りシンチョウであった。

（田波　一九八一：八二頁）

監督や俳優はどうだっただろうか。『社長外遊記』（一九六三年）以降の全作品は松林宗恵が、一人で監督しつづけた。

あの手この手と知恵をしぼっての社長ものであるが、マンネリだマンネリだと言われながら、いつの間にかマンネリがこのシリーズの特徴になってきたようである。（中略）何本かのうちには、マンネリになるのを極度に怖れて、脚本家とも相談して、ちょっと趣向を変えてみたこともあるが、結果的にはおもわしくなかった。マンネリをマンネリとして生かしてゆくこともまたなかなか骨の折れる技で、スタッフや俳優にはこの一作一作に言うに言えない苦労がある。（中略）社長シリーズが多くの人に愛され親しまれていることを知らされたり、意外な方面の意外な人がこの社長シリーズの熱烈なファンであることを聞かされたりする度に、マンネリズムと臆しがちな心をひっぱたかれる気持ちである。

（松林宗恵「社長行状記」『キネマ旬報』四〇二、一九六五年一一月、七七頁）

と、松林は「マンネリ」に苦しみながらも「職人」として撮り続けていく。

森繁久彌は振り返って、「実は演じる役者の方は必死になってマンネリを避けようとシーンごとに監督に直訴した。そして終には、この映画の目玉のところは〝おまかせ〟ということになり、私たちは芸者あそびや色んなところで見聞した材料を寄せあつめて宴会の珍芸を披露したのがほぼ真相である」（森繁　一九八三：六六頁）と述べている。社長シリーズには、宴会芸シーンがかなりの割合で出て来て、またそれが呼び物となっていた。これは、脚本に縛られず演者たちの創意工夫を発揮できる場所であった。「社長シリーズの余興場面は必要欠くべからざる名物になりましたから、出演者に研究選択をまかされたんですね。そのために、皆で飲みに行ったりしてね。観客は笑いますが苦労のタネでした」(小林・草壁 一九九六：一四六頁)。

しかし、宴会芸の中身をいくら変えようとも、映画の中に劇中劇として余興場面が入ること自体マンネリ化していく。森繁は、笠原とはちがった意味での「マンネリ」を志向する。「ものはマンネリズムにならなければよくない。歌舞伎なんかはみんなマンネリズムだ。(中略) みんなは僕が十回ほど同じことをやるともうマンネリズムだと言う。冗談じゃない。千回やらなければマンネリズムにならないんだ」(井沢淳・森繁久彌「聴く応える喋る」『キネマ旬報』三〇七、一九六二年三月、七〇頁)。

このような森繁の演技について小沢昭一は座談会の中で次のように指摘した。

> コメディというものの表現の、長い間の集積から、だんだん変って積み上げられ、円熟してきている演技というものが、ものすごく僕には、おもしろく感じられた。ところが、そういう点を批評家はとらえてくださらない。ただ一律に「社長もののマンネリズム」という形で論難なさる。
>
> (小沢昭一他「映画批評よ眼をさませ!」『キネマ旬報』四七〇、一九六八年六月、五二—五三頁)

批評家は、一回性の病にとらわれているようにもみうけられる。繰り返しにより深まり、繰り返しにより面白くなり、またそれが楽しいという映画の見方もありうるだろう。また、日本の大衆芸能を見慣れたものからすれば、同じ演目ゆえに意味がないとはならない。忠臣蔵は二回目だからもう見ないという発想にはならない。落語は、志ん生で聞いた演目だから、談志のは見ないとはならない。批評家は、あまり日本の伝統芸との連続性にもとづいた批評を行わない。批評のスタイル自体が輸入ものだからだろうか。そのあたりの矛盾を森繁は演技について指摘している。

森繁は倉本聰との対談で「日本の俳優さんてどういう勉強をしているのかな」と問う。

森繁　というのはね。ちっとも日本のものをやってないんですね、日本の芝居するくせに。
倉本　ほんとにそうですね。
森繁　講談も知らない。やれない。「浪花節？　イヤだ」「琵琶？　イヤだ、やれない」「漫才？　冗談じゃない」。みんな、しかし全部日本の芸なんです。（中略）そういったものをちゃんと極めてですね、そのうえにやっぱり、まあ「しっかりした」というと語弊があるかもしれないけども、土台ができるんじゃないかと思うんですけどね。

（倉本　一九九九：一四八頁）

六　〝社長〟シリーズの終焉

映画界は一九五八年をピークに観客が減少し続けていた。藤本は一九六二年に、映画観客数の急速な減少に対し「映画界非常事態宣言」をだしていた。一九六三年には、映画専業の大映が無配に転落した。脱落していく社がでることにより、業界規模の適正化がなされるというのが、各社の世界観だったのに対し、藤本は企画の刷新を唱えていた（高橋 一九八一：一一四頁、馬場 一九八一：二六七頁）。

言い方を変えれば、一九五八年から観客の減少つまり、映画の需要が減少し続けていく。これに対し、他社は供給過剰がとまる方向（映画会社の破綻など）で、減少しつづける需要との均衡を考えていた。一方の藤本は、需要の創出を考え続けていたということになる。そして、それが藤本発案の東宝の一連の喜劇シリーズ（社長もの、駅前もの、クレージーもの、若大将ものなど）のおかげで、なんとかなっていった。東宝の生産調整は先送りされていたのである。しかし、一九六八、九年ごろにはさすがに、藤本も経営改革を求められるようになっていく（馬場 一九八一：二六七頁）。

藤本が信奉し、上司でもあった森岩雄は、製作費の平均化を避けることを提唱した（高橋英一「森岩雄東宝副社長六九年の構想を語る」『キネマ旬報』四八七、一九六九年一月、五〇頁）。高予算の大作か、低予算の独自性あるものかという製作費の二極化は、藤本のB級映画論とまったく逆の発想であった。二極化すると藤本の得意なシリーズものは、高すぎず安すぎずという平均化したものの中にはいってしまう。それらは、次第に製作不能になっていく。

さらに松岡辰郎社長も藤本のシリーズものに関して直接言及している。「東宝も昔は駅前もの、社長もの、クレージーものなど、いろいろと当たる路線を持っていたが、ロケ地が変わるだけで、いつもおんなじことやっとんのやから、あかんわな」（「日本映画　低迷する大作主義」『読売新聞』一九七〇年八月一〇日、夕刊五頁）。

つまり、長年作り上げた意図したマンネリを「いつもおんなじことやっとんのやから、あかんわな」とあっさり切って捨てるのである。さらに松岡は、藤本の名をあげ重役が仕事をしすぎるといい、「下の人にアイディアを与えたら、あとは自分でせんで上から見ていなさい。藤本さんは、もっと企業を拡げる面で仕事をしなさい」

（「松岡辰郎社長が語る東宝の事業と経営」『キネマ旬報』四九三、一九六九年四月、四二頁）と言う。個別の映画に関わるのではなく、企業経営に専念しろというのである。撮影所機構改革の総責任者だった西野一夫は、藤本を「徹底的にプロデューサーであって、いわゆる経営の仕事は不得手だし、本人も嫌いだった」（馬場　一九八一：二七一頁）と語る。

藤本はプロデューサー的思考を逃れられなかった。『昭和ひとけた社長対ふたけた社員』（一九七一年五月封切、東宝）と『昭和ひとけた社長対ふたけた社員　月月火水木金金』（同一〇月封切、東京映画）の二作を、監督を松林から石田勝心に、社長役を森繁から小林桂樹にかえて製作したが、失敗する。また、「俺の目の黒いうちは、東宝の撮影所でエロや暴力は撮らせない」（馬場　二〇〇九：二八九頁）と言っていたにもかかわらず、自らやくざ映画『出所祝い』（同一〇月封切、東京映画）の製作も行い、酷評をあびる。若大将シリーズも七一年の『若大将対青大将』で中断。植木等、クレージー・キャッツ系列の日本一シリーズも一九七一年の『日本一のショック男』で終了した。藤本は、一九七一年一一月には、製作と興行の分離により新設された関係会社の東宝映画社長に就任させられる。

一九七一年は、大映が倒産し、日活の堀久作社長が退陣した年でもあった。『映画年鑑』という映画製作、配給、興行にたずさわるものにとって大変便利な年鑑は、一九七一年版、一九七二年版が発行されていない。このような状況下で、平均化した予算の喜劇作品はいずれも製作しがたくなり、「マンネリ」の価値をいかすことはできなくなった。

藤本自身は、「戦後日本の産業の躍進期を背景としての「社長」物」と位置付け、俳優の高齢化、アイディアの枯渇等により「「社長」物は自然消滅」したと述べている（藤本　一九八一：二三〇頁）。

しかし、このような状況下で終焉をむかえた〝社長シリーズ〟は、俳優の高齢化、アイディアの枯渇等の内部要因だけで説明できるものではないだろう。だいぶ前から俳優は高齢化し、アイディアは枯渇していた。自分も出世できるという高度成長の夢が消えたからとか、戦後日本の産業の躍進期の終焉という外部要因でも説明しきれないだろう。多くのサラリーマンが出世できるような望みもとっくの昔に消えていた。映画という商品の需給バランスの崩壊と、映画産業の転換からも考える必要があるだろう。東宝本体は一九七一年一一月、実質的には映画製作会社ではなくなった。徹底した資本主義は、映画製作というような手段に固執しない。儲かれば手段は不動産業でもなんでもいいのである。六〇年代前半、契約に温情主義は必要ない、日本の資本主義は未熟だと主張して（「やァこんにちは　四〇五回　もうける秘けつは集中打」『週刊読売』一九六二年五月二〇日）、サラリーマン喜劇を推進していた藤本自身が、六〇年代末には、時代に取り残され阪急東宝グループの経営になじめない、ぬるい資本主義者となっていた。

おわりに――サラリーマン喜劇映画研究のさらなる展開に向けて

ある映画を見るという行為が、一回性のものか、そうでないのかによって、映画の捉え方は変わってくる。とくにこれは、サラリーマン喜劇映画を考えるうえでも重要である。

「映画とはいかなるものか」という座談会で、哲学者鶴見俊輔は「映画はくりかえし鑑賞できないと云う、一種のテーゼみたいなものがあるでしょう、これは、たいへんに疑問だとぼくは思う」、「ぼくは、映画は元来がくりかえし鑑賞にたえるものだと思うのです。ぼくは映画が好きなせいか、一年でも二年でもやってくれれば、十回でも二十回でも見ますよ」と語る。映画評論家岩崎昶は「あなたは、非常に例外的なケースでしょう」、「一般の人は、普通の作品なら、同じものを二回見るくらいなら、つまらなくても新しい方を見る」と反論する。また、映画を見るときの心持や姿勢、つまり、緊張して鑑賞するのか、リラックスして見るのかというのも重要である。鶴見が「映画館に入るとそれでもうくつろいでしまう」というのに対し、岩崎は「一種の斎戒沐浴をして見る」という（波多野完治・南博・鶴見俊輔、司会・岩崎昶「映画とはいかなるものか」『キネマ旬報』二二二、一九五九年一月、八二―八三頁）。

鶴見も岩崎も自分の見方が普通だと考えているようだが、一般の人はどちらなのかというような二分法はここではあまり意味がない。ただ、〝社長シリーズ〟のようなサラリーマン喜劇群は、鶴見の指摘した見方から考え直すことができるかもしれない。

井沢淳は『続社長紳士録』を評する中で、森繁久彌の演技のかもし出すものが「ぬるま湯かも知れないが、なんとなく、そのなかにひたっていると気分がいい。そういう娯楽としての効果がおもしろい」（『キネマ旬報』三六二、一九六四年四月、一〇三頁）と指摘する。「ぬるま湯」のなかでリラックスする映画、これも映画の一つの方向性である。このような映画の「ぬるま湯」効果は、映画批評家によってかつては否定的にとらえられてきた。このため、研究が少ない、もしくは一回性の芸術とみる視点からすれば、研究するに足らない対象とされるなどの問題が起きてきたように思う。しかし、その「ぬるま湯」に客は入りたがったのである。

作家武田泰淳は「喜劇の大衆性」（『キネマ旬報』一九五、一九五八年一月、三七頁）の中で、次のように述べている。

> お正月は、お正月らしい映画を見たいのが人情である。楽しそうなのを、駈け足で見てまわった。『社長三代記』というサラリイマン物が案外におもしろかった。日本人は喜劇べただと考えていたのは、思いちがいである。（中略）
> 瞬間的な表情や動作、日常の失敗ややりくり算段は、堂々たる社会科学者の論文では、無視されてしまうことが多い。新しい喜劇映画は（まだまだ他人の笑いにオンブしているけれど）、大衆の大衆性を再発見して行くのに役立つにちがいない。

〝社長〟シリーズを含む、〝無責任〟〝日本一〟シリーズ等の東宝のサラリーマン喜劇映画群は、「瞬間的な表情や動作、日常の失敗ややりくり算段」をくりかえす、「大衆の大衆性」を歴史的に考察する際の重要な史資料としても存在しているだろう。そういうとらえ方は、さらに別の角度からサラリーマン喜劇映画研究が可能であることを示唆している。

参考・引用文献（『キネマ旬報』『映画年鑑』等の定期刊行物は本文中で出典を示した）

板倉史明　二〇〇七「大映「母もの」のジャンル生成とスタジオ・システム」岩本憲児編『日本映画史叢書⑦　家族の肖像』森話社

尾崎秀樹編　一九八一『プロデューサー人生』東宝

笠原良三　一九八一「「へそくり社長」「大番」」尾崎秀樹編『プロデューサー人生』東宝

春日太一　二〇一二『仁義なき日本沈没』新潮社

金子正且・鈴村たけし　二〇〇四『プロデューサー金子正且の仕事』ワイズ出版

倉本聰　一九九九『森繁久彌86才芸談義』小学館

源氏鶏太　一九八一「藤本さんとサラリーマン映画」尾崎秀樹編『プロデューサー人生』東宝
小林桂樹　一九八一「仕事、仕事、仕事……」尾崎秀樹編『プロデューサー人生』東宝
小林桂樹さんを励ます会　一九八六『月桂樹への道』小林桂樹さんを励ます会・事務局
小林桂樹・草壁久四郎　一九九六『演技者　小林桂樹の全仕事』ワイズ出版
小林桂樹・中山敬三　二〇〇五『役者六十年』中日新聞社
佐藤忠男　二〇〇六『映画が語る働くということ』凱風社
佐藤忠男　二〇一五『喜劇映画論』中日映画社
高瀬昌弘　二〇〇五『東宝監督群像』東宝
高橋英一　一九八一「〝藤本映画〟の決算勘定」尾崎秀樹編『プロデューサー人生』東宝
田波靖男　一九八一「「若大将」誕生の前後」尾崎秀樹編『プロデューサー人生』東宝
田波靖男　一九九七『映画が夢を語れたとき』広美
東宝三十年史編纂委員会　一九六三『東宝三十年史』東宝
東宝五十年史編纂委員会　一九八二『東宝五十年史』東宝
中村秀之　二〇〇二「〈二等兵〉を表象する」『近代日本の文化史9　冷戦体制と資本の文化』岩波書店
西村大志　二〇一二「社長シリーズから「戦後」をみる」ミツヨ・ワダ・マルシアーノ編著『「戦後」日本映画論』青弓社
服部信之編　一九七九『藤本真澄』藤本真澄を偲ぶ会
馬場和夫　一九八一「晩年の藤本真澄」尾崎秀樹編『プロデューサー人生』東宝
藤本真澄　一九八一「一プロデューサーの自叙伝」尾崎秀樹編『プロデューサー人生』東宝
増淵健　一九八六『B級映画　フィルムの裏まで』平凡社
松林宗恵　一九八五『私と映画・海軍・仏さま』大蔵出版
森繁久彌　一九七七『森繁自伝』中央公論社
森繁久彌　一九八一「書き残したくないこと」尾崎秀樹編『プロデューサー人生』東宝

森繁久彌　一九八三『こぼれ松葉　森繁久彌の五十年』日本放送出版協会
森繁久彌　一九九八『森繁久彌　隙間からスキマへ』（「人間の記録」78）日本図書センター
八木信忠他　一九八七『個人別領域別談話集録による映画史大系（その三）』日本大学芸術学部映画学科
ホブズボウム、E＆レンジャー、T編　一九八三＝一九九二『創られた伝統』（前川啓治・梶原景昭他訳）紀伊国屋書店
Newbold, C 1998 "Analysing the Moving Image: Genre", in A. Hansen , S. Cottle, R. Negrine and C. Newbold, *Mass Communication Research Methods*, Washington Square, NY: New York University Press

＊——本稿では、読みやすさを優先し、資料の原文の漢字の旧字体を新字体に、旧かなづかいを新かなづかいに適宜あらためて引用した。

Ⅱ 観客との関係から定まる方向性

混淆するチャイナカラーの分流

昭和戦後期の日本映画はなぜ「中国表象」を必要とするのか

晏 妮

7

はじめに

一九四五年、日本の敗戦とアメリカ占領によって、戦時中の日本映画製作、配給及びそれをめぐる言説は、太平洋戦争期の軍国主義の文化政策に加担する状況から、GHQが提唱する民主主義映画製作の方針に沿うものへと一変し、大きな転換期を迎えることを余儀なくされた。

周知のように、日中戦争期から太平洋戦争に至るまでの期間、日本国内、あるいは戦時中国に設立された日中合弁会社によって所謂「大陸映画」[*1]が大量に製作された。「大陸映画」は戦争映画、開拓映画、メロドラマなど、様々な映画ジャンルにおいて、種々の「中国」と「中国人」表象を産みだした。中でもアジア諸国の国境に跨ってトランスナショナル的に活躍した李香蘭こと山口淑子は、戦時期の文化政策に付和しつつも、火付け役として他分野に波及していく文化的「支那ブーム」を巻き起こしていった。

だが、日本の敗戦に伴って、山口淑子は戦時文化政策から与えられる「役柄」の李香蘭という偽りのイメージを捨て、一旦死刑を宣告されたものの、最終的には無事に日本に引き揚げることができた。戦時政策に要請されて大陸に創設された日中合弁会社「中華電影」「華北電影」「満洲映画協会」も、ことごとく一瞬にして崩壊し、十数年にもわたって行われてきた日中の映画交渉は唐突に終止符が打たれた。戦争が残した、すぐに癒えそうもないトラウマを抱え込みながら、アメリカの文化政策の指導の下で戦後再出発する日本映画は、戦時中禁止されたハリウッド映画の再隆盛により、もはや再び中国を表象する必要など全くなかったと思われがちだが、しかし、事実は違っていた。一九四六年から一九五〇年代後半までの日本映画を検証すれば、歴史の転換点に切断されたのは、映画製作の体制であって、日本大手映画会社と独立プロはそれぞれ、何らかの形で中国表象を生産し、チャイナカラーを引き続き様々なジャンルの映画に登場させ続けていたことが分かる。

とはいえ、昭和戦後期の映画における中国表象——あるいはそれをチャイナカラーと言い換えてもいいが——は、日中戦争期から太平洋戦争期へと徐々に一本化、類型化されていったものとはかなり異なり、個々の作品とそれをめぐる言説を検証してみると、表象の豊饒さと言説上の多様性が明らかになる。つまり、日本映画界は、過ぎ去ったばかりの戦争のトラウマを引きずる一方で、戦後の中国、台湾、香港、さらに東南アジアへの想像力が日本映画の世界へ進出する野望と絡み合い、アジア映画と再び関わることで、再生しようとした一面があると言える。

しかし、中国カラーのある作品に言及しつつ、映画テクストにおいて中国や中国人がどのように表象されているのかを指摘することは本論の目的ではない。そうではなく、昭和戦後期において、日本映画がどうして中国(人)のイメージやチャイナカラーを必要としたのかについて、映画界の産業的展開の経緯と言説の両面から考察し、配給、受容、輸出、映画祭などの分野で、互いに拮抗しながらもどこかで合流する二つの中国に関係する流れがあったことを明らかにしたい。また当然、アメリカによる占領へのカウンター文化の発生と、日本映画産業の世界進出という需要の二つの側面があることにもふれていく。

一　アメリカ占領期——二本の作品から見る分流の兆し

最初に、アメリカ占領期に製作された、中国人キャラクターが登場する二本の作品を取り上げる。『戦争と平和』（東宝、亀井文夫監督、一九四七年）と『上海の女』（東宝、稲垣浩監督、一九五二年）である。

『戦争と平和』の監督は亀井文夫。一九三八年にドキュメンタリー『支那事変後方記録・上海』（東宝）と『北京』（東宝）を製作した後に、陸軍省報道部支援の下で『戦ふ兵隊』（東宝、一九三九年）を撮ったものの、上映禁止になり逮捕。戦後監督復帰の第一作『日本の悲劇』（日本映画社、岩崎昶製作）は今度はＧＨＱから上映禁止の処分を受けた。『戦ふ兵隊』は軍国主義の文化に対する干渉によって上映禁止となったが、所謂戦後民主主義の文脈の中で、亀井文夫は再び要注意人物となり、軍国主義と戦後民主主義文化政策のどちらにもそぐわない作品を撮ったのは事実だが、本論は敢えてそれを論じないことにする。

『戦争と平和』は『日本の悲劇』に続く亀井の戦後第二作だ。物語は次の通り。中国の近海で遭難し、現地の漁師に救出された主人公は、終戦後に帰国し、仲間たちとの食糧デモや労働争議などの激しい社会運動の荒波に巻き込まれていく。本論の趣旨に沿って言えば、この作品は、戦時に作られた中国人表象のパターン――特に男性不在かステレオタイプの悪役か――に対抗するかのように、日本人男性を救う中国人男性のキャラクターを堂々と登場させている。『戦ふ兵隊』に出ている中国老人役に繋がるような亀井自身の思いを込めた描写ではあるが、この作品は東宝では、労使争議で激しくもめた挙句、企画会議に組合の代表が参加して実現させたものだったことも忘れるべきではないだろう。

もう一本は『上海の女』。中国から帰国したばかりの山口淑子が再び「李香蘭」を演じるような奇妙な作品。物語は一九四五年七月の上海から始まる。中国の養父に育てられた日本人女性の李莉莉は、傀儡政府の高官を務める養父から離れ、クラブの歌手をしながら生計を立てている。暗殺の騒ぎに巻き込まれ、放送局の仕事に遅れそうになった莉莉を特高の中尉真鍋が救ったことから、物語が始まる。この男女の出会いは、容易に『支那の夜』における長谷と秀蘭の出会いを想起させる。一方、莉莉にずっと片思いしているのが、傀儡政権の特務機関の丁である。こういう設定も、通俗的な三角関係の恋愛劇で、これもまた『支那の夜』と同じ系統の作品だと分かる。しかし、養父と娘との関係がストーリーの核を成すのは、敗戦直前の李香蘭主演『私の鶯』（満映・東宝、島津保次郎監督、岩崎昶製作、一九四三年）にも共通する。しかも、丁に扮したのは『私の鶯』の李香蘭の実父役の二本柳寛なのだ。

このように、戦時中の李香蘭の主演映画から様々な要素を拾い集めた監督兼脚本の稲垣浩は、最終的に敗戦直前の上海で繰り広げられた和平工作をめぐる重慶政府、日本軍部、汪精衛政権の特務機関という三者のスリリングなスパイ活劇に仕上げた。これはまた戦時中の上海を背景にしたスパイ映画、例えば『上海の月』（東宝、成瀬巳喜男監督、一九四一年）を彷彿とさせる。このように、戦時「大陸映画」を受け継ぐ一方で、稲垣は、あくまでもアメリカ占領下に押し進められる文化政策の文脈から外れないように、特に莉莉のセリフに多くの反戦意識を取り入れている。日本と中国をともに愛する山口淑子の立場を代弁するかのような、例えば、「生みの親と育ての親はどちらも大事、私は日本も中国も愛している」という台詞が語られる。明らかに山口淑子に戻ったその身体を介して戦時の李香蘭に思いを馳せ、また李香蘭を劇中の李莉莉と一体化させた上で、観客に現実とフィクションの間を往来させつつ、楽しんでもらう意図があるように思われる。稲垣が、敗戦直前に製作された『狼火は上海に揚る』（大映・中華電影、一九四四年）という唯一の日中合作映画の日本側の監督だったことは言うまでもない。一九四五年に歴史が大きな転換期を迎えたとはいえ、わずか数年前に上海へロケ撮影に行った時の記憶はまだ稲垣の頭に鮮明に残っていたのだろうか。『上海の女』における中国人表象に潜んでいるのは、そうした映画史的連続性ではないだろうか。もしこれを李香蘭と長谷川一夫の共演による大陸メロドラマの要素に、さらに李香蘭自身の体験を付加して作られた作品と捉えるなら、少なくとも次のことが言える。
①戦時において李香蘭の役割を果たした身体への一種のノスタルジーを喚起している。
②戦時の大陸ラブ・ストーリーの要素がそのまま手当たり次第に詰め込まれている。中国人女性（偽物）と日本人男性とのロマンス、スパイ映画、チャイナドレスの女性、歌姫、日本人役者が演じる中国人などなど。
③しかし、戦時メロドラマを超えようとする意図があるためか、ラストのロミオとジュリエット式の死による愛の成就は、映画史的に比較的肯定的文脈で語られている『暁の脱走』（谷口千吉監督、一九五〇年）と共通しているし、戦時の日中ロマンスに対する否定的な言説を転覆した一面がなくもない。だが、残念ながら、『上海の女』は当時の言説界でほぼ切り捨てられ、稲垣本人への批判を招いた言論まで現れた。例えば、次の批評はその一例であろう。

山口淑子にシナ服をきせ、得意のシナ語の歌をうたわせることに、企画の根本があったのではないか。そのような邪推が可能なほど、この物語は作為のあとばかり目だって、どこにも必然性が感じられない。（中略）シナ語、日本語、それに英語まで飛び出す奇妙なこの映画は、稲垣浩にとっては最悪に属する作品である。[*2]

以上の批評からは、過去の李香蘭のイメージへの否定的ニュアンスすら感じられ、戦時の悪夢から一所懸命に脱出し、戦後民主主義に近づこうとする評者の意図が込められているように思われる。言い換えれば、アメリカ主導によって押し進められる民主主義映画運動の中では、山口淑子にも新たなイメージを付与すべく、『暁の脱走』のように、新たな山口淑子の身体を立ち上げる必要がある。しかし、『上海の女』は、いとも簡単に戦時の李香蘭を想起させる作品であり、上述の批評は、そうした負の記憶への一種の拒否反応だったとも言える。

『戦争と平和』と『上海の女』。どちらも戦中の大陸映画の製作に関わったことのあるスタッフによる作品だが、筆者がこの二作を引き合いに出したのは、日本映画におけるチャイナカラーがその後分流していくことをある程度予言した二作だと思うからである。次に様々な言説を通してその分流の在り様を検証したい。

二　中国映画をめぐる言説の分流

一九四五年、国策映画会社の満洲映画協会は共産党によって接収され、満映を基に設立された「東北電影公司」（共産党体制）は、直ちに人民映画の製作を開始した。中華人民共和国創立後の最初の劇映画『橋』（一九四九年）と『白毛女』（一九五〇年）は、いずれもこの時期の代表作である。

製作にあたって、共産党指導部は元満映の日本人技術スタッフに呼びかけ、共産党体制下での日中映画人合同の最初の映画製作を実現させた。

その中で特筆に値するのは、方明、池勇といった名前で映画活動を行った持永只仁の例である。彼は敗戦直前に満映に入社、そのまま残留組の一人として、中国アニメの初期製作に関わった。人形劇『皇帝夢』（東北電影、陳波児監督、一九四七年）の人形製作を担当したほか、『甕中捉鱉』（東北電影、一九四八年）の監督も担当。その後、持永は満洲から上海アニメ撮影所に転属、『謝謝小花猫』（上海電影、一九五〇年）と『小猫釣魚』（上海電影、一九五一年）など、中国国産のアニメも撮った。

要するに、共産党中国の最初期の映画には、日本映画の技術によって生み出されたものが少なくない。また、その仕事に携わった元満映の映画スタッフは、後に外交が断絶した日中の映画交流の門戸を開き、日本独立プロの映画運動を中国大陸と連結させる契機を作った。例えば、戦後、新中国映画に関する情報を最も多く伝えた雑誌『映画新潮』や『ソヴェト映画』に、戦時中、中国映画論のパイオニアである岩崎昶の執筆による中国映画記事が幾つか掲載されている。『ソヴェト映画』の「すすみゆく中国映画」特集の最後の記事「中国映画界　活躍する日本映画人の便り」を読むと分かるように、当時、東北電影公司に籍を置いていた菊池周子が岩崎昶に、岸富美子が佐藤一に、それぞれ書簡を寄せている。二人の女性は新中国映画の製作に関わりながら、絶えず国内の反占領運動の文化人や映画人たちと緊密に繋がっていた。例えば、岩崎に宛てた手紙で、菊池が次のように語っていることが注目される。

最近の日本から来る雑誌など二三見ましたが、日本では以前にも増して世相は情けない状態になっていますね、映画雑誌を見ても全く健全などと言う言葉からはかけはなれ、まさに植民地映画に堕落してしまいましたね…[*3]

岸富美子[*4]は新中国初期の人民映画『白毛女』をはじめ、一九四九年から一九五〇年代初頭にかけて製作される中国映画、『橋』（東北電影、一九四九年）、『光芒万丈』（東北電影、一九四九年）、『内蒙人民的勝利』（東北電影、一九五〇年）、『劉胡蘭』（東北電影、一九五〇年）、などの編集を担当した話に言及しつつ、「このように明るくたのしい中国に較べて、なんと日本は暗いことでしょう[*5]」と菊池と同様、日本映画の現状を憂慮している。

戦時中は、『満洲映画』で幾つかの短い記事を執筆した他は、書く権利まで奪われてしまっていた岩崎昶だが、戦後、相次いで「中国映画の夜明けまで」「新しい人間、新しい映画」「中国映画をおし進めるもの」[*6]などを『映画評論』と『ソヴェト映画』に寄稿している。岩崎は毛沢東の「延安文芸座談会における講話」にふれつつ、一九五〇年代初頭に行われた『武訓伝』批判と中国映画界内部における自己批判と相互批判の動向をやや肯定的に伝えている。[*7]新中国への憧れを隠そうとしない岩崎は、一九四九年以降の人民映画を過去の上海映画史の文脈に置きなおして分析し、人民映画の誕生を「新中国の新しい民族性の誕生」[*8]と位置付け、次のように断言している。

こうして、僅かこの十年二十年の間に、日本と中国とはまるで違ったものになった。その上、日本の支配階級はいま又歴史を逆行させせようと企てているのに、五十年前までアジア的絶対主義の国家であった中国はもっとも進んだ近代国家に生まれ変わった。そこには「東洋」の涙も暗さもすでに場所を失った。中国はアジアからまた「東洋」からすでに脱出して前進している。[*9]

岩崎のこうした活発な執筆活動は、一方では、一九三五年前後の上海の旅で獲得したプロレタリアの連帯意識への再度の目覚めであり、他方、転向せざるを得なかった満映時代への自省と、東北電影で働く同胞たちとの連帯を示すものでもあった。

また、「前進座」の動きもそうした連帯意識と無関係ではない。戦前に創立された歌舞伎劇団である前進座は、戦後には座員全員が日本共産党に入党し、左翼系の独立映画製作に積極的に関与したが、まもなく、一つの事件によって大陸中国で人的関係を結ぶ役割を果たすことになる。

一九五二年五月、中心メンバーの中村翫右衛門が北海道で公演中、器物棄損の罪名で警察に追われ、そのまま中国に亡命した。彼は亡命中、金子健太、亀田東伍、南博らとともに「アジア及び太平洋地域平和会議」[*10]（Peace Conference of the Asian and Pacific Regions）に参加し、後に議長団にも加わった。翫右衛門は会議に参加する傍ら、北京映画撮影所を見学、『龍鬚溝』（北京電影、一九五二年）の撮影現場や撮影所の設備も視察し、中国映画の製作状況と映画界の動向をリアルタイムで日本に伝えた。[*11] 一九五五年一一月に、翫右衛門は三年ぶりに中国から戻り、その後は前進座と中国との演劇分野での交流に尽力したのである。

当時の様々な記事を読んで、筆者が興味深く感じるのは、具体的な作品を論じる際の、岩崎と翫右衛門の微妙な温度差である。翫右衛門が亡命中に見て称賛した『葡萄の熟する時』（『葡萄熟了的時候』東北電影、一九五二年）について、岩崎は「その人物がはなはだ概念的であり、映画全体にリアリティーが欠けている」[*12]と、この作品について中国国内で指摘された欠点をあえて紹介している。こうした各作品に対する批評家としての真摯な姿勢は、一九三五年の有名な連載「中国電影印象記」[*13]で、蔡楚生監督の『新女性』の思想性を評価する一方、そのテクニック上の欠陥を容赦なく批判したことを想起させる。

ただ、少なくとも大手映画会社と主流から疎外された映画人にとって、敗戦という歴史的分岐点は中国への関心を遮断したのではなく、逆に内戦を経て一九四九年に誕生した新中国に対する関心を高めたように思われる。彼等が抱いていた戦争への自省とアメリカ占領に対する鬱憤が、独立国家となった隣国への憧憬に変わり、映画を媒介に、変貌する中国を理解しようとしたのである。また当時、こうした関心を示したのは、決して左翼的思想傾向のある人に限られていなかったことを指摘しなければならない。というのも、筆者が把握している日本語の記事を読む限り、『映画新潮』と『ソヴェト映画』だけでなく、所謂「レッドチャイナ」の映画と映画界の現状に関する言説は、メインストリームの映画誌である『キネマ旬報』、そして『映画評論』にも多数掲載されているからだ。

例えば、新中国誕生後、老舗の映画誌『キネマ旬報』は「中国　新しい状勢による映画製作」という紹介記事を直ちに掲載した。戦時中の満映と中華電影に言及しながら、中国に残った日本映画人たちの新中国映画製作への参与にも触れたこの記事は、「終戦後、中国映画はがらりと変わった。日本の映画ファンたちが知らないうちに中国映画は革命によって人民映画というわれわれの知らない世界で成長をしはじめ、すでに現在では問題にしてよい作品も数が現れている」[*14]と述べ、隣の国の映画界に起きた大きな変動に注目し、しかも正確に情報を伝えている。日本の敗戦後、相次いで上海から脱出し、香港に亡命した映画人たち、例えば『木蘭従軍』（国聯、一九三九年）の卜萬蒼、『狼火は上海に揚る』の岳楓たちの動向をも漏れなく捉えていることは、関心度の高さを示す一例ではあるが、より注意すべきなのは、マスコミがすでにこの時点から、占領下の上海映画人の香港への移動を注視していることである。この移動は、その後、日本と香港映画との交流を導いたものだったと位置づけられる。つまり、戦時言説で頻繁に使用されていた「支那」こと中国のイメージが、日本の敗戦、そして共産党中国政権の建立に伴って、複数の意味を持ち合わせることになったのであり、この記事は、日本映画と中国映画との関わりのありさま、あるいは日本映画におけるチャイナカラーの分流を予言したような内容になっている。

『キネマ旬報』と『映画評論』は中国映画をめぐる記事を数年間にわたり引き続き掲載していくものの、『映画新潮』と『ソヴェト映画』とはアプローチの仕方が明らかに異なっていることが、次の例から分かる。例えば、中国へ視察に行った国会議員小川平二[*15]は帰国後、『キネマ旬報』の依頼を受け、保守党議員の立場から「新中国の映画を見る――中共視察議員団の一人として」を寄稿した。これによれば、北京滞在中の彼のところに、亡命している翫右衛門が訪ねてきたという。小川が紹介した中国映画界の現状や作品に関する情報の大部分は、翫右衛門ルートのものだったと思われるが、「映画の内容は、社会主義的リアリズムの検討が盛んに行われており、所謂中国共産党的政治色が濃厚だが、訴求の方法はまだ公式的観念的な部分が多く、映画製作者の間では、そのためのディスカッションが各地で行われているそうである」[*16]というあたりの記述は、思想を全面に打ち出した翫右衛門が素直に伝えられなかった実際的な状況を述べているように思われる。翫右衛門が執筆した記事からは、そのような批判的なまなざしを感じることが殆どできないからである。

上述のように、掲載誌のポリシーに左右される一面があるとはいえ、五〇年代前半の、東アジアの新しい地政学的条況下で、日本映画界における言説が中国映画に引き続き熱い視線を注いでいたのは事実である。戦時下で繰り広げられた日中映画の人的交渉は、一九四五年以後も様々な形で持続、発展し、間もなく一本の作品によって、さらなる展開を迎えることになった。

三 『白毛女』と『梁山伯と祝英台』——民俗を読み解くまなざし

その作品とは、岸富美子らがスタッフとして参加した『白毛女』である。共産党イデオロギーを前面に押し出したこの作品は、しかし終結したばかりの日中戦争ではなく、国内の階級闘争を主題にしたものである。それゆえか、「竹のカーテン」を潜り抜けて、『白毛女』は日本にやってきた。その詳細は筆者の別稿[*17]を参照いただくとして、ここでは経緯を簡単に説明しておこう。

一九五二年、国会議員の帆足計、宮腰喜助、高良とみはモスクワで開催される国際経済会議に出席、その足で北京に入り、日中民間貿易協定を締結する運びとなった。帰り際に、中国政府から手渡された土産の中に『白毛女』のフィルムが入っていた。彼らの帰国に際し、名古屋駅で彼らを歓迎する人々が警察と衝突し、大須事件（一九五二年七月）が起こったが、このような政治的に極めて困難な状況下で『白毛女』は戦後はじめて上映された新中国の映画となった。この快挙については、中国もすぐに次のように報道した。

「『白毛女』は日本に到着」久田京子

形式的には違うものの、大多数の日本人民はこの映画に描かれた主人公に似たような、悲惨な境遇におかれているのだ。だから、この作品はアメリカ帝国主義が実施している植民地政策に対して、認識を深めることができた。[*18]

『白毛女』を日本にプレゼントとして贈ったのは、日中両国人民の連帯関係を強め、当時台湾の国民党をサポートするアメリカに対抗するプロパガンダになってほしいという中国政府側の意図があった。しかし、『白毛女』は中国政府側のそうした政治的意図をはるかに超える影響力を持つ作品となった。日本国内では、自主上映を経て、東京と地方の映画館での公開に漕ぎつけた。資料によると、一九五二年の三ヵ月間で自主上映は二七七回を数え、一八九九三人を動員し、そして一九五五年には八つの映画館で公開、観客数は二〇〇万人に達したという。[*19]

『キネマ旬報』誌の「中国映画戦後初公開　白毛女」と題する報道では、当作品がスターリン平和賞を受け、一九五一年のチェコ国際映画祭で特別賞を受賞したことも合わせて紹介されている。[*20]また製作側が意図する階級闘争を語らずに、この物語の説話的な面白さに惹かれて書かれた映画評は幾つかある。例えば、戦中から中国映画を論説していた飯島正は次のように分析している。

この映画はおもしろい。説話的な、おとぎばなし的なおもしろさで、しかもそれが現実的な切実的な感銘を見るひとにあたえるのは、中国民衆の実状も多少でも知っているからであろうか。いや、そうではあるまい。むしろリアリズムとファンタジーがまじりあった、一種祭典的な、原始的ともいえる現実性を持っていることがこの作品の類のない魅力となっている。[*21]

神話、ファンタジー、さらにホラーの要素まで盛り込まれた『白毛女』は、いわば戦時中の『木蘭従軍』よろしく、政治的解読から逸脱できるその優れた物語性によって、受容側の自由な解読に堪えうるものだからこそ、上述のようにひろく受け入れられたのだ。後に『白毛女』の快進撃は映画界に留まらず、戦後労働運動で活躍した幻燈（スライド）分野、あるいはバレエの舞台においてもアレンジされ、名実ともに、戦後日中文化交流のシンボルとして不動の地位を固めることになる。一九五八年、松山バレエ団による『白毛女』の中国公演がまた新しい種を蒔き、その約一〇年後に、革命模範劇バレエとして『白毛女』が文化大革命の最中に誕生したのは後日談である。

こうして、『白毛女』によって中国映画の門戸が開かれた。その後、中国の劇映画と記録映画が種々のルートを通して、二十数本も日本に上陸。中でも越劇の舞台の映画化『梁山伯と祝英台』（上海電影、一九五四年）は、古典物でありながら、新中国初期のカラー作品として大いに注目された。例えば、『白毛女』と距離を置いたという清水晶は、この作品を鑑賞し、おそらく彼としては、戦後初めての中国映画評となる「中国映画漫語──『梁山伯と祝英台』を中心に」を『キネマ旬報』に寄稿した。

その中で清水は、一時、日本映画界に現れた新中国映画賞賛の言説に対して、「そういう人々の書くこと、言うことはほとんど定まっている。煎じつめていえば、解放された新中国の民衆の明るさがにじみ出ているといったような、型通りの賛辞ばかりだ」と指摘し、「風俗的にも様式的にも誰もが普通に抱いている映画の概念からかなりかけ離れたものを持っているこれらの映画に対してもっと客観的、啓蒙的な手引きがほしい」と賞賛者たちと一線を画する姿勢を示した。『白毛女』や『翠崗紅旗』（上海電影、一九五一年）を見ずに、『梁山伯と祝英台』を観た彼は、この作品について次のように好意的に評している。「中共がどういう意図のもとに作ったかということは、誰しも一番問題にしたがるところであろう。封建的な桎梏に対する自由の賛歌ということは誰でも気のつくことだが、それにしては中国人特有の俗に反動といわれるものに対する敵対意識が稀薄である」[22]。一九四〇年代、上海の中華電影に奉職した清水は、古典が古典のままの映画になることへの安堵感を吐露した。

清水の発言を前述の飯島の『白毛女』評と合わせて読むと、戦時中、中国映画に何らかの形で関わった評論家たちが『木蘭従軍』を観た時に感じた中国伝統文化への愛着が、『白毛女』と『梁山伯と祝英台』によって再び引き出されたのだと解釈できる。清水がもし『白毛女』を見たならばどう思ったかはともかくとして、少なくともこの二本の作品をめぐる言説からは、中国文化の民俗性と古典文化が日本社会に深く浸透しており、それらは左翼思想を超える多種多様の受容を導き、またその後の日本映画におけるチャイナカラーの産出を促す文化的な土壌にもなっていたということが指摘できる。なぜ筆者はこのように考えているのか。次節では、これまで述べてきたのとは違うもう一つのチャイナカラーについて、『白毛女』とは全く異なる文脈からアプローチしてみたい。そのチャイナカラーとは、昭和戦後期の日本と香港映画との接触で生まれたものである。

四　日本映画ビジネスの展開と香港との接触

一九五一年、永田雅一に揶揄された『羅生門』がヴェネツィア映画祭でグランプリを受賞した。その永田が率いる大映が二年後に製作した初イーストマン・カラー作品『地獄門』（大映、衣笠貞之助監督、一九五三年）は、カンヌ映画祭と米国アカデミー賞部門賞のダブル受賞を果たし、日本映画の海外進出をめぐる言説を盛り上げることになった。例えば、大手映画会社の重役たちが『地獄門』の輸出だけで四〇万ドルの収入が見込まれること[*23]に着目し、海外進出についての議論を盛んに交わす中で、映画輸出によって戦後日本の経済を救うような見解も登場してきたが、一九五四年前後になると、それは徐々に外貨獲得のための手段として、欧米よりはアジア、特に香港、台湾、東南アジアへの輸出に努めるべきだという主張に回収されていく。「東南アジアでは、一たん香港に出して、華僑が支那語版を作って、そこから各地の華僑向けに出している」状況を把握し、「将来有望な市場は台湾とインド」[*24]という野望を持つ人もいたほどだ。日本にとっての今後の大きな映画マーケットが東南アジアであるという認識は、大映の永田雅一、松竹の城戸四郎、東宝の森岩雄らの大手映画会社のトップたちの一致した見解であった。[*25]一九五五年一月から一一月までの日本映画輸出の統計によると、アメリカ二七五本を筆頭に、沖縄四一六本、台湾一六〇本、ブラジル二九本、香港一六本、中国ソ連その他六本とされているが、[*26]台湾と比べて香港への輸出はまだまだ本数が少なく、この現状を打開しようとしたことが、この頃始まる香港との接触につながると解釈できるだろう。

しかし、東南アジア諸国への日本映画の進出には歴史的障害もある。「日本との賠償問題とか、国交問題とか、国民間の感情問題が片付かないとほんとうの発展はできません」[*27]と、ある関係者が述べたように、歴史問題に絡んだ困難があることを当事者たちも認識していたようだ。

昭和戦後期において、アジア諸国が冷戦構造により分断され、戦時中の日本に対する戦争の記憶がまだ新しいこともあり、それを克服する中間地帯がどうしても必要となる。それはほかでもなく香港である。

香港は、その他のエリアと違って、一方では、イギリス支配下にありながらも、日中両国の中間地であり、他方では、多くの華僑がいる東南アジア諸国に繋がるルートでもあった。戦後、ハリウッド映画を徹底的に追放するようになった中国大陸でさえも、一九五〇年代の後半まで日本映画（特に独立プロ）のみならず、香港映画に対しても、比較的寛大な政策を施行していた。[*28]そういう意味で、先述の独立プロと大陸中国との連携とは異なった形で、香港を通して、もう一つのチャイナマーケットを開発できると関係者たちは目論んでいたと考えられる。

五　中国古典表象産出の背景――『白夫人の妖恋』をめぐって

本節では、香港をキーワードに、その後の日本映画のチャイナカラーを検証し、日本映画と香港映画との戦後交渉の道に沿って、日本映画のアジア進出、中国古典、『上海の女』と李香蘭など、これまでばらばらに扱われてきた事相を繋げる試みをしたい。

一九五六年、東宝は山口淑子のアイディアによるとされる企画を立て、[*29]香港ショウ・ブラザーズと手を組んで

図①　『白夫人の妖恋』パンフレット

カラー映画『白夫人の妖恋』を製作する。一九二五年に上海で「天一影片公司」としてスタートし、その後「南洋影片公司」と改名、シンガポールで映画興行に成功後、香港で新たにランラン・ショウ（邵逸夫）によって設立されたショウ・ブラザーズは、東南アジアの華僑社会向けに映画製作を進め、東南アジアで配給実権を持つ大会社へと成長を遂げるに至る。一九五三年一一月、大映の永田雅一らの提唱のもとで、東南アジア映画製作者連盟会議がマニラ市で開催され、そこで同連盟の発足とともに、一九五四年五月に東京で第一回東南アジア映画祭を行うことを決定する。永田が連盟の会長に選出されたが、まだ香港に来る前のランラン・ショウは副会長になった。この時のランラン・ショウは、香港やシンガポールで一二〇館の映画館を持ち、香港をはじめ、東南アジア諸国の映画業界で、大きな影響力を持つ人物だった。この会議の期間中、永田とランラン・ショウは映画の相互輸出の約束を交わし、ランラン・ショウがその場で「とりあえず日本映画を本年四十本注文したが、来年は百本を注文した」と語ったと、永田は明かしている。[*30]

アメリカ占領の終結後、永田はアメリカ映画との対抗を念頭に、日本映画の海外への進出、特に東南アジアの映画マーケットを視野に素早く動き出したと言える。これは、永田が戦中から抱いた「大東亜映画圏」の夢が敗戦によって途絶えたことへの彼なりのリベンジであり、また映画で外貨を獲得する一大ビジネスを展開する新しい夢でもあった。
もう一方のランラン・ショウだが、彼はいったい戦後の日本映画の何に惹かれたのか。次の彼の言葉からそれがわかるだろう。日本映画の視察に東京に来た時に、彼はそれまで輸入した日本映画について「日本映画の輸入は一概に言えぬが、好評を受けており、特に製作技術の進歩が認められている」[*31]と語っている。つまり、ランラン・ショウはその優れた映画ビジネスのセンスによって、戦後の日本映画が導入したシネマスコープや色彩映画の技術に目をつけており、それらを利用して今後の香港映画の質を向上させる、という思惑があったことが一目瞭然である。

このように、製作者同盟会議で出会った永田とランラン・ショウの日本映画への熱い思いはうまい具合に重なり、その後日本と香港の映画合作の道をも切り開くことになる。大映とショウ・ブラザーズはわずか一年後に日港合作による作品『楊貴妃』を製作、これを皮切りに、一九五七年、西本正と若杉光夫らが香港映画界に招かれたのをはじめ、複数の日本映画人が香港にわたり、香港映画を撮るという大胆な試みを行うに至ったのである。[*32]

このような歴史的文脈に沿って考えれば、一九五六年の『白夫人の妖恋』（東宝）の誕生は、決して偶然ではなく、日本と香港の人的接触とビジネスの提携がそのバックグランドにあったということは間違いない。では、山口淑子がどうしてまた中国古典に興味を持ち始めたのかについて考えよう。本論冒頭で述べたように『上海の女』で再び「李香蘭」を演じた彼女は、その不評によって李香蘭と決別し、山口淑子または Shirley Yamaguchi として、日米映画に出るなどして、女優としての再生を図ろうとしたと思われる。このように、日本のみならず、中国大陸においても、李香蘭のイメージは完全に封じ込められたわけだが、しかし香港や東南アジアの諸国において、『支那の夜』が巻き起こした戦時中の李香蘭ブームが相変わらず衰えていないことを彼女は間もなく知る

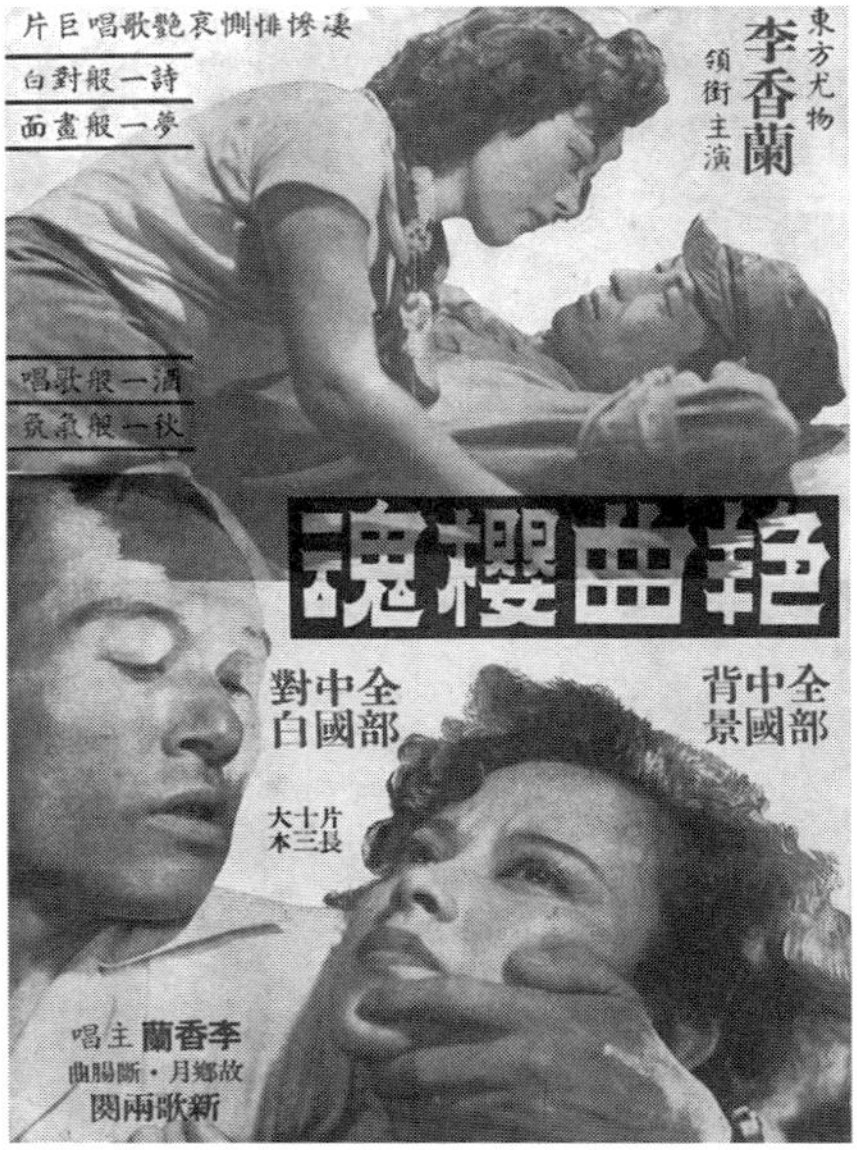

図②　『暁の脱走』雑誌広告（『藝光』41、1951年、香港）

こととなる。映画史研究者の邱淑婷によると、山口淑子主演の『暁の脱走』は、戦後新東宝の東南アジア進出映画の第一号となり、この作品によって、李香蘭の人気は時空を超えて復活したという。[*33]

それとは別に、もう一つの理由が挙げられる。ランラン・ショウが本格的に日本映画界に接近し始める一九五四年に、彼は山口淑子を再び李香蘭の名前で『天上人間』（ショウ・ブラザーズ、一九五四年）という香港映画に出演させ、消えることになるはずの李香蘭の名前を生き返らせることに成功したのだ。これによって李香蘭もまた『上海の女』の不評を跳ね除け、香港でカムバックしてアジアへの回帰を果たしたと言える。その後、山口淑子は『金瓶梅』（ショウ・ブラザーズ、王引監督、一九五五年）、『神秘美人』（ショウ・ブラザーズ、華克毅こと若杉光夫監督、一九五七年）、『一夜風流』（ショウ・ブラザーズ、卜萬蒼監督、一九五八年）など、立て続けに香港映画に主演、一九五八年に引退作『東京の休日』（東宝、山本嘉次郎監督）を最後に、映画女優業を辞めることになる。つまり、彼女が映画女優としての最後の数年を飾る作品には、日港合作と中国表象が含まれており、まさに彼女の女優デビューの原点に回帰したと言ってよい。上述の李香蘭映画は香港電影資料館に所蔵されていないため、これらの作品の製作経緯をめぐる論考が少なく、今後の文献発掘を待たなければならないが、ただ、ランラン・ショウの戦後の日本映画の技術に注ぐ熱い視線と、香港や東南アジアでの李香蘭ブームの再燃との密接な関連性については疑う余地がなく、『白夫人の妖恋』も、そうした交流の過程での産物だったと言えるだろう。

ところで、日本大手五社の作品を八本ずつ買い取るように、という永田の要望を、ランラン・ショウがそのまま受け入れた結果、大手映画会社もこぞって一九五四年前後から香港映画マーケットの存在を意識し始めた。例えば、松竹は戦後香港ロケの第一作『亡命記』（野村芳太郎監督）、またそれと並行して『東京・香港蜜月旅行』[*34]（野村芳太郎監督）を製作したが、これもまたショウ・ブラザーズに資金協力を要求する代わりに、東南アジアでの放映権を同社に移譲したという。[*35] 戦後大ヒットしたメロドラマ『君の名は』で主役を演じた岸恵子と佐田啓二が二作ともでふたたび起用されたのは、国内と海外両方の映画マーケットを重要視する製作者の意図があったのだろう。特に戦中から戦後にわたって展開する日中男女のラブ・ストーリー『亡命記』は、『支那の夜』の知名度にあやかって、最初から香港を仲介地として東南アジアへの輸出を念頭に置いた企画だったのではなかろうか。

図③　『金瓶梅』のスチール写真を使用した雑誌表紙（『電影圏』19、1955年、香港）

ショウ・ブラザーズと大映との本格合作映画『楊貴妃』（大映、溝口健二監督、一九五五年）をはじめ、日本で活発になった香港との合作の動きについてもここで簡単に言及しておきたい。戦時中、中華電影に在籍していた脚本家の陶秦が『楊貴妃』の共同脚本者として名を連ねていることから見れば、この合作は戦時下の日中映画交渉に連続するものであり、同時に東南アジア映画祭の開催後、永田とランラン・ショウが踏み出した日港合作の第一歩であった。日本映画のカラー技術を、誰もが知っている中国古典物に使用したことに加え、ランラン・ショウが印象的であった[*36]と言った『羅生門』に出演し、フランスや香港で人気上昇中の京マチ子[*37]を起用したことからも、ショウ・ブラザーズと大映、そしてランラン・ショウと永田雅一の構想がこの映画に結晶したと言える。作品公開後、「溝口独自の演出の巧味とツヤはこれでは残念ながら見るすべもない」[*38]と脚本や演出の拙さが酷評され、「国際映画祭出品のために作られたような映画」[*39]と揶揄されたのは、すこし的はずれのようにも思うが、ただし、この批評があわせて「この映画で一番優れているのは色彩である」とカラー技術を褒めたことを見逃すべきではない。優れた色彩こそが、ランラン・ショウ、いや当時の香港映画が日本映画に求めた一番重要なポイントだったからである。

同じ頃、戦中から日本映画の輸出を積極的に提言してきた川喜多長政は、戦時上海での盟友で、香港に活動の場を移した張善琨と再連携し、香港における最初のイーストマン・カラー作品『海棠紅』（新華・東和、易文監督、一九五五年）を製作した。池部良プロもまた新華影片と提携して『春愁』の製作に関わる[*40]など、日本映画業界では、まさに香港映画界との連携を一大事業として展開していた事実をここに付け加えておこう。

再び『白夫人の妖恋』に戻ろう。戦時中から中国物を好んで執筆していた林房雄の原作『白夫人の妖術』（一九四八年）を、ロシア文学翻訳者、脚本家の八住利雄が脚色し、東宝のイーストマン・オールカラー、ショウ・ブラザーズとの合作によって製作されたこの作品は、前述の通り東南アジア映画進出の第一号である。東南アジアでも好意的に受け入れられていた『暁の脱走』の池部良と李香蘭を再び主役に迎え、また、前年に川喜多長政と森岩雄がプロデュースした『蝶々夫人』（イタリア・日本、カルミネ・ガローネ監督、東宝配給、一九五五年）で、インターナショナルな女優の片鱗をうかがわせた八千草薫を準主役に据えた。反戦映画によって獲得された李香蘭の人気を、今度は中国古典物で生かそうとする日港両者の思惑がおのずと浮かび上がってくる。二年後、戦後日本初のカラー長編アニメ『白蛇伝』（一九五八年）が製作されるが、なぜ日本ではなく中国の古典物になったのかは、例えば、木村智哉の幾つかの細緻な論文[*41]が考察しているのでここではふれないが、ただ本論の文脈に置き直せば、関係者たちがやはり華僑向けの海外輸出を念頭に置いたとも考えられるのではないか。

山口淑子を中国古典に回収し、今一度国際化を図ろうとしたランラン・ショウも、また別の思惑を持っていた東宝も、ひたすら香港、東南アジアへの進出を想定しており、共産党が支配する大陸は論外のエリアとして一顧だにしなかったかもしれない。しかし、実際『白夫人の妖恋』が公開されると、先述の新中国映画と関連づけて論じられるという、意外な展開をみせることになった。

例えば、『白夫人の妖恋』撮影現場を見学し、二度も『キネマ旬報』に長い記事を寄せた慶応大学教授、中国文学研究者である奥野信太郎は、当作品を観て、「山口淑子と池部良が空中へと舞い上がって蓬莱島へ行くところは『梁山伯と祝英台』という中共映画の結末とたいへんよく似ている」と指摘し、「台湾の中華民国側にやるよりも、中華人民共和国にやるほうが喜ぶ[*42]」と言いきる。

奥野は、また八千草の演技を「日本的」で、それと比べてやはり「山口淑子というのは大まかなところがあって中国的な感覚がある」、「白夫人は、山口淑子をおいてほかにないでしょう」と忌憚ない感想を述べている。これは中国文学、戦時中国を熟知している文学者だからこその発言に違いないが、『梁山伯と祝英台』と関連付けるその視座は、単なる思想的傾向によってなされたチャイナカラーに対する言説的分断を、見事に乗り越えたと言える。前述の清水晶の『梁山伯と祝英台』評とあわせて、分流と断絶の中に存在している文化的共通性と、それを受容する際の多義性を指摘したものだった。それだけではなく、「このごろ映画だけでなく、一般に中国物が取上げられるようになってきたのは、これは隣りを意識するような問題意識ですか」という記者の問いに、奥野が「それとアメリカにたいするレジスタンスでしょうね」ときっぱりと答えたことも興味深い。というのも、左翼系映画レベルでの昭和期の日中映画交流に限って言えば、確かに奥野の言うレジスタンスが明確に打ち出されていたが、日本と香港の合作による古典物にも、アメリカへのレジスタンスを見出したことには驚きを禁じ得ず、ハリウッド映画産業との対抗意識を永田が持っていたことに即せば、この分析は当を得た、鋭い指摘だったと言えよう。

終わりに

一九五〇年代の日本映画と中国、香港映画は、表面上、独立プロと大手映画会社、大陸と香港というそれぞれ異なった人的交流によって、確かに分流となっており、二つの異なった流れとしてあった。しかし思想上の連帯と産業上の連携を措いて、作品として立ち上がってくると、二項対立的な線引きが難しくなり、多義性をもつ混沌としたものになる。また、このような、多種多様な中国に関する表象が競って産出された背景には、敗戦後、日本がアジアの孤児になりかねない状況下で、アジアと強く繋がりたいという映画人の願望や、アジアで日本映画のマーケットを再開発したいという業界の野望により、中国大陸との映画交流が進んだことがある。加えて、冷戦の中間地である香港の日本映画技術を求める熱意が、日本映画業界の野望に積極的に応えたことも大きいだろう。

昭和戦後期の日本映画におけるチャイナカラーは、一九三〇年代の左翼思想による連帯関係や、一九四〇年代のアジアへの日本映画進出とは地続きではあったが、しかし、それはもはや戦時中使用していた「支那」こと中国という概念から大きく逸脱し、政治性を維持しつつも曖昧にしていこうとする、新しい日本映画の一頁を切り開いたのである。

1——所謂「大陸映画」については、拙著『戦時日中映画交渉史』(岩波書店、二〇一〇年)を参照いただきたい。

2——『キネマ旬報』一九五二年九月上旬号。

3——『ソヴェト映画』三—一、一九五二年一月一日。

4——岸富美子はこの頃安芙梅という中国人風の名前を使用して映画編集を担当していた。

5——前掲『ソヴェト映画』三—一。

6——それぞれ『映画評論』一九五二年七月号、『映画評論』一九五三年九月号、『ソヴェト映画』一九五六年一月号に掲載。

7——岩崎昶「中国映画をおし進めるもの」(『映画評論』一九五三年九月)。

8——岩崎昶「新しい人間、新しい映画——中国映画」(『映画評論』一九五二年七月)。

9——同右。

10——一九五一年にひらかれた世界平和評議会のベルリン会議、ウィーン会議において、アジア・太平洋地域の諸国民は、戦争の脅威をとりのぞくため、できるだけ早い機会に、地域的平和会議をひらくことがのぞましいということが決議された。また、一九五一年一〇月、全インド平和評議会が、北京でこの会議をひらく仕事を中国へ委託すると提案した。それを受けて、一九五二年三月二一日、中国人民救済会主席宋慶齢、中国平和擁護委員会会長郭沫若、中国総工会副会長劉寧一など一一名の連名で、アジア太平洋地域平和会議の開催を提案した。一九五二年五月の準備会議(北京)にアジア、オセアニア、南北アメリカの二〇ヵ国から代表が参加、同一〇月、一一日間にわたって北京で開かれた本会議には三七ヵ国、正式代表三六七名、その他総勢四二九名が参加。

11――中村翫右衛門「新しい中国の映画」(『映画評論』一九五三年七月)。

12――前掲、岩崎昶「中国映画をおし進めるもの」。

13――岩崎昶の「中国電影印象記」は四回にわたって『キネマ旬報』(一九三五年五月―六月号)に掲載されている。

14――「中国　新しい状勢による映画製作」(『キネマ旬報』一九五〇年新春号)。

15――小川平二は政治家小川平吉の次男。労働大臣、時事大臣、文部大臣を歴任。その弟の小川平四郎は日中国交正常化後の初代中国大使を担当した。

16――小川平二「新中国の映画界を見る――中共視察議員団の一人として」(『キネマ旬報』一九五四年一二月上旬号)。

17――例えば、拙稿「日本映画と一九五〇年代の中国」(黒沢清等編『日本映画は生きている　第三巻　観る人、作る人、掛ける人』岩波書店、二〇一〇年)を参照。

18――『大衆電影』一九五二年一四期。日本語訳は筆者による。

19――前掲「日本映画と一九五〇年代の中国」を参照。

20――「中国映画戦後初公開」(『キネマ旬報』一九五五年九月上旬号)を参照。

21――飯島正『世界の映画』(白水社、一九五六年)。

22――清水晶「中国映画漫語――『梁山伯と祝英台』を中心に」(『キネマ旬報』一九五三年七月下旬号)。

23――「海外における日本映画(座談会)」(『キネマ旬報』一九五五年一月号)を参照。

24――同右。

25――城戸四郎・永田雅一・森岩雄「当面の四つの問題」(『キネマ旬報』一九五四年三月上旬号)。

26――「日本映画の輸出は活況を呈す」(『キネマ旬報』一九五六年新年特別号)を参照。

27――前掲「海外における日本映画(座談会)」。

28――上海における香港映画の公開を例にとれば、一九五九年から一九六二年まで、全部で二九本もあるという。

29――これについて、監督の豊田四郎は「そもそもの企画も、山口君から出されたということです」と証言している。奥野信太郎・豊田四郎・武井武雄「『白夫人の妖恋』を見る(座談会)」(『キネマ旬報』一九五六年夏の特別号)一〇四頁を参照。

30――永田雅一「東南アジア映画製作者連盟の結成」(『キネマ旬報』一九五四年新年版)を参照。ただし、この四〇本が実現されたかどうか不明である。前述の統計を信じれば、実現されなかったことになる。

31――「東南アジアの有力業者部(映画)公司会長来日」(『キネマ旬報』一九五四年五月下旬号)。

32――西本正が香港映画界に招聘された経緯については、西本正/山田宏一・山根貞男『香港への道――中川信夫からブルース・リーへ』(筑摩書房、二〇〇四年)を参照。

33――邱淑婷『香港・日本映画交流史――アジア映画ネットワークのルーツを探る』(東京大学出版会、二〇〇九年)。

34――この作品には、上海中華電影に所属し、後に香港映画のスターとなった李麗華も出演している。

35――「松竹『亡命記』のロケと香港映画界近況」(『キネマ旬報』一九五五年三月上旬号)。

36――前掲「東南アジアの有力業者部(映画)公司会長来日」。

37――前掲の座談会「海外における日本映画」の中で、大映の加賀四郎の次の発言が証言になる。「東南アジアでは京マチ子が当たるのだ。『美女と盗賊』がえらいヒットなんだ」。

38――日本映画批評「楊貴妃」(『キネマ旬報』一九五五年六月上旬号)。

39――同右。

40――池部プロと新華との合作による『春愁』が最終的に完成したのかどうかは不明である。『映画俳優　池部良』(ワイズ出版、二〇〇七年)の著者の一人である志村三代子によると、池部本人は取材を受ける際に、池部プロ全般について語りたくない様子だったそうである。

41――木村智哉「初期東映動画における映像表現と製作体制の変革」(『同時代研究』三、二〇一〇年)、木村智哉「東映動画株式会社の発足と同社アニメーション映画の輸出に関する一考察」(『演劇映像学2011』第一集、演劇博物館グローバルCOE紀要、二〇一二年三月)などを参照。

42――前掲、奥野信太郎・豊田四郎・武井武雄「『白夫人の妖恋』を見る」。

8 戦後原子力映画と「安全神話」史

ミツヨ・ワダ・マルシアーノ

序説

東日本大震災以後に製作された核問題に関する数々のドキュメンタリー映画は、日本における戦後と現代日本社会とを原子力問題を通して結びつけた。その一例ともいえる『放射線を浴びたX年後』『放射線を浴びたX年後2』（伊東英朗監督、二〇一二年、二〇一五年）は、一九五四年から五八年にかけて行なわれたビキニ環礁における核実験をはじめ、アメリカによって引き起こされた太平洋全域での原水爆汚染とその影響を、二〇一一年の福島第一原発事故後の日本社会と重ね合わせながら、戦後日本において未解決事の一つである原子力問題を正面から捉えている。こういったドキュメンタリーは、原子力による悲惨な事故と、そこから派生する数々の社会問題が、冷戦体制下におけるアメリカの反共政策——ひいては日本とアメリカとの安保政策——の名の下に、公的歴史から隠蔽されてきたという史実を、現代の視点から明らかにしようとしている。ゴルバチョフとジョージ・H・W・ブッシュが冷戦終結を宣言した一九八九年が、昭和天皇崩御と同じ年であったことも、「昭和」という時代の終焉が、単に象徴的な意味を持つだけでなく、国際政治における原子力問題が地政学上の転換期を迎えた時期であったことを物語ると言えるだろう。

本稿では、核問題を取り扱った映画が果たしてきた役割について考察するが、映画史の中にはこれまで「原子力映画」というカテゴリーは存在していなかったことをまず明記しておく必要があるだろう。ハリウッド映画の場合、このような映画は歴史的に「disaster film／パニック映画」と分類されており、一九一〇年代のD・W・

グリフィス映画の時代からその原型は存在していたとされる。なぜ「原子力映画」というカテゴリーが不在だったかといえば、これは単に「原子力」というテーマが娯楽の代名詞ともいえる「映画」と相性が悪かったというだけではなく、むしろ「原子力」という言説が、こういった括《くく》りが設けられるだけの文化的な牽引力を持っていなかったことが理由と考えるべきだろう。しかし、3・11を経験した日本文化にとっては、新たなカテゴリーの創出が必要だと私は考える。それによって、これまで映画が形成してきた原子力安全神話を解体し、映画というメディアの責任について改めて考えることが可能になると思うからだ。実際にここ数年、「CIE映画」（民間情報教育局／Civil Information and Education Section によって製作・配給された映画）、あるいは「原子力PR映画」という、ドキュメンタリー映画の中でも特殊な映画群についての学術研究が展開され始めている。*1

原子力に対する見方が変わったポスト3・11という時代から、「昭和」期――「冷戦期」と言った方がより適切だと思うが――に創造された原子力映画を分析することによって、原子力にまつわる神話がいかに日本社会の中で生成された含意（connotation）を持ち、波及してきたかを考察するのが本稿の目的だ。

対象作品として、『第五福竜丸』（新藤兼人監督、一九五九年）、『フランケンシュタイン対地底怪獣』（本多猪四郎・円谷英二監督、一九六五年）、『福島の原子力』（日映科学映画製作所、一九七七年）、『太陽を盗んだ男』（長谷川和彦監督、一九七九年）、『原発切抜帳』（土本典昭監督、一九八二年）を取り上げる。恣意的ではあるが、冷戦期／戦後昭和期における原子力映画の中から、それぞれの時期を代表する作品を選んだつもりだ。また、ポスト3・11期の原子力映画として、先述した『放射線を浴びたX年後』にも言及することになるだろう。与えられた頁数との兼ね合いから今回は六作品に絞ったが、「原子力映画」は当然これらの作品に限られるものではなく、さらに広域に、また異なる視点から分析され続けるべき新しい映画ジャンルだと考える。

一　原子力ＰＲ映画にみる「安全神話」――『福島の原子力』

文化の中で生成される「神話」とは、はたして「歴史」とどのように異なるのだろうか。映画研究者・四方田犬彦は彼の著書『日本映画と戦後の神話』（二〇〇七年）において、一八世紀イタリアの歴史哲学者ジャンバッティスタ・ヴィーコを援用しながら「神話」と「歴史」の関係について定義している。「神話」と「歴史」は、一見対立しているように見えるけれども、実際はそうではないと四方田は指摘する。神話とは「非合理的な物語」であり、一方、歴史は「客観的な事実を検証した後に打ち立てられる真実の物語」と信じられがちだが、「神話は、単なる事実誤認の集積ではなく、現在に生きるわれわれをも無意識のうちに捕らえて離さない言説の形態」であると。[*2] 彼は本書の中でさらに、映画は一九世紀の終わりに誕生して以来、時代の神話を表象するメディアとして特権的な位置に置かれてきたという仮説を述べている。[*3] 一九六〇年代以降の映画産業の斜陽化を考慮に入れると、どれだけ「特権的」であり続けたかはいささか疑問であるが、本稿では、この仮説が日本におけるポピュラー文化史、特に冷戦期／戦後昭和期にとって歴史的意味を持ったとする立場を取ることにする。

戦後日本の「原子力映画」によって、どういった「安全神話」が創造されてきたのだろうか。「原子力発電所をとりあげた映画はこれまでかなり作られている」と、映画評論家・佐藤忠男は述べている。[*4] その先駆けの一つが、東京電力をスポンサーとして製作された『福島の原子力』（一九七七年）だ。この「ＰＲ映画」は、スポンサーである東京電力にとって都合の良いように、原子力発電の安全性と、原発設置地域（大熊町と双葉町）が、経済的な繁栄と住民福祉という観点からいかに利益を得ているかということを強調している。それは、社会学者・吉見俊哉が提唱している「原発PR映画の変貌」のパターンにぴったりと重ね合わせることのできる一例だと言えるだろう。吉見は「一九六〇年代の原発PR映画に対して、八〇年代の原発PR映画の語りはきわめて異なる様相を呈していく」と述べた後、その違いを「一九六〇年代までの原発建設の記録映画が最先端の科学技術の勝利と原子力エネルギーによる産業化・経済成長を称揚していたのに対し、八〇年代の原発広報映画は地域との共生を語るファンタジーである」と記している。[*5] つまり、「原子力をめぐる公式言説は、一九五〇年代から八〇年代までに「人類」から「国家」へ、そしてやがて「地域」へと言及対象を小さく限定的なものにしていきながら、原子力を地域の人々の日常風景の一部を成り立たせるものとして自然化してきた」わけである。[*6]

では、『福島の原子力』という作品内ではどのように「安全性」が表現されているのかを見てみよう。本作品は、福島第一原発をヘリコプターから撮影したいくつかの俯瞰ロングショットで始まる。ナレーションは、この福島第一原発が「太平洋に臨み、約三〇メートルの断崖が続く福島県の東海岸の広い大地」の上に建設されたと紹介する。こういった立地条件がいかに原発を地震や津波に対して脆弱にしているかという事実は、巧妙な映像と音響処理――例えば、ヘリコプター撮影による荘厳なイメージ、男性ナレーターの自信をもった語りの力、そして黎明感を漂わせる交響楽――によって「安全性」へと置換されている。[*7]

原発の「安全性」はナレーションで繰り返し説明されるだけではなく、原発内にある装置の壁の「厚さ」といった視覚的な要素によっても暗示される。ここでは、手を伸ばしてその厚さを測ろうとする三人の子供たちのイメージを提示することにより、「福島原発は安全だ」という実際には不可視な言説／神話を可視化しようとしている。3・11を経験したわれわれにとって、こういった原発の「保証された安全性」は、実は大変不確かなものに過ぎないこと、また、この映画はあくまでも東京電力の広報映画であり、企業中心主義／資本の論理によって創造された「安全神話」であること、また、それが本当は「まやかし」でしかないにもかかわらず、当時の一般の観客に充分説得力を持ちえていたであろうことを見極めるのは難しくない。つまり、これと同様に多くの原発ＰＲ映画が、「原子力」という実際には目で見ることのできない不可視なものを可視化／映像化する過程の中で、それを「安全」というもう一つの目に見えない価値観と結びつけながら、「神話」の創造に携わったとは考えられないだろうか。しかも、この「神話」生成は単に原発ＰＲ映画に限られるわけではない。

二　危険の区画化（compartmentalization）——『第五福竜丸』

日本がアメリカの占領から独立して七年目に公開された新藤兼人監督の『第五福竜丸』（一九五九年）に焦点を移してみよう。占領は終ったものの、第一次安保闘争を迎え、国中がアメリカとの関係改善を切望していた時代に本作品は生まれている。脚本家・八木保太郎と新藤兼人との共同脚本の下、近代映画協会と新世紀映画によって製作された自主映画だ。パラテクストの一つであるＤＶＤには、「原爆許すまじ！　国民の怒り、そして祈りを込めて全世界に訴える衝撃の問題作！」という惹句が見える。「全世界に訴える」というグローバル市場への意図的指向も手伝ってか、本作は一九五九年度キネマ旬報ベストテン第八位に入ったほか、チェコスロバキア働くものの映画祭平和賞や、ユーゴスラビア世界青年平和友好祭銀賞を受賞している。

一九五四年四月三日、太平洋ビキニ環礁沖で第五福竜丸（無線長・久保山愛吉を含む船員二三名）が被曝した史実をもとに、その四年後、新藤兼人監督とプロデューサーである絲屋寿雄・若山一夫・能勢節雄、そして助手の

図①　東大附属病院副院長室内ショット。アメリカ人原爆障害調査委員会関係者と日本の医師群とが会議机を挟んでバランスのとれた構造に配置されている。この「平等性」のイメージには現実の「不平等性」が隠蔽されている。

勝目貴久が、一九五三年五月からの三ヶ月間、六〇人に上る関係者からじかに話を聞き物語を構成した。[*8]新藤と八木は「事件をできるだけ客観的にみよう」と決め、「できるだけ事実の事件を記録するふうな構成をもとう」という目標を立てて、理論物理学者の武谷三男に脚本を見せたり、大阪医大の西脇医師に実践医学の観点からのアドバイスを受けたりといった努力を繰り返している。[*9]

「国民」「全世界」といった惹句での表現、すなわち宣伝意図は、数多くの国際映画祭に出品することにより、国内のみに閉じるのではない、いわゆる「開かれた」テクストを目的にしていたと読み取ることができる。しかし、こういったパラテクストに見られる「意図」とは裏腹に、本作品の特徴は、原爆の被害者たち、あるいは被害そのものが巧妙に「閉ざされている」点、別の言い方をすれば「区画化」されている点にある。またもう一つ興味深いのは、惹句で歌われている「国民の怒り」が一体どこへ向けられているのかが曖昧なことだ。つまり、このテクストではいったい誰に向けて「開かれている」のか、また何のために「開かれる」必要があったのかが明らかではない。

例えば、それは「東大附属病院副院長室」と記されるシークエンスに見ることができる［図①］。画面中央に据えられた会議机を挟んで、日米の医者・研究者が一同に会している。画面右側にアメリカ人原爆障害調査委員会所長、日系二世の通訳、その他二人のアメリカ人関係者、そして左側には東大第一病院の副院長、熊谷主治医、東大医学部の美波博士等が並んで座っている。少し長くなるが、このシークエンスの脚本を見てみよう（通訳者が両サイドから発話される日本語・英語を通訳しながらこのシークエンスは進むのだが、ここでは日本語のみを記述。また［ ］内は実際の映画ではカットされた台詞）。

美波：「診察の目的は何でしょうか」
米国原爆障害調査委員会所長（以下、所長）：「日本政府が診てくれというから診たい。賠償とも関係がある」
美波：「［それは失言ではないか。］賠償と患者の病状は関係ない」
所長：「［失言を認める。］治療に協力するには、病状をみせてもらわないとわからない」
美波：「東大でも焼津でも診ていられるし、白血球の数を知りたいとおっしゃるから、全員のをタイプして渡してあります」
所長：「こちらでみたい。主に血液検査だ」
副委員長：「時間はどのくらいですか」
所長：「一人、3、4時間はかかる」
熊谷：「それは困る。患者はいまひどく衰弱しているし、絶対安静にしてある。私たちは必要な臨床検査も遠慮しているくらいです」
所長：「見せないというならそれでもいい」

美波：「血液検査が必要なら、私たち臨床医が適当な時機をみてとってあげましょう」
所長：「自分たちでとりたい」
熊谷：「あなた方のほうは、何回も実験をやっておそらく類似の経験もおありだろうから、その臨床経過を教えてほしい」
所長：「そのことはなにもしらない」
美波：「原子爆弾に対して日本人は、広島、長崎以来敏感になっています。［あなた方の所では患者の治療はしないで調査研究ばかりやっている。］今度の災害も全く無警告でやられた、しかも遺憾の意が何も表されていない。スパイ呼ばわりさえしている。まず患者を見舞われたらどうか」
所長：「できるだけそうしたい」[*10]

ここで強調されているのは、日本人医師団の誠実さと人道主義であり、それに対するアメリカからの調査団の権威主義的な、また秘密主義的な態度だ。一方、「事件を記録」することに努めようとした新藤・八木のシナリオから生まれた本作品の中で、巧妙に「不可視化」されているのは、加害者がいったい誰だったのかという責任の追及だ。まず、被害者に対する責任の一端を担わなくてはならないはずの日本政府が、ここでは完全に「不在」として表現されている。また、アメリカに対する直接的な「非難」も、このシークエンスの日本人医師団の反応に見受けられるように、単なる「不満」にすり替えられている。上記の対話の中で［　］に入っている部分は、シナリオには書かれていながら実際の映画作品では演出されなかった台詞だ。これらの台詞はアメリカ調査団＝アメリカに対する直接的な「非難」だが、それが映像化される段階で削除されるにはそれなりの政治的判断

図②　当時まだ珍しかったテレビが患者たちの病室に送られる。映画スクリーンの中に納められたテレビの画面。現実からの二重の「区画化」。

があったとは考えられないだろうか。『第五福竜丸』は被爆者の姿を、あるいは彼らの死を提示することで原爆を「可視化」したにもかかわらず、その結果生じた国民の不満や憤りを、はけ口のない物語空間に「区画化」してしまっている。台詞を削り取ることで「不可視化」された日米関係の「不平等性」は、さらにこのシークエンスで描かれている左右対称の構図から生まれる「平等性」のイメージによって糊塗されている点も見逃せない。

ここで、さらに「区画化」について考えてみることにしよう。本作の中で原爆問題の「区画化」がなされているシークエンスとして、被曝者の病室にテレビが贈り物として届けられる場面が挙げられる。テレビ局が二三名の被爆者のために、当時はまだとても高級で珍しかったテレビを贈り物として病室に届ける。一九五三年にＮＨＫと日本テレビ（ＮＴＶ）による放送が開始され、一九五五年以降、ラジオ東京テレビ（ＫＲテレビ、現ＴＢＳ）を筆頭に後続テレビ局が次々と放送を始める前年、一九五四年のテレビ放送の模様がこのシークエンスでは再現される。ＮＴＶの番組「その後の焼津」がブラウン管に映る［図②］。「死の灰で世界の脚光をあびたその後の焼津の表情です」というナレーションから始まるこのシークエンスは、「死の灰をかぶってから三ヶ月、雨は放射能を含んで降り、汚れた雨は町という町を濡らしてしまった。しかしようやく焼津は平静をとりもどしたようです」というナレーションと共に、マグロの水揚げの様子、焼津市の魚屋の店先、そのマグロをカウンターに出す寿司屋の店内、幸せそうな焼津市民の様子が次々と紹介される。そして、最後に買い物途中の若い女性へのインタビューが挿入される。この若い女性は「お気の毒だわ、でもわたしあんな方たちとは結婚しようとは思いません」と、自身の正直な気持ちをカメラの前で吐露する。

番組では、水素爆弾による被曝は焼津市の二三名の漁師に限られるのではなく、焼津市の人々もまたその被害者だったと想定した上で、以前は焼津にも被害があったが今はもう大丈夫というメッセージを提示している。このシークエンスでは、複数の「被害者」と「非被害者」との境界が——ここで重要なことは「被害者」と「加害者」との境界ではないということ——テレビあるいは映画というメディア装置によって構成されている。まずは「二三名の漁師」(被害者)が「焼津の町の一般市民」(非被害者)から区画化され、そして「焼津の街の人々」(三ヶ月前の被害者)が「テレビの視聴者」(非被害者)から区画化され、さらにはそのテレビ視聴者(二三名の被害者と病院スタッフ)とこのシークエンスが表現されている映画を見ている観客(非被害者)とが、映画のスクリーンを通して区画化される〔図③④〕。また、テレビというメディアの特殊性、つまり必要でなくなればいつでも「消す」ことのできる機能、あるいはシネマというメディアの特殊性、映画館を出れば「現実」に戻れるという機能によって、それらの「区画化」は、確固とした隔絶感と共に、「我々」が被害者ではなく非被害者であること、安全なのだという意識を観客の心に構築するとは読み取れないだろうか。

以上、『第五福竜丸』に見られる「区画化」の実例を考察した。その重層的な「区画化」の表象こそが、映画の観客に、原水爆によって被曝するという現実は一部の被害者たちだけに起こった気の毒な出来事であると認識

図③　テレビの画面内空間、テレビの視聴者空間（病室）、そして映画のスクリーンの前の空間（客席空間）の「区画化」が集約されているショット。

図④　テレビを見る被害者たちの表情は明るい。これらのテレビ視聴者は映画スクリーンの中に収められることによって映画観客から「区画化」されている。

させ、それを観る側、区画化されなかった主体にとってはむしろ安全の保証を約束する映像表現であったのではないだろうか。つまり、実際には目に見えない「被曝した人」と「被曝していない人」、「被害者」と「非被害者」との差異を、この作品では重層的なレベルで「可視化」しているわけだが、これらの「可視化」された「区画化」全体が実は全くの架空であったことが、冒頭で紹介した『放射線を浴びたX年後』で明らかにされる。3・11以後に公開されたこのドキュメンタリー映画では、程度の差こそあれ、一九五四年当時は日本の領土すべてが被曝地であったことが明らかにされ、新藤兼人を含めた製作者たちの意図とは関係なく、その事実が『第五福竜丸』では完全に「不可視化」されていることを我々は知るわけである。したがって、『第五福竜丸』そのものが、当時の観客に対し安全性を保証する「区画化」の装置であったと言えるだろう。

三　可視化される原爆とその意味の形骸化――『太陽を盗んだ男』

一九七九年に製作公開された『太陽を盗んだ男』は、いろいろな面で話題を呼んだ。当時の歌謡界のスーパースター、ジュリーこと沢田研二主演に加え、本作品の三年前に『青春の殺人者』（一九七六年）を初監督し、それによってキネマ旬報日本映画部門ベストワンおよび監督賞を受賞した長谷川和彦監督の待望の第二作目でもあった。何よりもこの作品が、平凡な中学校の理科の教師・城戸（沢田研二）が原爆を自宅で製造し、国家を敵に回して脅迫するという、その「反社会的」な主題が話題作りの大きな一因となった。城戸の警視庁に対する要求が、野球のナイター・テレビ中継を延長することであったり、ローリングストーンズの日本公演だったりと、計画性も政治性もない「野方図で荒唐無稽なエネルギー」[*11]だけを描いたプロットが、当時の流行語であった「しらけ世代」の観客に受けたと言えるだろう。インディペンデント映画としては製作費をかけた本作品だが、そのわりに興行成績はいま一つふるわなかった。しかし、東海村原発への襲撃、警察とのカーチェイスといったアクション要素も加味された本作は、『キネマ旬報』の日本映画部門ベストテン第二位、また同誌読者投票第一位と、批評レベルにおいて好評を得ただけでなく、日本映画史に残る代表的なカルト映画として、今でも「日本映画歴代ベストテン」に挙げられている。[*12]

『太陽を盗んだ男』では、自家製の原子力爆弾が重要なモチーフとなっている。しかし、物語の中心である原爆が、形骸化された一つの記号として取り扱われることにより、原爆そのものが実際に持つ歴史的・社会的・政治的意味は、この映画の中には存在しない。そのような原爆の形骸化については、当時の映画評論家たちの本作を巡る論争中にも窺うことができる。評論家・大黒東洋士は、『キネマ旬報』(一九八〇年四月下旬)に本作品に関する意見を投稿している。

最近これほど、買う者と全然買わない者とが、画然と分かれている作品はない。(中略)〝人類の作り出した最悪の凶器〟原爆をこともあろうにオモチャにして、公安秩序を乱す〝フラチな〟男の話である。話が話だけに、そこに強烈にシニカルなものや、人を食った諷刺性などがあればとも角、そんなものは何もない。[*13]

この特別論稿が契機となり、『キネマ旬報』(一九八〇年五月下旬)には、彼の『太陽を盗んだ男』批判に対する読者の投稿が続々と掲載されることになった。一例を紹介しよう。

ここにあるのは、マンガチックな、或は劇画チックな感覚であり、その感覚を、長谷川和彦という映画作家が、自家薬籠中のものにした上で、いかに現代が、そういう軽佻浮薄な感覚の時代であるかということを、提示した点に価値があるのではないだろうか。[*14]

この読者が指摘した「軽佻浮薄な感覚の時代」という表現に関しては、長谷川和彦自身が、後年のインタビューの中でその意図を明らかにしている。

山下警部の役は（中略）「不動明王みたいな鬼警部にしようぜ」と俺が言ったら「それなら高倉健か？」と（筆者注――レナード・シュレーダーが）言うんだ。「健さんが二番手で出るか？」と思ったが（中略）青山斎場の近くの喫茶店で健さんと会ったんだ。（中略）「監督、なんとか自分（高倉健）には原爆を作るほうの役をやらせてもらえんでしょうか」って言われてな。「いや、健さんがやると理由とか大義がある役になってしまうんで。これはもっとちゃらんぽらんなヤツの理由なき犯罪なんです。そいつを追いつめる不動明王をお願いしたいわけで」という話をしたんだが……。[*15]

結果的に高倉健は不動明王／山下警部役を断り、菅原文太が好演を見せることになるのだが、「ちゃらんぽらんな」男の「理由なき犯罪」は、このようにはじめから製作者側の意図であったことは間違いないようだ。

製作過程に目を向けると、作品における原爆の登場とその形骸化された表現との関係性は一面的でないことが推し量れる。本作の構想は、原案者であるレナード・シュレーダーが長谷川和彦に「原爆を作ったニイちゃんが国家から金を奪って、女とブラジルへ逃げる飛行機の中で終る」という脚本を手渡したところから始まった。[*16] この原案に対し、長谷川は二つの注文を出したといわれる。一つは、「原爆を作る過程でそいつを被曝させること」、そしてもう一つは、「コミカルというかお人好しの刑事」というイメージで想定されていた山下刑事役を「それでは喰いたりないので、むしろ「野良犬」の三船刑事が三〇年後に生きかえったような刑事」にすることだった。[*17] ハリウッド映画『チャイナ・シンドローム』(ジェームズ・ブリッジス監督)がアメリカで初公開されたのが一九七九年三月一六日、スリーマイル島原子力発電事故がペンシルベニア州で起こったのが一九七九年三月二八日、そして『アトミック・カフェ』(ケヴィン・ラファティ、ジェーン・ローダー、ピアース・ラファティ監督)の公開が一九八二年だった。一九六九―七三年の足かけ五年にわたり日本に滞在した脚本家レナード・シュレーダーが、六八年から七〇年にかけての全共闘運動や学生たちの自家製爆弾によるテロの実態と、当時アメリカで話題になり始めていた原子力に対する懐疑心を結びつけたとしても少しも不思議ではない。彼が日本を第九番目の原爆保有国に仕立て上げる物語を思いつくのに十分な社会的要因がそろっていたと考えられる。

一方、長谷川和彦のバックグラウンドにも、「原爆」あるいは「被曝」とのつながりを見つけることができる。一九四六年一月に広島県加茂郡(現・東広島市)に生まれた長谷川は、広島での原爆投下直後、ちょうど妊娠中だった母親が広島市内に赴いた際に「胎内被曝」を受けたという自己認識があるとされている。彼が被爆者であるかどうかは別にし、彼の意識下には「原爆」「被曝」、そしてこういった恐怖心にさらされる人々に対する「国家の無補償」といった要素が私恨として存在していたとしても無理はないだろう。

このように「原爆」に対する認識を比較的強く持っていたと見られる二人が製作したこの「原子力映画」/

『太陽を盗んだ男』は、原爆が重要なモチーフになっている反面、実際にはそれを爆発させるというカタストロフィーに欠けているだけでなく、原爆そのものの意味の形骸化がなされている。ここでの原爆は国家を強請《ゆす》ることのできる危険な武器であるとされる一方、まるで自家製梅酒や自家製パンのように、プルトニウムさえあれば自作できる身近なものとして描かれている。また、主人公の城戸は原爆作成過程で被曝したという設定により、髪の毛が抜け始め、歯茎から血が出始めるが、物語空間（diegesis）においては彼が被曝によって死ぬ瞬間は描かれていない。それどころか、山下警部との生死をかけた死闘の末——山下警部は城戸に何度も拳銃で撃たれながらも城戸を抱きかかえてビルの屋上から飛び降りる——、城戸は偶然にも電線にひっかかり、その弾みで木の枝にバウンドし、怪我一つすることなく地上に着地して命拾いすることになる。つまりこの映画は、原爆が暴力的な殺戮武器であるという話ではなく、原爆によって新しく生きる目的を与えられ、原爆によって初めて自己存在の意義を見つけ出すことのできた男の話だと読み解くことも十分可能なわけである。ここでは原爆に寄り添う含意の転化、つまり「怖いもの」から「怖くないもの」へ、「危険なもの」から「危険ではないもの」へ、そして「人類を滅ぼすもの」から「人類に生き甲斐を与えるもの」へ、といった価値観の転換が起こっている。作品全体を通して、城戸は繰り返しチューインガムを膨らませ続ける。彼の手作りの「原爆」とチューインガム、すなわち一個の原爆とそれと同サイズの風船は、同等の意味で「軽佻浮薄な感覚の時代」の表象であるとは言えないだろうか。[*18]

四　新たなメディア信奉──『原発切抜帖』

一九五五年に原子力基本法が成立し、その翌年原子力委員会が設置された。「核の平和利用戦略」の導入を昭和期日本で熱心に主張したのは後の総理大臣・中曾根康弘（任期一九八二─八七年）であり、また、マスメディアにおいて力のあった読売新聞社社主・正力松太郎だったと言われている。正力は一九五八年、原子力委員会の初代委員長に就任し、五年後には日本に原子力発電所を建設するという構想を発表する。その軽率ともいえる判断に対し、当時原子力委員会の委員であった湯川秀樹が、原子力開発の将来への不安と警告を訴えるとともに委員会から脱退したことは周知の事実だ。吉見俊哉の著書『夢の原子力』（二〇一二年）にもあるとおり、ここでの問題は、正力が原子力を安全なエネルギーとして日本に導入するという理念からではなく、自社（読売新聞・読売テレビ・報知新聞）の発展、ひいては自己の政界進出への糸口として原子力を利用した点にあったという見方が一般的である。吉見は以下のように述べている。「読売新聞社主の正力は、「原子力」が自分の影響力を拡大させる便利な材料だと理解すると、その傘下の読売新聞や日本テレビを使って原子力平和利用キャンペーンを展開し、原発を旗印に政界進出も果たし、初代原子力委員会委員長、さらに科学技術長官に収まっていった」。[*19]

しかし、前述した一九七九年のスリーマイル島原子力発電所事故、そして八六年のチェルノブイリ原子力発電所事故以来、原発を手放しで賞賛するこういった姿勢は明らかに疑問視され始める。特にスリーマイル島での事故の後、マスメディアにおいてカルチュラル・ターンが次第に起こり始めた。[*20] このような原子力に対する疑問視を反映するかたちで作られたドキュメンタリー映画の先駆けとして、土本典昭の『原発切抜帳』を挙げることができるだろう。

原子力開発の不透明さや危うさを指摘した本作品は、土本が個人的に長年収集してきた新聞の切抜きを中心に構成・編集されている。新聞記事のコラージュというミニマリスト的な構成からなる「シネエッセイ」の形態をとった作品は、一見「安価」で「安直」に見えるが、演出に見え隠れする土本の鋭い視点と、新聞記事に対する明晰な分析力は注目に値する。一番の魅力はなんといっても、「新聞を切り抜く」という行為に直結する茶の間という私的空間（domesticity）を、原子力開発によって次々と引き起こされる世界的な公の問題（global issues）へと結びつけている点だ。同時に、新聞記事の「文字性」を映像の「イメージ性」へ、「静止性」を「動性」へ、「平面性」を「立体性」へと転換するためにあらゆる編集技術を駆使するのみならず、小沢昭一の卓越したナレーションから生まれるユーモアと風刺、高橋悠治と水牛楽団のアマチュア風の興味深い音楽・音響を有効に活用しながら、観客を活字を「読む」主体から映像を「観る」主体へと誘う。

さらに、本作品にもう一つの「驚き」があるとすれば、それは土本が切り抜いている原子力関係の新聞記事数が、われわれの予想に反して驚くほど多いこと、そして、これらの記事が原子力実験や、原子力爆弾、原子力発電、そして原子力開発に伴う事故の数々を、散逸的ではありながらも隠蔽することなく詳細に伝えているという事実だ。

一例として、敦賀原発に関する記事を取り上げたシークエンスを見てみたい。一九八一年四月、福井県敦賀市の定期モニタリング調査の結果、海藻から異常に高い放射能が検出された。それが契機となり、敦賀原子力発電所第一号機の調査が行われ、第一号機の一般排水溝からの放射性物質漏洩が発見された。そして、さらなる調査により、放射性物質が検出された原因が実は放射性廃棄物処理をするための旧建屋の設計・施工管理上の問題にあったこと、またそこで運転上のミスが重なっていたことが判明する。つまり、敦賀原発は事故の事実を隠蔽しており、この事故隠しが結果として大きなスキャンダルとなったという事件だ。一九八一年四月一八日付の『朝日新聞』夕刊の切抜き画像を使いながら、小沢のナレーションは以下の要点を指摘する。

- なぜ放射性物質が海に流れ込んだのか？　廃炉露出の疑い
- 通産省の公式答弁
- 『毎日新聞』の証拠隠し
- 敦賀発電所社員の自殺
- 通産省や日本原子力発電所に対する告訴なるか？
- そして六ヶ月後、敦賀原発の運転再開

ここで繰り広げられる敦賀原発シークエンスは、映画・漫画評論家の小野耕世が述べているように、「ひとつの表現メディアによって、別の媒体が、ここではいや応なしに批判」[*21]——映画の『毎日新聞』への批判——を意味するだけでなく、二次的意味ともいえる一つの「神話」が創造される過程を表現してもいるのではないだろうか。つまり、土本監督自身の意志とはかけ離れたところで、このドキュメンタリーが観客に伝える「意味」／「神話」とは、新聞を切り抜くという行為、そしてそれらを材料にしながら原発史を構成する行為の裏に隠された、新聞というメディアに対する「信頼」ではないだろうか。このドキュメンタリーが如実に、そして少しの疑いもなく提示している信念は、「新聞は真実を報道する」、あるいはより厳密に言うと、戦時中われわれはマスメディアに騙され続けてきた、しかし民主主義を得た戦後になって「新聞は真実を報道するようになった」という戦後神話だ。実際には、戦後日本における原子力「安全神話」形成の中で、最も大きな牽引力となったのは他ならぬ新聞であったことは今となっては周知の事実と言える。

五　ポスト3・11における「安全神話」の解体

冷戦期の終わり、すなわち昭和期の終わりまでの戦後「原子力」映画の「神話」形成の過程を、四つの作品を分析することによって明らかにしてきた。これらの映画作品は「原子力」「放射能」「被曝」、あるいは原子力に対する「安全性」といった不可視の事象を、映像や音声によって可視化している。前述のように、可視化のプロセスはこれらの映画に限定されるものではない。

一九五〇年代半ばから東宝を中心に乱造された多くの怪獣映画、例えば『フランケンシュタイン対地底怪獣』（一九六五年、本多猪四郎・円谷英二監督）といった作品の場合、怪獣のサイズ、つまり彼らの異常な巨大化は、原子爆弾の被曝による異変であるという前提が、原水爆時代に生まれた新しいジャンルの一つの決めごととして、製作側と観客の間の了解事項となっていた。六五年に製作された本作品では、特に「被曝」と「サイズ／巨大化」の関係が強調されている。ドイツのフランケンシュタイン博士の研究室からナチス・ドイツ国防軍によって略奪された、博士によって作り出されたモンスター・フランケンシュタインの心臓が、Uボートによって広島まで運ばれ、一九四五年八月六日の原爆投下によって被曝するという設定だ。日本人科学者の手によって、被曝した心臓から新たに生成され、二〇メートルの巨人にまで成長したフランケンシュタインは、彼と同サイズの地底大怪獣バラゴンとの無意味な戦いに挑む。原子力によって引き起こされた不可視の事象（被曝）を可視化し（巨大化）、そして可視化された現象を区画化する――怪獣映画というファンタジーを基礎にしたジャンルの物語空間（diegetic space）に閉じ込める――ことによって、これらの怪獣映画は結果的に、観客であるわれわれを原子力の影響を客観視する立ち位置、つまり区画化された領域外部に据えることにより、究極的な「安全神話」を歴史的に提示し続けてきたのではないだろうか。

一方、東日本大震災以後に作られた「原子力映画」において、こういった「安全神話」はどのように解体されてきたのだろうか。冒頭でも紹介したドキュメンタリー映画『放射線を浴びたX年後』は、ローカル・テレビ局南海放送によって製作された作品だ。同局ではそれ以前にも、同じ主題を扱いながら異なる取材内容に基づいたテレビ番組が次々と制作・放映されていた。なかでも二〇一二年一月二九日に放映された『放射線を浴びたX年後』は、同年度のNNNドキュメント年間優秀賞等を受賞し、それをローカル局の深夜枠で放映するだけではなく、もっとたくさんの観客に見てもらえるようにというディレクター・伊東英朗の希望の下、同名のままドキュメンタリー映画のフォーマットに再編集された。本映画は、上映後の監督とのディスカッションをセットに、多くの地方のさまざまな会場で今も継続的に「自主上映」活動が続けられている。[*22]

南海放送によって制作されたこれら一連のドキュメンタリー作品は、二〇〇四年、監督・伊東英朗がインターネットで番組作りのためのリサーチをしていた際、元高校教師・山下正寿たちの活動グループ「第五福竜丸以外の多くの被ばく船調査」に出くわすところから始まる。伊東は番組制作の過程を以下のように述べている。「二〇〇四年には、日本テレビ系列（NNNドキュメント）で全国の人にその事実を伝えることができ、以降、新事実が見つかるたびにローカルでの放送を繰り返した。しかし、番組が事件解明へつながることはなかった」[*23]。カメラマンと二人、愛媛県西部から高知県東部までの三〇〇キロ区間を何十回と往復しながら、伊東監督は多くの事実を発見し続けた。なかでも「ビキニ被災事件の補償問題に関する日本政府側の書簡」、「アメリカ原子力委員会の機密文書」（二〇〇九年に南海放送が、アメリカのエネルギー省から入手）、「漁協組合の金庫からでてきた保証金の分配書」という三つの貴重な資料は、後に山下正寿たちの市民団体が厚生労働省に情報公開を請求して得た、一九五四年三月から六月にかけての延べ五五六艘の船体と乗組員、捕獲した魚の放射線量の記録とともに、事件解明への糸口となった。

しかし、このドキュメンタリー映画の魅力は、それらの新たな「証拠」にとどまらず、当事者である乗組員の証言と、妻や家族など、彼らに近しい人々の肉声を色々な地域で集めることから出発している点にある。映画『第五福竜丸』に見られた、静岡県焼津市という一つの地域に「区画化」されていた当時の水爆被曝問題を、高知へ、愛媛へ、そして日本全土へと広げた功績は非常に大きいと言えるだろう。また、「作品」として完成した後、映画史の中に埋もれてしまいがちなこれまでの一般的なドキュメンタリー映画の配給方法／寿命とは異なり、この作品はあえて監督とのディスカッションを前提とした「自主上映」というフォーマットを採りながら、映画を「運動」のためのパラテクストとし、「映画」というメディアの慣例を打破している。『放射線を浴びたX年後』がもたらしたカルチュラル・ターンは、周縁と中心を結びつける政治性や、「安全神話」に対する批判的な視点を育てようとする意志にあると私は思う。

『放射線を浴びたX年後』は、政治的メッセージとは別に、日本のドキュメンタリー映画史に一つの新しい表現形態をもたらした。それは「わかりやすさ（intelligibility）」だ。この映画は、ドキュメンタリー映画史の中のトレンドやヒエラルキーに基づいた約束事をいったん無視している。テレビ・ドキュメンタリー番組制作のメリットともいえる、継続した番組作りの可能性、同時代性、観客／視聴者との直結性、アーカイバル・フッテージの豊富さといった数々の「強み」を活かしながら、テレビ・ドキュメンタリーの表現上の特徴――例えば、構成台本に基づいたナレーション、音楽の多用、リポートする主体の露出、インタビューの多用といった要素――を前面に押し出している。つまり、「テレビ性」を満載した「映画」を、ドキュメンタリー映画の領域に据えることによって、それまでのドキュメンタリー映画の「伝統」、言い換えるなら、テレビ・ドキュメンタリーというものを下位に位置づけがちであったドキュメンタリー映画の在り方に一石を投じているのだ。

アジアの現代ドキュメンタリー映画作家たちに対するフレドリック・ワイズマン（一九三〇―）の影響力は非常に大きいと言える。それは、デビュー作『チチカット・フォリーズ』（一九六七年）以来四〇年以上もの間、ワイズマンが質の高いドキュメンタリー映画作品を発表し続けているだけでなく、彼の作品がいまだに多くの映画祭やシネマテークで繰り返し上映され、またワイズマン自らが映画祭に足しげく参加して多くのアジア在住の映画作家たちと時間を共に過ごしてきた結果だと言えるだろう。中華人民共和国では映画作家・王兵《ワンビン》が『鉄西区』（二〇〇三年）を製作して以来、ワイズマン映画の特徴である観察映画の手法（observational style）を取り入れながら、経済成長を遂げる中国社会からこぼれ落ちそうになる困窮した人々を描いている。日本のドキュメンタリー映画界でも想田和弘が同じ方式を使いながら、『選挙』（二〇〇七年）、『精神』（二〇〇八年）、『ＰＥＡＣＥ』（二〇一〇年）、『演劇1・2』（二〇一二年）、『選挙2』（二〇一四年）、『牡蠣工場』（二〇一五年）と立て続けに観察映画を作り続けている。

想田和弘は自己の作品『精神』を例に、「観察映画」を以下のように定義している。

どうして「観察映画」と銘打っているかというと、なるべく先入観を持たない虚心坦懐に（筆者注——対象を）見つめたいという思いがあるんですよ。（中略）例えば、「精神病の患者さん」＝「弱者」＝「社会的犠牲者」といったレッテルを貼るのではなくて、全部そういうのを取り払って虚心坦懐にその人たちを見つめ直したい。観察させてもらいたい。だから僕の作品づくりでは、「発明が命」というか、自分にとって新しい発見があればあるほど、よい観察をしているのだというわけです。[*24]

このような、アジアにおける現代ドキュメンタリー映画の表現形式の主流ともいえる「観察映画」と『放射線を浴びたX年後』を比較すると、いかに後者が「雄弁な」ドキュメンタリーであるかということに気がつく。後者には監督からの明らかなメッセージがあり、それは観念の体系としてのイデオロギーというよりは、むしろ監督・伊東英朗自身の対象／事象への姿勢を表していると言える。彼の映画製作の目的は、想田和弘が指摘する「自分にとって（の）新しい発見」というよりは、発見した事実を伝播することにある。すなわち、アクティビストとしての映像製作だ。3・11を図らずも迎えてしまった日本社会にとって、今、こういった政治性に重きが置かれた映像が求められていることは必然とも言えるだろう。

このように「被写体／映像対象」と「観客」とを遭遇させることを目的とした、別の言い方をすれば、そこに介在していた過去の「安全神話」を取り払うことを目的とした伊東英朗の作品では、「原子力」というグローバルレベルの普遍的な題材を扱いながらも、限られた地域や人々に関心が向けられている。このグローカル性が、彼のドキュメンタリー作品の力だと言えるだろう。

冒頭で、吉見俊哉の原発PR映画に対する一分析を紹介した。その中で吉見は、一九八〇年代以降の言説が「地域」へと言及対象を小さく限定的なものにしていった」と、言説変遷の傾向を要約している。戦後原子力映画が築き上げてきた「安全神話」の中で長い間見落とされてきたのは、このように誰もがどこかに属している必然的な地域／「場」、その領域内での個人・集団やさまざまな機関が実際どのように構成され機能しているかという現実を、その外部との結びつきに照らし合わせることによって「地域」の相対化を考えること、いわば、地域部外者との「対話」なのではないだろうか。無名の人々の「声」を拾い上げ、ローカルな場で何が起きているかを記録する。そして、それを資本主義の論理で運営される配給組織／システムに安易に任せてしまうのではなく、「自主上映」という非常に時間と手間のかかる方法による「対話」を通じて伝達することで、初めて現状への疑問を持つ姿勢、「神話」をそれとして気づく体験が生まれるのではないだろうか。こういった新しい視野を、多くのポスト3・11ドキュメンタリー映画の中に感じるのは私だけだろうか。

1――土屋由香『親米日本の構築――アメリカの対日情報と日本占領』（明石書店、二〇〇九年）などは、CIE映画研究の代表的な研究出版だといえる。

2――四方田犬彦『日本映画と戦後の神話』（岩波書店、二〇〇七年）v頁。また「神話」といえば、我々は一九五〇年代末に発表されたロラン・バルトの『Mythologies』（一九六七年）を想起するわけだが、そこでバルトは、神話における「まやかしを暴露する」(demythtification) という精神的態度が、われわれ批評家には必要であると強調している。つまり、バルトは「神話」を「まやかし」と同等だと捉え、「神話」／「まやかし」は社会の観念形態（イデオロギー）が示す動きであり、いわばそれは一つの現実、あるいは現実の反映であると述べるのだ。フランス文学者・篠沢秀夫の言葉を借りるならば、バルトにとっての「神話」、あるいは「神話」＝「まやかし」＝「一つの現実」という公式は、「一つの意味表象の意味作用を、意味するものにしてしまい、意味されるものを与えて、第二次の意味作用を出現させる〈超言語〉の働きであり、一社会内では、その社会の支配的イデオロギーの利益のために働く」ものであると考えられてきた。ここではバルトの記号論あるいは構造主義を再解釈することが目的ではないため、「神話」あるいはそれと社会との関係性に関する考察の起源を、バルトの論理に寄り添いながら求める旨を明示するに留めたいと思う。ロラン・バルト『神話作用』(篠沢秀夫訳、現代思潮社、一九九一年) 二二二・二二七頁参照。

3――四方田犬彦『日本映画と戦後の神話』v―vi頁。

4――佐藤忠男「特別寄稿　災害を記録する映画とテレビ」(『311を撮る』岩波書店、二〇一二年) 一六五頁。

5――吉見俊哉「被曝の悪夢からの転換――原子力広報言説の戦後史」(丹羽美之・吉見俊哉編『戦後復興から高度成長へ　民主教育・東京オリンピック・原子力発電』東京大学出版会、二〇一四年) 二五八頁。

6――同右、二七六頁。

7――『福島の原子力』は『科学映像館NPO法人　Science Film Museum』の配信サイトで自由に観ることができる。http://www.kagakueizo.org/movie/industrial/365/ (二〇一六年四月六日アクセス)。

8――新藤兼人「八木さんの指導で」(『キネマ旬報』一九五八年八月下旬) 一三一頁。

9――新藤兼人「「第五福竜丸」のシナリオ・ハンティング」(『キネマ旬報』一九五八年九月上旬) 一四五頁。

10――八木保太郎・新藤兼人「シナリオ　第五福竜丸」(『キネマ旬報』一九五八年八月下旬) 一四〇頁。

11――松田政男「太陽を盗んだ男」(『キネマ旬報』一九七九年一一月下旬) 一九〇頁。

12――『キネマ旬報』では、一九九九年の「映画人が選んだオールタイムベスト100」で一三位、二〇〇九年の「オールタイム映画遺産200 (日本映画編)」で七位。

13——大黒東洋士「「太陽を盗んだ男」はベスト・テン上位になるような作品か?」(『キネマ旬報』一九八〇年四月下旬)一二四頁。
14——木寺清美「読者その1　劇画チックな感覚と現代の幼児性」(『キネマ旬報』一九八〇年五月下旬)一一〇頁。
15——長谷川和彦「「太陽を盗んだ男」インタビュー長谷川和彦」(『キネマ旬報』二〇一五年二月上旬)二六頁。
16——同右、二五頁。
17——長谷川和彦「「太陽を盗んだ男」は要求のない時代に生きる俺自身のメッセージだ。」(『キネマ旬報』一九七九年一〇月下旬)一一〇頁。
18——ラストシーンは逃げおおせた城戸が街を歩いている姿を捉えている。これはカバンの中の原爆が後に爆発し、カタストロフィーが起こる可能性を示唆していると、本書の編者・谷川建司氏が指摘されている。
19——吉見俊哉『夢の原子力』(筑摩書房、二〇一二年)二四—二五頁。
20——吉見俊哉は、この「カルチュラル・ターン」を、「知的=歴史的局面において、すでに述べた言語論的ないしは解釈学的転回を受けながら、現代の社会理論の中に浮上して来た「文化」への新しいまなざし」と定義している。吉見俊哉『カルチュラル・ターン、文化の政治学へ』(人文書院、二〇〇三年)一三頁。
21——小野耕世「ミニ・コラム「原発切抜帳」」(『キネマ旬報』一九八三年二月上旬)一五九頁。
22——例えば、東京・ポレポレ中野、渋谷アップリンク、名古屋・シネマスコーレ、福岡・日本聖公会聖パウロ協会、広島・食と農の映画祭、京都・南会館等。
23——『放射線を浴びたX年後』劇場カタログ(ウッキー・プロダクション、二〇一二年)参照。
24——河瀬直美・想田和弘「カメラを廻す理由」(『現代思想』三五—一三、二〇〇七年一〇月)二二三頁。

Ⅲ　他メディアとの共存がもたらす繁栄

Ⅲ 他メディアとの共存がもたらす繁栄

大手映画会社の初期テレビ産業への進出

テレビ映画製作を中心に

北浦寛之

9

はじめに

現代の日本の商業映画は、テレビとの関係なくして成立しえない。原作がマンガ、小説にかかわらず、テレビ・ドラマを経た映画が盛んに流通している。例えば二〇一四年度の興行収入上位一〇作品のうち七作品が、テレビで広まった後に映画化されており、[*1]映画のヒットにはテレビが欠かせない存在となっている。くわえて、映画製作そのものにもテレビ局が、製作委員会のメンバーとして参加するのが一般的であり、まさに両者はビジネス・パートナーとして共闘しているのが現状である。けれども、こうした関係性は、時代を半世紀ほど前に遡ると、まったく異なる形として浮上してくる。

一九五〇年代、日本の映画産業は映画観客の急増で最盛期を迎えていた。だが一九六〇年代になると一転、観客数が減少し衰退へと向かう。その要因となったのが一九五三年から放送を開始したテレビの普及だと考えられていた。映団連（社団法人映画産業団体連合会）では、一九六〇年にテレビ対策委員会が設けられ、劇映画のテレビ放映禁止や、映画俳優のテレビ出演の制限といった、テレビと敵対する姿勢が強調されている。[*2]事実、大手映画会社は、まず一九五六年一〇月に日活を除いた東映、松竹、東宝、大映、新東宝の五社が、テレビ局への自社作品の提供を停止し、次いで五八年には日活も加わり、大手の作品がテレビで放映されなくなっていった。また、映画俳優のテレビ出演に関しても、各社の専属俳優は会社の許可なしにテレビに出ることができない状況にあった。

こうして、当時の映画とテレビの関係については、テレビを敵視するような映画産業側の対応が目立ったが、一方で各映画会社のテレビへの反応を詳しく見ていくと、そうとばかり言えないこともわかってくる。例えば、元NHK局員で放送史家の古田尚輝が指摘するように、一九五九年に開局した日本教育テレビ（NET）に東映、日活、新東宝が、フジテレビに松竹、東宝、大映がそれぞれ出資するなど、共存／参入策もとられていた。[*3] そして、この共存／参入策のなかでも、もっとも大々的に展開された事業が、テレビ向けフィルム映画（主に一六ミリ）、いわゆるテレビ映画の製作であった。古田によれば、テレビ映画は一九六四年頃から量産されるようになり、その大半が大手映画会社によって製作されていた。[*4] 大手がテレビ映画の製作に着手した主な理由に、テレビ局との出資関係、不況により溢れた余剰人員対策といったことが挙げられている。[*5] 一九六〇年代の映画産業が斜陽を迎え、各社とも映画の製作本数を減らしていくが、そのさい仕事を失った多くの者がテレビ映画の製作に携わるようになる。このようにテレビ映画の製作は、映画とテレビの共存を印象付ける代表的な事業であり、不況により生じた労使上の問題を解決してくれる重要な方策であったのである。

以上のような先行研究の成果を踏まえ、本稿でおこなっていきたいのは、初期テレビ産業への参入策としてのテレビ映画製作、または映画産業に惹起した問題解決策ともいえる同事業に対して、大手映画会社の対応を分析し、整理することである。共存／参入という枠を越え、テレビ映画の製作が各社にとって、どのような意味を持つ事業だったかをそこから明らかにしていきたい。また、こうした分析は現在の映画とテレビの結び付きの原点を精査することでもあり、いまなお大衆娯楽の中核を担う両者の相関を歴史的に紐解く重要な作業となるだろう。

一　映画会社のテレビ産業への対応

映画会社のテレビ映画製作について話を進める前に、まずは各社のテレビ産業への対応を整理しておきたい。日本でテレビ放送が開始されたのは一九五三年のことで、二月にＮＨＫが、八月に日本テレビが開局した。大手映画会社はＮＨＫに対しては当初から自社作品の提供を拒んでいたが[*6]、日本テレビには新東宝が長期契約を結び、同社の映画が放映されていた[*7]。いや厳密に言えば、ＮＨＫでも一九五三年度に、個別で大手の劇映画が登場していた。と言うのも、ラジオ・ドラマの映画化作品についてはＮＨＫの要望もあって許可され、新東宝がラジオの連続放送劇「新諸国物語」の映画化である『白鳥の騎士』（組田彰造監督）を、封切日の前日に宣伝目的もあって放映を認め[*8]、松竹がラジオ・ドラマで大人気だった『君の名は』（大庭秀雄監督）を、ＮＨＫが宣伝に協力してくれたという理由で提供するようなことがあった[*9]。このようにテレビ対策について、大手の足並みが完全に揃っていたわけではなかったのである。

そもそも、大手の作品がテレビで流れる前から、各社はテレビへの対応で見解を異にしていた。と言うよりも、その時点では東映だけが、テレビに自社作品をのせることに反対せず、封切り後一年経過した作品については容認する構えを見せていた[*10]。一九五三年に新東宝、松竹の映画がＮＨＫで放映されたことは触れたが、他には東映作品も同様に提供されていて、それはこうした会社の方針に基づいたものだったのかもしれない。

一九五四年四月から日本テレビで、各映画会社とも映画を提供するようになるのだが、そのとき、日本テレビ社長正力松太郎が協力を依頼したのが、日本映画連合会（映連）会長で東映社長の大川博だった。もちろん、大川が映連の会長であったので、正力は相談を持ち掛けたのだろうが、それでもテレビ対応で柔軟な姿勢をとる東映の大川社長という点に期待するところが大きかったに違いない。結局、映画会社からテレビ局への劇映画提供は、当時映連に加盟していなかった日活を除いて、一九五六年一〇月より停止されるが、その一方で東映は同じ年、テレビ産業との関係を重視した動きを見せていた。

東映＝大川博が目指したのは、テレビ局をみずからが経営することであった。東映は、大川を社長に据えた「国際テレビ放送株式会社」を設立し、一九五六年六月七日郵政省にテレビ免許申請書を提出した。大川は、劇映画の放映禁止措置については映画館主の希望だと断りを入れながら、今回のテレビ会社設立の趣旨を次のように語っている。

> 私が今回テレビ会社を設立しようとする目的は、もっと大きな観点からなのである。テレビの番組を見ても判るように、八〇％は娯楽演芸で占められている。云いかえれば八〇％の分野は、映画にも置きかえられるものだと云えるのだ。映画、テレビ、ラジオの一元的な経営は、将来もっとも有望なものだと私は思う。社会一般へのサービスとして最適のものだろう。こんな意味合いから、さきに発起人会を作りテレビ会社設立の申請をした。（中略）映画会社が、テレビをやるとなれば、まず企画、俳優、それにスタジオと共用出来るし、従来の生の芝居を全部フイルム化して放送するなど、コストを安くする方法をとるつもりだ。そうすれば、スポンサーの利用度も高くなるだろうし、テレビの普及にも寄与するところ大であると考えている。*11

大川は経営の展望として「映画、テレビ、ラジオの一元的な経営」を掲げ、映画会社がテレビ局経営に関わる意義を強調している。当時ここまで、テレビ経営について積極的な発言をした映画会社の経営者はおらず、例えば松竹も一九五六年七月からテレビ免許の申請準備を進めたが、そのさい、テレビの「宣伝力を利用しようと」いう目的が伝えられただけだった。[*12] 対して東映大川は、「テレビ攻勢に対抗して、映画が生きて行こうとする道」は、この「映画、テレビ、ラジオの一元化経営にある」とまで言い切り、[*13] テレビ局の経営をとても重要視した発言をしている。

もっとも他社も、半年以上遅れてではあるがテレビ局の申請に動いた。一九五七年二月に松竹「芸術テレビ」、東宝「東洋テレビ」、大映「アジア・テレビ」、三月には、日活「日活国際テレビ」、新東宝「富士テレビ」がそれぞれ申請された。当時こうした各社の反応について「バスに乗りおくれまいとわれもわれも名乗りをあげてきた」と伝えられたが、[*14] 東映が先陣を切り、他社が追随するという構図はなにも今回だけでなく、他でも確認されたことだった。

一九五一年に発足した東映は、映画界の従来の制度や慣習を変革しながら急成長を遂げた会社であった。そのもっとも顕著な動きが、新作二本立て全プロ配給である。従来の二本立てと言えば、映画館が複数の会社と契約して、各社の映画を併せて上映する仕組みになっていた。だがそれだと、後発の東映は業界の力関係により、併映になった他社に配給料金を多くもっていかれてしまう。[*15] そこで東映は二本立てプログラムをすべて自社作品で埋めようと、一九五四年一月から通常の長編劇映画にくわえ、「東映娯楽版」と称する中編時代劇を配給するのである。劇場側も複数の会社と契約するよりも、東映とだけ契約した方が廉価で好都合だった。その結果、いわゆる東映専門館が一九五三年一二月末には四二館だったのに対し、五四年八月末には一五五館と、わずか八ヶ月で急増を見せる。[*16] こうして配給収入が増加した東映は、創設からわずか五年後の一九五六年にはトップだった松竹からその座を奪うのである。当然ながら他社も、東映の市場拡大を黙って見ているわけにはいかず、一九五六年一月から製作能力が伴わない新東宝を除く、松竹・大映・東宝・日活の四社が月八・六本の二本立て全プロ配給に踏み切るのであり、以後、日本映画の質的低下を招き映画産業の衰退を助長したとされる量産競争へと向かうのである。

こうして、大手映画会社がテレビ局申請へと向かったのは、ちょうど東映の専門館獲得運動とも言える二本立て全プロ配給が映画界を席巻しているときだった。それゆえ東映以外の会社にとっては、これ以上東映に好き勝手なことをやらせてはいけない、独走させてはいけないという思いが強くあったのだろう。

結局テレビ局申請については統合調整が進められたのち、東映が旺文社と日本短波放送と共に三割ずつ一億八〇〇〇万円を出資して一九五七年に日本教育テレビ（NET）を設立し、五九年二月に開局する。ここには、日活、新東宝も資本参加していた。また、松竹、東宝、大映は文化放送とニッポン放送と共にフジテレビに出資し、一九五九年三月に開局を果たす。ただ、文化放送、ニッポン放送がそれぞれ四割出資したのに対し、松竹、東宝、大映は残りの二割を三等分するかたちでの各四〇〇〇万円の出資に留まり、NETに対する東映の出資額と比べて大きな開きがあった。この比較からも東映がいかにテレビを含めた「一元的経営」に本気だったかが理解できる。事実、大川博は東映の社長を務めながらNET設立時に会長に就任すると、次には開局から無配が続いたNETを立て直すべく六〇年一一月から社長として陣頭指揮を執るのである。[*17]

二　東映のテレビ映画製作とその余波

テレビ映画の製作において、最初に大きな動きを見せたのも、やはり東映だった。一九五八年七月、東映テレビ・プロダクションが設立される。テレビ・プロは東京と京都の両撮影所で劇映画と同様に、それぞれ現代劇、時代劇を製作する形態をとり、一クール（全一三話）三〇分ものを基本に撮影を進めることになった。[*18] 大映、松竹、東宝も同時期に子会社や傍系会社を通して、出資先のフジテレビに番組を提供すべくテレビ映画の製作に乗り出すが、それでも東映の場合は、テレビ映画のために東京撮影所にステージ二棟を新設するなど、「テレビ映画製作に必要な、専用の設備機構を持った我が国最初にして唯一のスタジオ」と言われるほど[*19]、直接的な形で製作に関わっていった。一九六〇年代になりテレビ映画の製作に映画会社が本格的に着手するようになっても、東映以外の会社はステージの新設はおろか、撮影では既設のステージもろくに使わせず、ロケとロケセットで間に合わせるというのが普通であり、そこに東映と他の大手とのテレビ映画に対する決定的な態度の違いが確認できる。[*20]

東映がテレビ・プロを設立する少し前、一九五八年二月に初の国産の連続テレビ映画「月光仮面」の放送がスタートした。テレビ局は、大手映画会社の劇映画提供の拒否から、その分の番組を補充しなければならなかったが、当時はまだ生ドラマが主流で急な増産は難しく、また、外国の劇映画やテレビ映画の輸入で対応しようとしても限度があった。しかも、翌年にはＮＥＴ、フジテレビが開局を控えている状況で、国産のテレビ映画の勃興が期待されていた。そうした最中、広告代理店である宣弘社が製作した「月光仮面」が初の連続テレビ映画としてラジオ東京テレビ（ＫＲテレビ、現ＴＢＳ）に登場し、人気を博すのである。さらに注目すべきは、このテレビ映画がテレビの枠を越え、映画のスクリーンにまで姿を見せたことにある。東映がテレビでの人気にとびついて映画化したのである。しかも、放送開始から半年もたたない七月三〇日に映画は公開される。それはくしくも東映テレビ・プロが誕生した同じ月にあたり、東映はテレビ映画をテレビに届ける前に、劇場に引き入れていたのである。

こうして、大川の「一元的経営」が端緒につくと、一九五八年の一〇月からいよいよ始動する。京都で「風小僧シリーズ」、東京で「捜査本部シリーズ」の製作が始まり、それぞれ一二月にまだＮＥＴが開局前だったこともあり、西日本放送、東海テレビから放映される。また、一一月に「コロちゃんの冒険」、一二月には「源義経」が東京で製作されていくという具合に、テレビ映画の量産体制が進む中、前述の通りステージが不足し、東京にステージ二棟が新設されたのである。

完成したテレビ映画は一九五九年二月のＮＥＴの開局から順次、放映されていった。一年の間に放映された東映のテレビ映画は、一クールで一本とみなすと全部で一七本にのぼった。[*21] 劇映画を作りながら、これほどの数のテレビ映画を量産したのは驚異的だと言っていい。この時期の映画とテレビの関係に注目した放送・映画評論家に瓜生忠夫がいた。彼は「東映テレビプロは、その発足当時から、ＮＥＴにとっては欠くことのできない番組供給体であった」と断言する一方で、新しいテレビ局で放映されるテレビ映画としては「その企画においても内容においても、余りにも新しさに欠けていた」と酷評している。[*22] そこには、教育テレビという肩書が邪魔しているのではという同情も含まれていたが、それでも、どこかで見たような二番煎じの番組ばかりだったと伝えている。

ただ、こうした評論家の作品に対する辛辣な評価がありながらも、東映のテレビ映画製作が決して看過できない理由は、単にNETの放送を成立させるためだけに遂行されたわけではないからである。すなわち東映は、「月光仮面」を劇場に移植したように、自作のテレビ映画もまた、劇場での二次利用を図ったのである。

東映は一九五九年五月の第一週から、三〇分のテレビ映画二話分をまとめて五〇分程度の中編劇映画にし、「特別娯楽版」（一六ミリを三五ミリにブローアップ）として東映系劇場に三本立てとして配給したり、非東映系の劇場に売り込んだりした。この「特別娯楽版」の配給を形式的にはテレビ・プロが担当したため、同社は「第二東映株式会社」と同年五月八日より商号されることになる。[*23] この第二東映に近い将来、新たな配給系統を保持させようと考えていた東映は、同じ年の一一月二日に再び東映テレビ・プロダクションを興して第二東映からテレビ映画製作業務を引き継ぎ、従来東京と京都でおこなわれていた製作を東京だけに集中させた。ちょうど一九五九年の年頭所感で、大川社長は「東映は将来、日本映画界市場の半分を握る」と豪語していたのだが、[*24] それを第二東映経由のテレビ映画を使って、現実のものにしようと企てたのである。これ以上、市場を拡大されるわけにはいかない他の映画会社の反対が強くあったものの、新東宝が日米映画会社製作のテレビ映画を自社系列の劇場に配給した前例もあったので、[*25] 東映のテレビ映画配給は決行されることになった。大川社長は、テレビ対策委員会の席上で次のように語って他社の重役たちに正当性を訴えていた。

これは日本教育テレビに参加した当時からのわたしの構想だ。テレビの進出により映画界は先行き不況をきたす見通しのもとに、企業防衛の意味と会社発展策として打った手である。また、独立プロが結合してテレビ映画製作に乗り出し、新しい配給系統を作る動きもあったので、小社が先に手を打ったともいえる。配給実施に当り五社の市場もある程度の影響を受けるかもしれないが、わたしのねらいはあくまで洋画市場への割込みに重点を置いている。[*26]

ここで、大川があくまで洋画市場への割り込みを重視した発言をしていることに注目したい。東映は一九六〇年三月ついに第二東映の配給系統を確立し、[*27]二系統配給を開始する。第二東映では、第一東映の過去の封切作品などと共にテレビ映画の「特別娯楽版」によって、しばしば三本立て興行を展開し、テレビ映画がやはりここでも、テレビだけでなく、映画でも不可欠なコンテンツになっていた（図①はテレビ映画「風小僧」の「特別娯楽版」）。そして、この配給形態で一番影響を受けたのが、大川が言っていた洋画市場でなく、地方の、会社で言うと新東宝の市場であった。瓜生忠夫は、「新東宝市場を蚕食できる性質の作品の客筋と洋画の客筋とは異質であり、しかも、第二東映が進出をはかった地方（第一次産業地帯）では、洋画のシェアは小さかった」と分析し、第二東映と洋画市場の相性の悪さを語っている。[*28]そうなると、そもそも大川が第二東映で洋画市場への割り込みを狙っていたかどうかも怪しい。低コストで安っぽい印象を与える第二東映の作品群が、地方向きで新東宝の客層には受け入れられることは容易に想像がつき、最初からそこを主要ターゲットにして配給の構想が練られていたことは十分に考えられる。

図①　『風小僧　風雲虹ケ谷』（1960年、©東映）

事実、「新東宝の全国契約館は、六〇年六月までは一五〇〇館を越えていたが、第二東映系統に契約館をうばわれて、六〇年一二月末現在では一一六一館に落ち」てしまうという具合に、[*29]第二東映の出現は新東宝に大きな打撃を与えた。そして翌一九六一年六月末、新東宝はついに製作中止に追い込まれるのである。第二東映（六一年二月に「ニュー東映」と改称）もまた、新東宝以外の市場開拓を望めず、同年一一月第一週を最後に解消する。東映のテレビ映画戦略が第二東映の発足にまで繋がっていたことは興味深く、さらにそれが新東宝の倒産にも少なからず影響を及ぼしていたという点で、東映のテレビ産業への参入は、決して軽視できない〝映画史的事件〟として捉え直さなければならないのである。

三　国産テレビ映画の隆盛

東映がテレビ映画の製作に着手したのは一九五八年だったが、それでも、この頃のテレビは生放送が主流だった。と言うのも、やはり製作費の問題が大きく、当時フィルム作品が三〇分で五〇万円から八〇万円だったのに対して、生ドラマは最高でも四〇万円と考えられていた。[*30] 同じ一九五八年に導入されたＶＴＲもまた、文化庁芸術祭賞を受賞した「私は貝になりたい」で注目を集めはしたが、[*31] こちらも高価で編集も困難であったため、実用性に欠けていた。ＴＢＳの演出家だった今野勉は一九六二年の時点でも「三〇分ドラマの編集は三ヵ所以内と決められていた。それを超えるときは、スタジオ管理課の主宰する総合デスク会議にディレクターが出席して、技術・美術のデスクらに承認を得なければならなかった」と証言している。[*32]

こうした製作環境が大きく変化するのが、一九六〇年代半ば以降である。表①を見てもらいたい。一九六三年一〇月と六七年一〇月のゴールデン・タイムにおけるドラマ番組の形態を比較したものだが、外国のテレビ映画、スタジオ・ドラマが隆盛だった六三年から、六七年になると、今度は国産テレビ映画の本数、時間数が他を圧倒

時間帯	外国テレビ映画（本）		国産テレビ映画		スタジオ・ドラマ	
	～30分	～60分	～30分	～60分	～30分	～60分
1963年10月のドラマ番組本数						
19時～	17	2	5	0	9	0
合計時間	10時間半		2時間半		4時間半	
20時～	2	10	0	3	2	5
	11時間		3時間		6時間	
21時～	6	5	2	1	21	2
	8時間		2時間		12時間半	
22時～	2	4	1	3	10	2
	5時間		3時間半		7時間	
1967年10月のドラマ番組本数						
19時～	6	2	20	0	3	0
	5時間		10時間		1時間半	
20時～	0	2	0	14	0	7
	2時間		14時間		7時間	
21時～	4	4	6	9	9	5
	6時間		11時間45分		9時間15分	
22時～	0	2	2	2	1	6
	2時間		2時間45分		6時間15分	

表①　ドラマ番組の形態の量的比較（日本放送協会総合放送文化研究所編『放送学研究28』より作成。ひとつの連続ドラマで1本という計算。1963年はNTV、TBS、フジテレビ、NETの4局合計、67年は東京12chを加えた5局の合計を表す）

しているのがわかる。冒頭でも述べたが、古田尚輝は一九六四年頃から大手映画会社のテレビ映画製作が盛んになったと語り、その理由として、映画会社の余剰人員対策など主に映画産業の視点からこの現象を説明していた。ただし当時の資料を紐解くと、こうした変化の背景にテレビ局側の事情も大きく関係していたことが読み取れる。

一九六〇年代初頭に全日放送が開始され、テレビ局は番組の増産を強いられるのだが、そのさいテレビ局は、設備投資やスタッフの増員を図るのではなく合理化という節約を選択するのである。ＴＢＳの企画担当だった岩崎嘉一は「民放では設備投資にも限界がある。それにやたら人間をふやせない、企業として成立させるためには、マンモス化よりもまず、合理化が必要だった。その合理化の一環として、テレビ映画の外部発注が行なわれた」と、製作上の「合理化」が「外部発注」だと語っている。[*33] すなわち、その盛んになった「外部発注」の中で、テレビ映画を求める動きが加速していったのである。

また、外国のテレビ映画の値上げも、テレビ局が国産テレビ映画に関心を向ける要因となった。一九六四年七月一日から実施されたテレビ映画の貿易自由化により、これまでのテレビ映画の輸入基準単価一本あたり二五〇〇ドル以下という制限が撤廃される。[*34] それに伴いアメリカ側が一方的な値上げをおこなって、一時間もの一本あたり四〇〇〇ドルを要求することもあったと『映画年鑑』に記されている。[*35] こうして、テレビ局にとっても、外国テレビ映画や自社製作のスタジオ・ドラマの代わりに国産テレビ映画を求める機運が高まっていったのである。

次に表①で、国内のドラマ番組の放送時間が拡大していることに注目したい。一九六七年の特に二〇時以降では、六〇分もの国産テレビ映画が主流になっているのがわかるが、この六〇分のテレビ映画製作こそが、大手映画会社が得意とした分野だったのである。確かに三〇分程度の番組もゴールデン・タイムに限らず多数あったが、それらはもっぱら、映画会社ではないテレビ映画専門のプロダクション、例えば新東宝倒産後の国際放映などが、低予算で作っていた。その背景には、「視聴者数も多いワイド番組ともなれば、日本映画五大企業の看板と信用がスポンサーを満足せしめる材料として求められ」て、[*36] 六〇分のワイド番組以外の短時間ドラマを独立プロが担当せざるを得ない状況があったのか、あるいは、独立プロは施設、機材、スタッフなど、映画会社に比べて余裕がないので、一時間の連続ドラマを作る体力がなかったのか、その理由はいろいろと考えられるが、いずれにしても、大手映画会社と独立プロダクションとでは、製作するテレビ映画の規模が完全にとは言わないまでも、ある程度異なっていたようだ。こうした点を踏まえて、以下では一九六〇年代の国産テレビ映画の隆盛、なかでも六〇分テレビ映画の発展に貢献した映画会社の動きを考察してみたい。

一九五〇年代は東映とNETの強固な関係をはじめ、松竹、東宝、大映の三社も、傍系会社や子会社を通して、出資先のフジテレビに番組を提供するなど、各社とも資本提携のある特定のテレビ局とのみ交渉を持っていた。だが一九六〇年代になり、各社はそうした慣例から逸脱していく。まず東宝が、一九六〇年五月にラジオ東京テレビとの提携を発表し、「映画、演劇、テレビ番組の総合企画と共同製作」を目指していく。[*37]この関係は長続きしなかったものの、今度は大映が当時はまだ珍しい一時間ドラマ「人間の条件」を製作し、一九六二年一〇月一日よりTBSから放映され話題を呼ぶ。そもそも本作が、TBSから放映されるようになった経緯も特殊であり、それが業界関係者の注目を集める要因になった。と言うのも、大映は本作を自主的に製作し、そのパイロット版フィルムをTBSとフジテレビに見せて競り合わせるという商法に出たのである。通常は受注を受けてからの製作であるから、それは異例の交渉であったと言える。最終的に「人間の条件」は二六回分総額五五〇〇万円、一本当たり二一〇万円程でTBSが買い取ることになった。[*38] TBSディレクターで、「私は貝になりたい」の演出を務めた岡本愛彦は、こうした大映の試みに対して、「〝人間の条件〟がテレビ局とプロダクションの間の不均衡を多少とも是正した功績は、テレビ映画史に留めていいことでしょう」と、[*39]テレビ局がプロダクションに支払うテレビ映画の販売価格の是正に貢献したと評価している。じっさい、販売価格から逆算して算出される製作費において、一九六二年の「人間の条件」の直前までは、「一時間もの一〇〇万円程度」と言われていたが、[*40]六四年には「大体一時間もので二〇〇〜二五〇万円」と考えられるようになり、[*41]「人間の条件」を挟んで製作費が一気に上昇していることがわかる。

また、前出の放送・映画評論家瓜生忠夫も一九六四年に、「「人間の条件」を契機として、六〇分もの連続ドラマが一本当たり二〇〇万円以上で売れる時代を迎え」、なかには「制作費五〇〇万円と称する作品も現れるよう

年度別(年)	15分	30分	45分	60分	合計
1960		147			147
1961		271		13	284
1962		81	50	90	221
1963	26	1	33	125	185
1964(東京)		25		196	221
1964(京都)		38		53	91

表② 東映テレビ・プロのテレビ映画本数(TBS『調査情報』1964年7月号より作成。連続ドラマ1話で1本という計算)

になった」と述べている。[*42] 彼はさらに、そうした潮流の中で、松竹が六〇分ものテレビ映画を自社で直接作るようになったと指摘する。[*43] 従来は、子会社などが制作したものをテレビ局に提供していた松竹が、自社の施設、機材、人員をそのまま利用して活動を始めたと言うのだ。当時テレビで人気のホームドラマやメロドラマは元来松竹が得意とするところであり、それゆえテレビの影響をまともに受けて不振に陥ったが、今度は六〇分ものテレビ映画の勃興に目をつけて、テレビで挽回する動きに出たと、瓜生は見ていた。彼の調査から、松竹のこうした動きは一九六四年から確認されている。[*44]

東映のテレビ映画製作でも、一九六四年に大きな変化が見られた。時代劇映画の低迷から製作本数に余裕ができた京都の撮影所に、専用ステージ二棟をもつ東映京都テレビ・プロダクションが設立されたのである。これで東京と京都にテレビ・プロが設置され、量産体制が敷かれる。東映の場合、ＮＥＴ以外にも番組が提供されることはあったものの、[*45] それでもＮＥＴとの関係は相変わらず蜜月で、ＮＥＴがスポンサーを探すセールス業務も担ってくれていたことで、テレビ映画作りに集中できたようだ。[*46] 実際に東映テレビ・プロで製作されたテレビ映画の推移を、表②で確認してみたい。

当初は、三〇分ものを中心に製作されていたが、「人間の条件」が放送された一九六二年より、東映でも六〇分作品が多く作られるようになり、六四年には急増しているのがわかる。他には、一五分や四五分作品も作られていたが一過性で終わり、三〇分ドラマも六〇分ものの量産とともに激減している。その勢いのままに一九六九年には、ゴールデン・タイムに放映される国産テレビ映画のうち、三分の一を東映が占めるまでになっていた。なおかつ視聴率一五％程度で及第点とされた中で、一〇本が二〇％を超える好成績であったと言われている。[*47] ゴールデン・タイムという相応の視聴率が期待でき、十分な製作費も見込める時間帯を勢力下に治めていた東映がやはり、テレビ映画製作の旗手であったことは間違いないようだ。

さて、大手の中で唯一テレビ映画に興味を示していなかった日活だが、その日活もついに一九六四年から製作を開始する。思えば、映画会社のテレビ映画製作がこうして活発になる一九六四年とは、五六年以来（日活は五八年から）テレビ局への劇映画提供を拒否していた映画会社が、提供を再開した年にあたり、映画会社の対テレビ戦略が大きく軟化して協調路線に明確に転換した年だった。日活の場合、一九五〇年代後半には、石原裕次郎や赤木圭一郎といった若手スターが同世代の若者に大人気だったことから、テレビ映画を作るよりも日活カラーの強い映画の製作に力を入れようという考えもあり、テレビ映画の製作に乗り出す必要性のないことが強調されていた。[*48] けれども、そうしたスターの求心力が低下し、映画興行が振るわなくなってきたこともあって、日活はテレビ映画に活路を見出さざるを得なくなっていった。日活は、最初の作品「信子」を除いて、それ以後の作品には「これから売り出そうとする新人スターを積極的に主演」させており、[*49] そこに変わらずのスター中心主義の戦略が見て取れる。もっとも、そうした戦略は日活だけに限ったことではなく、大映も「人間の条件」の成功を受けて、元松竹の女優だった藤由紀子を再び映画界で活躍させるなど、「俳優の人気を定着させるには、テレビ映画が一番適当である」という考え方も強くあったようだ。[*50] なにせ、スターの育成という点で、テレビの宣伝効果は凄まじいものがあり、一九六二年の『読売新聞』にも、「テレビ・タレントで映画界ダイヤ混乱」と題して、各映画会社が坂本九などテレビで大人気の歌手・タレントを多忙の合間を縫って、なんとか映画に出演させようとする現状が伝えられている。[*51] こうしてテレビの力を目の当たりにしていた映画会社が、テレビを利用して次世代のスターを養成しようと考えたのは当然のことであった。

四　テレビ映画の位置づけ

それでは、以上に見てきたテレビ映画製作がどれほどの利益を上げるものであり、事業的にどう位置づけられるのかを最後に確認しておきたい。大映テレビ室の室長、武田昌夫は六〇分ドラマを年間三百話制作したとして、それで上がる利潤はせいぜい「優秀な映画が一本ヒットすればあげられる利潤」であり、「この程度のことではテレビ映画の制作によって退潮の映画を盛り返すことはできない」と一九六七年に語っている。[*52] それから四年後に大映は経営破綻してしまうわけで、武田の言葉通り、テレビ映画で「盛り返すことはできなかった」ことになる。また、映画会社のテレビ担当者の中には、「そう儲かるものではありませんよ。制作費の五%、いや三%ぐらいが限度です」と具体的な利益率を上げる者もいた。[*53] ただそうは言っても、観客動員に景気が左右される映画とは違い、テレビ映画は「作品の価値観によってあるいは、視聴率の高低によって、制作費が左右されるものでも決してない」、「着実にかせげる」事業であり、それが映画会社には魅力であったことは間違いないであろう。[*54]

事実、一九六〇年代半ば以降、各映画会社とも本業の不振をボーリングやホテル経営など他のさまざまな事業で埋め合わせようとするのだが、七〇年代以降の推移を見ると、結果的に「着実にかせげる」テレビの仕事へと収斂していったように見受けられる。一九七一年に経営破綻してしまう日活や大映を除いて、松竹、東宝、東映の営業収入の内訳からテレビ事業の位置づけを確認してみる。

松竹は一九六〇年代半ばからボーリング場経営に力を入れ始め、一九六八年下期の決算では、ボーリングが大部分を占める「付帯事業」が、「映画製作・配給」を売上げ構成比で上回るほどであった。[*55] だが一九七〇年になると、そのボーリングの勢いにも陰りが見え始め、一九七三年の下期決算でついに、テレビ映画製作を中心に据えるテレビ部門が九億五〇〇〇万と、四億八一〇〇万に落ちたボーリング部門を抜いて映画、演劇部門に次ぐ売上げを記録するのである。[*56] 東映もまた、一九六〇年代にはボーリング経営に積極的に従事し、松竹以上の市場シェアを誇るほどだった。だが東映では、一貫してテレビ部門の売上げがボーリング経営を上回っており、七〇年代になると全体の構成比においても二〇%を占めるまでに拡大していた。[*57] これは他社では考えられないことで、当然ながら売上げでも三社の中でトップだった。東宝は先の二社と違って、洋画の興行館を多く保持し、その収入で映画興行が映画製作・配給を上回る売上げを記録していた。これに演劇部門の充実が加わり、安定した業績を残していたので、特にテレビ映画製作が目立っていたわけではなかった。ただしそれでも、テレビ部門の売上げは松竹よりも常に上位で、前述の一九七三年下期で松竹が九億五〇〇〇万ならば、東宝は一七億二九〇〇万を記録していた。[*58] こうして三社とも、一九七〇年代にはテレビ映画製作を主軸にしたテレビ部門を、従来からの映画や演劇部門に次ぐ有力な事業として、据えていたのである。

おわりに

一九八〇年代以降も映画会社のテレビ関連事業は積極的に展開していくが、テレビ・ドラマの製作においてはフィルム作品から、実用化してきたＶＴＲ作品へと次第にシフトしていった。一九七〇年に東宝が読売テレビと共同で製作した連続ドラマ「細うで繁盛記」あたりから、映画会社のVTRドラマが現れ始めると、[*59] 七七年のテレビ業界誌『放送文化』には「フィルムからビデオへ」と題した論考が寄せられ、ドラマ番組の傾向がVTRへと流れていく様子が伝えられている。[*60]『松竹百年史 映像資料』では、VTRと表記されている松竹ドラマは一九七三年から確認でき、八〇年を過ぎるとその数が増し、後半には大半がVTRで製作されているのがわかる。[*61] こうしたいくつかの資料から判断すると、映画会社によるテレビ映画製作の隆盛は、一九八〇年頃までだったと言える。

ただし、テレビ映画は、別のものに取って代わられようとも、映画会社がテレビ産業へ接近を図る、文字通りのメディアであったという事実と共に、安定した利益が期待できる重要なコンテンツであり、それは本稿のこれまでの考察から同定されるべきだろう。また、東映のテレビ映画製作が劇場公開も視野に入れておこなわれたことで、新東宝の市場が侵食され、その倒産に少なからず影響を与えたというように、映画会社によるテレビ映画製作は映画史的な〝事件〟として記憶されていいかもしれない。

他方テレビ業界にとっても、映画会社へのテレビ映画の発注は、局内の合理化や輸入自由化に伴う外国テレビ映画の値上げに直面し、不可欠なものになっていった。映画会社が製作した六〇分ものテレビ映画をゴールデン・タイムに普及させるなど、テレビ局もまた一九六〇年代にそうしたテレビ映画で充実したプログラムを形成していったのである。

こうして、映画産業とテレビ業界の初期の関係性を仔細に考察すると、テレビ映画は単なる両者の共存の象徴というだけでなく、両者が抱えていた問題を補完し充足させるものとして、存在していたことがわかる。そしてその実績を積み重ねることで、映画会社のテレビ映画製作は、現代のビジネス・パートナーへと両者を向かわせる大きな原動力になったのではないだろうか。

1――「日本映画製作者連盟」ホームページ（http://www.eiren.org/toukei/index.html）の「二〇一四年度興収一〇億円以上番組」表より。
2――『映画年鑑　一九六一年版』（時事通信社）二八七頁。
3――古田尚輝『『鉄腕アトム』の時代――映像産業の攻防』（世界思想社、二〇〇九年）一〇九頁。
4――同右、八三―八四頁。
5――同右、八五頁。
6――『映画年鑑　一九五四年版』（時事通信社）二〇六頁。
7――『映画年鑑　一九五五年版』（時事通信社）二八五頁。
8――古田、一一三頁。ただし、『白鳥の騎士』の成績は良くなく、浅草の新東宝で週間動員数七六七一名、興行収入五五万円であった（瓜生忠夫「『新諸国物語』の前後　放送と映画の交流と疎外四」『調査情報』ＴＢＳ調査部、一九六六年一二月号、三四頁）。
9――『映画年鑑　一九五四年版』二〇八―二〇九頁。
10――「テレビの発展性は計り知れない大きさだ」（『キネマ旬報増刊　日本欧米テレビ大鑑』一九五三年四月一〇日）四三頁。
11――大川博「テレビ・二本立・直営館」（『合同通信映画特信版』一九五六年七月八日）二―三頁。
12――『映画年鑑　一九五七年版』（時事通信社）三七五頁。
13――大川、三頁。
14――「六社のＴＶ申請について」（『合同通信映画特信版』一九五七年三月一七日）一頁。
15――北浦寛之「興行者たちの挑戦――一九五〇年代から六〇年代の日本の映画産業」（黒沢清・四方田犬彦・吉見俊哉・李鳳宇編『日本映画は生きている（第三巻）観る人、作る人、掛ける人』岩波書店、二〇一〇年）四六頁。

16――「二本立競争と日本映画の信用」（『キネマ旬報』一九五八年一一月上旬号）六五頁。
17――瓜生忠夫「テレビ映画と映画産業（上）」（『調査情報』ＴＢＳ調査部、一九六四年七月号）八頁。
18――東映十年史編纂委員会編『東映十年史――一九五一年―一九六一年』（東映株式会社、一九六二年）二五七頁。
19――野坂和馬「テレビ映画／プロダクションとして」（『テレビドラマ』ソノブックス社、一九六二年六月号）二二頁。
20――瓜生「テレビ映画と映画産業（上）」八頁。
21――瓜生忠夫「ＮＥＴの開局と東映映画　放送と映画の交流と疎外13」（『調査情報』ＴＢＳ調査部、一九六七年九月号）四二頁。
22――瓜生忠夫「続・ＮＥＴの開局と東映映画　放送と映画の交流と疎外14」（『調査情報』ＴＢＳ調査部、一九六七年一〇月号）三三頁。
23――東映十年史編纂委員会編、二五九頁。
24――「発足する第二東映系統」（『合同通信映画特信版』一九五九年三月二九日）三頁。
25――東映十年史編纂委員会編、一六三頁。
26――『映画年鑑　一九六〇年版』（時事通信社）一三五頁。
27――東映十年史編纂委員会編、一七三頁。
28――瓜生忠夫「ＮＡＣの設立と大映の自主制作　放送と映画の交流と疎外15」（『調査情報』ＴＢＳ調査部、一九六七年一一月号）三一頁。
29――『映画年鑑　一九六二年版』（時事通信社）二二六頁。
30――塩沢茂「テレビ映画論」（『キネマ旬報』一九五八年五月下旬号）一二二頁。
31――例えば「私は貝になりたい」を放送したＴＢＳ（当時はＫＲＴ）の広報誌では、脚本家の内村直也が、「これだけのドラマ化を可能ならしめたのは、ビデオ・テープの威力です」と結んで、ＶＴＲの効果を称賛している。詳しくは、内村直也「反響を呼んだ秀作」（『調査情報』ラジオ東京調査部、一九五八年一一月号）三二―三三頁を参照。
32――今野勉『テレビの青春』（ＮＴＴ出版、二〇〇九年）二〇六頁。
33――「ブラウン管の主導権を握るもの《座談会・現場からの発言》」（『シナリオ』一九六七年五月号）四四頁。

34――『映画年鑑　一九六五年版』（時事通信社）七八頁。
35――同右、二七三頁。
36――瓜生「テレビ映画と映画産業（下）」（『調査情報』一九六四年九月号）八頁。
37――『映画年鑑　一九六一年版』二八八―二八九頁。
38――瓜生忠夫「テレビ映画と映画産業（下）」八頁。
39――岡本愛彦『テレビドラマのすべて――テレビ・テレビ局・テレビドラマ』（宝文館出版、一九六四年）二一〇頁。
40――「テレビ映画の現況と未来」（『テレビドラマ』一九六二年六月号）一六頁。
41――「一本立てになるテレビ映画」（『合同通信映画特信版』一九六四年八月九日）二頁。
42――瓜生「テレビ映画と映画産業（下）」九頁。
43――同右、九頁。
44――同右、六頁。
45――NET以外の最初の東映テレビ映画は、一九六二年一〇月に日本テレビより放映された「ヘッドライト」（『映画年鑑　一九六四年版』時事通信社、三二〇頁）。また、京都のテレビ・プロ設立後、大川社長は「NET以外にも営業する」という意志を見せていた（大川博「努力すればよくなる年」『合同通信映画特信版』一九六五年一月二四日、五頁）。
46――田口直也「制作が先行する立場」（『合同通信映画特信版』一九六五年八月一五日）四頁。
47――「東映大川社長の談話から」（『合同通信映画特信版』一九六九年一月一九日）一頁。
48――『映画年鑑　一九六〇年版』三五七頁。
49――瓜生「テレビ映画と映画産業（上）」六頁。
50――「自己防衛への積極策を」（『合同通信映画特信版』一九六三年一〇月二〇日）一頁。
51――『読売新聞』一九六二年一二月二一日夕刊。
52――武田昌夫「テレビ映画の実態と役割」（『シナリオ』一九六七年七月号）七七頁。
53――川野泰彦「映画の脇役・大手五社のテレビ室」（『シナリオ』一九六七年五月号）二六頁。

54——同右、二六—二七頁。
55——『映画年鑑 一九七〇年版』(時事通信社)二〇三頁。
56——『映画年鑑 一九七五年版』(時事通信社)八四頁。
57——東映のテレビ部門の売上げが正確に出ているのは、一九七二年度の上期であるが、そのときには二七億七五〇〇万の売上げを記録し、全体の営業収入の中で二五・六一%を占めていた。
58——『映画年鑑 一九七五年版』八六頁。
59——東宝五十年史編纂委員会編『東宝五十年史』(東宝株式会社、一九八二年)二五一頁。
60——岩切保人「フィルムからビデオへ」(『放送文化』一九七七年五月号)三八—四三頁。
61——『松竹百年史 映像資料・各種資料・年表』(松竹株式会社、一九九六年)三一八—三三九頁。

試論・映画スター大川橋蔵

東映スター中心主義とファンの狭間で

小川順子

10

はじめに

映画会社により売り出されたスターのイメージを、ファンは享受する。そこで共有されたイメージはスターの映画人生を左右するほどの影響力があるのではないだろうか。本論は、東映の看板スターであった大川橋蔵を例に、その影響力について考察した試論である。

戦後、時代劇映画製作を再開した日本映画界は、戦前からのスター達に加え、多くの若手歌舞伎役者を映画界に引き抜き、新たな時代劇スターとして売り出していった。何故なら、時代劇を演じさせるには、着物を着た所作が重要であり、立ち廻りをはじめ舞踊的な素地が必要であったため、一からそれらを仕込んでスターに仕立てるには時間を要するからである。その点、歌舞伎役者達は、幼い頃から所作を身につけているため、あとは舞台臭を消して映画的な演技指導をすればすぐにスターとして売り出す事ができる可能性が高かった。実際に、二代目中村扇雀[*1]、伏見扇太郎[*2]、北上弥太郎[*3]、七代目大谷友右衛門[*4]、中村錦之助[*5]、八代目市川雷蔵[*6]、二代目大川橋蔵が次々と映画界へ転身していった。しかし、全員が時代劇映画スターとして成功したわけではない。数本の映画作品出演ののち、舞台へと帰って行った者達もいる。一方で、デビューから一年もたたないうちに、スターへの階段を駆け上り、各映画会社を支える看板スターとなった者達もいる。中村錦之助、市川雷蔵、大川橋蔵が後者にあたる。その分かれ目は何であったのだろうか。

その要因の一つとして、会社の売り出しとファンの期待が一致した事が挙げられる。

いくら歌舞伎界において次世代を担うホープであろうと、映画会社にとってスターはあくまでも商品である。

特に「時代劇は東映」と看板を掲げ、多くの時代劇スターと専属・準専属契約を結んで作品を世に送り出した東映には、おそらくそれぞれのスターの売り込み方、彼らの役へのイメージが戦略としてあっただろう。そして、作品（商品）を見る観客は、そこから贔屓のスターを見出し、ファンとなる。ファン達は後援会等を作り、冊子を発行したり、スターとの交流を持ったりする。それはファンの要求を作り手側に伝える場であるともいえる。スターは会社にとっては商品であり、会社の命ずる作品に出演する立場であると共に、ファンサービスを行い、ファンの要求へある程度応えなければならない立場でもある。つまり製作者とファンとの間で共有されたイメージは、彼らの映画人生に大きく影響を与えている可能性が高いと考える。そしてその影響が俳優に良い方向に及ぼされた時、彼らは新しいスターとして映画界に君臨できるのである。ある意味、いくら製作者がスターとして売り出したとしても、ファンがつかなければ成立しないのだ。そこで、本論では、ファンが作った冊子等からファンの言葉をみていく。そして、それらが実際の映画作品にどのように関係してくるのか、あるいはスターを取

図①　『とみい』(上：5（5）、1960年11月、下：5（11）、1961年5月）

り巻く環境に何らかの影響を与え得るのか考えてみたい。

対象とする映画スターは先述した様に、東映の大川橋蔵であり、冊子は大川橋蔵後援会会誌『とみい』である。後援会会誌は非売品のため入手できたものに限る。その他、同時代の雑誌等も参照する。

大川橋蔵を対象に選んだのには、以下の理由がある。

東映の製作する時代劇映画の特徴は明るく楽しく、「勧善懲悪」「煌びやか」「大衆娯楽劇」である。スターは悪人を斬り伏せても返り血を浴びない綺麗な役どころが圧倒的に多い。そのため新しい時代劇スターも二枚目の綺麗で強いイメージで売り出すのが常套手段だ。しかし、周知の通りテレビの急速な普及により、右記の様な東映時代劇映画が映画界で大輪を咲かす事が出来たのは一九六〇年代初頭までである。ほとんど日本映画界のピークと軌を一にしている。その後、一九六三年からは東映はやくざ路線へと舵を切り、時代劇映画も勧善懲悪ではなく内容が複雑になり、暗い陰惨な描写が好まれる様になった。また、大量生産よりは大作主義に傾き、時代劇映画製作本数は急速に減少していく。そのような中、現代劇を含めあらゆる役どころに挑戦できるスターは、やくざ映画に出演したり、あるいは陰惨な描写にも果敢に挑戦したりと、スターとして大成し生き残っていく。しかし、その波にうまく乗れなかったものは、ある意味「映画スター」として生き残れず、映画から去っていく事になる。誤解を恐れずに言えば、大川橋蔵は後者であった。彼は一気にスターダムに上り詰め、スターとして大きな期待を背負っていたが、映画界の急激な変化に対応しきれずに「映画スター」としては大成できなかった。但し、あくまでも「映画スター」としてであり、彼がいち早くテレビに転向し、スターとしてその生涯を終えた事は言を俟たない。つまりスターの素質はありスターとして大成できるにもかかわらず、戦後映画界での活躍に限界があったのには、会社の方針とファンが共有するイメージが大きな影響を及ぼしたのではないだろうか。それ故に、映画スターとして大川橋蔵を対象に選び、考察を試みた。

一　大川橋蔵の生い立ち

既に大川橋蔵が亡くなって三〇年以上が経っている。いまだに大川橋蔵のファンの集いはあるが、映画スターとしての大川橋蔵よりもテレビ時代劇「銭形平次」の橋蔵ファンが多い。大川橋蔵はどのような人物であったのか。まずは、大川橋蔵の生い立ちを振り返りたい。何故ならば、映画界で活躍する橋蔵を批評する際に、かなりの確率で彼の生い立ちについて言及がなされるからである。

大川橋蔵の生い立ちについては、大川橋蔵についてこれまで出版された書籍や雑誌に掲載された橋蔵自身による自伝等を基にまとめる。[*7]

大川橋蔵は、一九二九年四月九日、東京・浅草にて父・田中進、母・笠原たかの四人兄弟の次男として生まれ、富成《とみなり》と名付けられた。しかし、生まれてすぐ小野六三郎と笠原よねの養子となる。養母となった笠原よねは富成の祖母にあたる。彼女は柳橋の芸妓だったそうだ。富成は、養父母である小野夫妻のもとで愛情一杯にかわいがられて育つ。ちなみに養父の小野六三郎はもと歌舞伎役者の二代目市川瀧之丞である。家は花柳界の真ん中の柳橋にあり、富成は三味線の音を聴いて育ち、養父に連れられて歌舞伎の舞台や楽屋に出入りしていた。そのような環境にいたせいか、舞台の振りを真似たりしていたそうである。また、五つの頃から養父の意思で藤間流宗家・藤間勘十郎に踊りを習い始めた。のちに名取りになり「藤間勘之丞」という名をもらう。

一九三五年、四代目市川男女蔵（三代目市川左団次）の部屋子となり、市川男女丸を名乗る。同年一〇月に歌舞伎座にて『伽羅先代萩』の鶴千代で初舞台。この時、のちの養父となる六代目尾上菊五郎が政岡を務めていた。その後、六代目が多くの歌舞伎の子弟を集め、稽古をつけていた時に男女丸もその中におり、厳しい稽古に黙って耐えていた。そのような中、養子の話が持ち上がってきたそうだ。

一九四四年一〇月に六代目尾上菊五郎の養子となり、市川男女丸改め二代目大川橋蔵を襲名する。ただし、戸籍上は尾上菊五郎夫人の生家の丹羽家を継ぐ事になったため、丹羽富成に改姓。実質は、尾上菊五郎の寺島家の一員として生活をしていく事となる。菊五郎には、養子である長男・七代目尾上梅幸と実子の二代目尾上九朗右衛門がいた。尾上家では、橋蔵だけが大川を名乗る事となった。大川橋蔵という名はかつて三代目尾上菊五郎が大阪にて使用した名前であり、尾上家において由緒ある名である。すでに二人の息子がいる中、迎えた養子に対する六代目菊五郎の愛情の表れなのかもしれない。菊五郎の養子になってからは、これまで以上に厳しい修行の日々を送るようになった。また当時は、菊五郎夫妻と一緒に生活をする息子は橋蔵一人であった。そのために普段の生活においても、橋蔵は菊五郎が何か言う前から行動を先に読み、対応するようになっていった。また、菊五郎は稽古の時は鬼のように厳しく、女形としての立ち居振る舞いを身につけさせるために、裸にして稽古をつけたり膝が開かないように両足を結んで稽古をつけたりしていた。そして、橋蔵は尾上菊五郎劇団の中ではもっぱら女形として修行を積み、舞台を務めていた。

そうした日々の生活を通じて、もともと几帳面であった橋蔵は、人の気持ちを敏感に読み取り行動する術を身につけていった。

しかし、一九四九年七月一〇日、六代目尾上菊五郎が死去する。父なき菊五郎劇団で兄や先輩に教えられながら舞台を踏み続けていた中、同世代の若手役者達が次々と映画デビューしていく。当然、橋蔵のところにも映画会社から話が来ていた。彼は相当悩んだらしいが、当時の女形としては身長が伸びすぎたりと舞台での悩みも抱える中、映画に転身した若手役者仲間達からもしきりに誘われ、ついに映画出演を決意する。

一九五五年二月、東映に入社し、一一月（封切一二月）『笛吹若武者』（佐々木康監督）でデビューを果たした。当時二六歳だった。同年一二月に、京都・祇園でのちに大川橋蔵夫人となる沢村真理子と出会う。真理子は当時売れっ子の舞妓であった。橋蔵本人は二、三本映画に出演し、手応えがなければ舞台に戻るつもりであったと回想している。また東映を選んだ理由として、マキノ光雄専務の次のような力強い言葉があったそうだ。「一度や二度失敗したところで構わない。僕は、お前が失敗しようが、拙かろうが、主演を続けて撮って行って、そして、スターに仕立ててから、会社が儲けさしてもらう。（中略）だからなによりもまずやればいいんだ。売るのは俺の方だから、失敗してもいいから思い切ってやれ」と。その言葉に自信がつき、映画界入りを決心したそうだ。[*8]

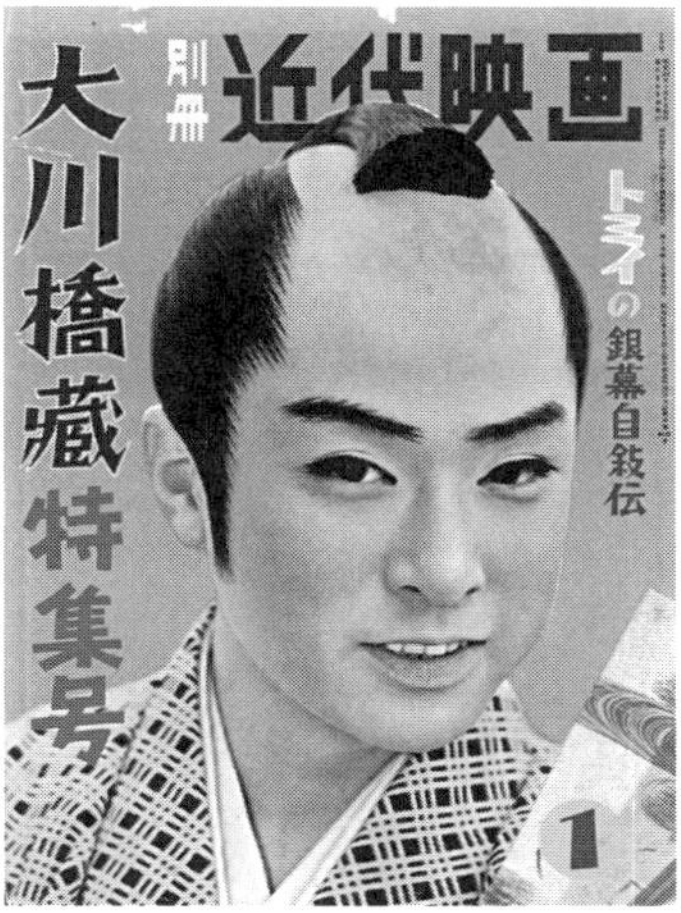

図②『別冊近代映画　大川橋蔵特集号』（1959年1月）

そこから、主演映画、先輩スター達との共演、正月やお盆に合わせたオールスター作品の出演等、矢継ぎ早に映画出演していき、二年後には先に映画界入りした中村錦之助と雑誌のファン投票で一位を争うほど売れていく。橋蔵はデビューから五年を振り返って、会社の売り出す方針と、「観客が若い人の主演者を見たいという当時の時期がピッタリしたわけで、そのレールに乗ったのが、スターとしての出発点」であったと述べている。[*9] 多忙な映画撮影の合間に後援会主催のファンとの集い等では、歌舞伎役者本来の舞踊等を披露し、さらにファンの心を摑んでいく。

一九六二年八月、東映・明治座提携特別公演「東映歌舞伎」第一回公演が開催され、久方ぶりに歌舞伎役者として舞台に立つ事になった。それからは映画と舞台に活動の場を広げていく。東映歌舞伎は、その後大川橋蔵によって支えられていく事になる。私生活においては、一九六四年二月に長男・朋廣が誕生。その二年後一九六六年三月一八日に沢村真理子と結婚する。この年は、橋蔵にとって大きな転機となった。日本映画界の急激な変化に伴い、橋蔵の出演作品本数も減っていき、橋蔵自身も身の処し方に悩むようになっていた。東映は早くからテレビプロダクションを作っており、そこから新たなスターを生み出し映画に出演させるという流れも作っていた。橋蔵はテレビへの転向を考え大川博社長に相談していたが、なかなか許してもらえなかった。しかしついに一九六六年、一本の映画出演後、テレビへと転向した。記念すべき最初の放送が、五月三日のフジテレビ「銭形平次」である。その後、一八年間で八八八本というギネス記録を打ち立て、大川橋蔵のライフワークとなった。翌一九六七年、テレビ「銭形平次」の好評を受け映画化が決定し、映画『銭形平次』（山内鉄也監督）に主演する。これが最後の映画作品となった。同年一二月には第一回大川橋蔵特別公演を歌舞伎座で開催する。この後、橋蔵はテレビと舞台でスターとして活躍していく事となった。一九六九年五月には次男・貞仁が誕生。

だが、順調だったテレビ「銭形平次」シリーズも時代の波には逆らえず、とうとう打ち切りの話が出た。一九八四年四月四日、テレビ「銭形平次」は終了した。その後、五月と六月に放送されたテレビドラマ「蝶々さんと息子たち」に出演したのが最後のテレビ作品となる。

一九八四年五月二〇日に入院。癌が進行していると診断される。八月には一時退院できたが、一一月二五日に再入院する。そして一二月七日、急性肝不全でこの世を去った。享年五五歳。「銭形平次」終了から僅か八か月後であった。「日頃から健康に気をつかい、大酒も飲まずに半年に一度の健康診断を欠かさずにやっていた用心深い人」[*10]といわれていた橋蔵だけに、さぞ無念であっただろう。大川橋蔵の付き人をしていた俳優の峰蘭太郎によると、「銭形平次」シリーズの間は、放送に間に合わせるためにほとんど毎日のスケジュールが埋まっていたという。その間に舞台があり、舞台のため稽古にも余念がなかった。ただ、橋蔵の中ではいつかまた映画にも出演したいという思いがあったという。[*11]

彼の死のタイミングが、はからずも大川橋蔵＝銭形平次のイメージを後世に残す事となった事は否めない。映画生活一一年よりも長い一八年の「銭形平次」役と共に、人生の幕を下ろす事になったのであった。

二　映画スター大川橋蔵

ざっと駆け足で、大川橋蔵の生涯を振り返ってきたが、次にとりわけ映画スターとしての橋蔵を見ていきたい。一九五五年にデビューし、一九六七年の『銭形平次』まで一一三本の映画に出演している。作品の傾向を見るとほとんどが娯楽時代劇作品である。一一三本という映画出演本数が、当時の映画スターとして多かったのか少なかったのか、あるいは平均的だったのかは、現在の日本映画の状況からは判断できないであろう。結論から言えば、決して多くはなく、むしろ当時の映画スターとしては平均的であったといえよう。同時代に映画界入りした東映の若手スター達を見てみると、中村錦之助が一九五五年から一九六六年に東映を退社するまでに出演した本数は一〇六本であり、東千代之介が一九五五年から一九六五年に東映を退社するまでに出演した映画作品は一三〇本である。戦後売り出した時代劇スターとして突出した本数ではないにしても、十分な活躍であった事がわかるだろう。

実際に、公開された情報から橋蔵が出演した映画の本数を年毎に見ていきたい。デビューした一九五五年に公開されたのは二本である。翌年になると一気に増え一四本が公開されている。一九五七年に公開された本数が一番多く一五本。一九五八年と一九五九年が一三本、一九六〇年と一九六一年には一二本、一九六二年には一〇本の出演映画が公開されている。換言すれば、年に一〇本以上の映画に出演していた事になる。しかし、一九六三年の公開本数は七本、一九六四年には八本、そして一九六五年には五本と急激に減少していく。東映がやくざ路線に力を入れた一九六三年以降、時代劇映画の製作本数が減った事を如実に示す数字である。先述したように、一九六六年には橋蔵は三月公開の『旗本やくざ』（中島貞夫監督）を最後に、テレビへと転向していく。

もちろん、一一三本すべてが主演映画ではない。すでに東映には多くの時代劇スターがおり、その相手役やお付き合いとしての出演も多い。例えば、市川右太衛門、片岡千恵蔵の両御大や先輩として親しんでいた大友柳太朗、「マミー・トミー」コンビとファンから親しまれるようになる美空ひばりの相手役としての作品。その他、オールスターの作品。数は少ないが、先に映画デビューした中村錦之助や東千代之介、伏見扇太郎の作品にも初期の頃は出演していた。

そもそものデビュー作も、橋蔵を主演として売り出したものではなく、美空ひばりの相手役である。当時の若手歌舞伎役者の売り出しの一つの方法として、美空ひばりとの共演から始めるというのがあった。プロデューサーの福島通人が「映画入りされる方も、ひばりちゃんと共演という事により、曾ての錦之助君の場合と同様、一挙に可成りのファン層を獲得することにもなると考えたから」と、大川橋蔵の売り出し方について述べている。[*12]

二作目も市川右太衛門のヒットシリーズ『旗本退屈男　謎の決闘状』（佐々木康監督、一九五五年）への出演であり、当然ながら主役は右太衛門である。翌年から、東映は橋蔵を主演とした映画を企画し、本格的に彼を売り出していく。その事は、先述の公開された出演映画の本数が物語っているし、会社の思惑通りスターとなったからこそ、数年にわたり一年に一〇本以上の作品に出演する事となったといえる。

デビューから約半年後、一九五六年六月一〇日に開催された「橋蔵まつり」と共に、大川橋蔵後援会が発足した。案内には次の様に書かれている。「ファンの方は一人残らず入会して、橋蔵さんを後援し、励《はげ》ましてあげようではありませんか[*13]」。会則として、会員には会員バッジを配布、また橋蔵のサイン入りブロマイドがもらえ、毎月会誌が発送される。入会金一〇〇円、会費毎月五〇円と定められている[*14]。大川橋蔵後援会に入会する人は急増していき、北海道から九州まで全国的に支部組織が次々と作られ、ハワイにも支部が作られるようになる。例えば『とみい』第二巻第六号（一九五七年一二月）には「後援会にもとうとう入会し、一〇、六六二の会員番号をいただき、バッチを襟につけ喜んでいます[*15]」という投稿がある。つまり、発足から僅か一年半で会員数は一万人を超えているのである。『別冊近代映画　大川橋蔵読本』（一九五八年三月）によると、「大川橋蔵さんは、去年一

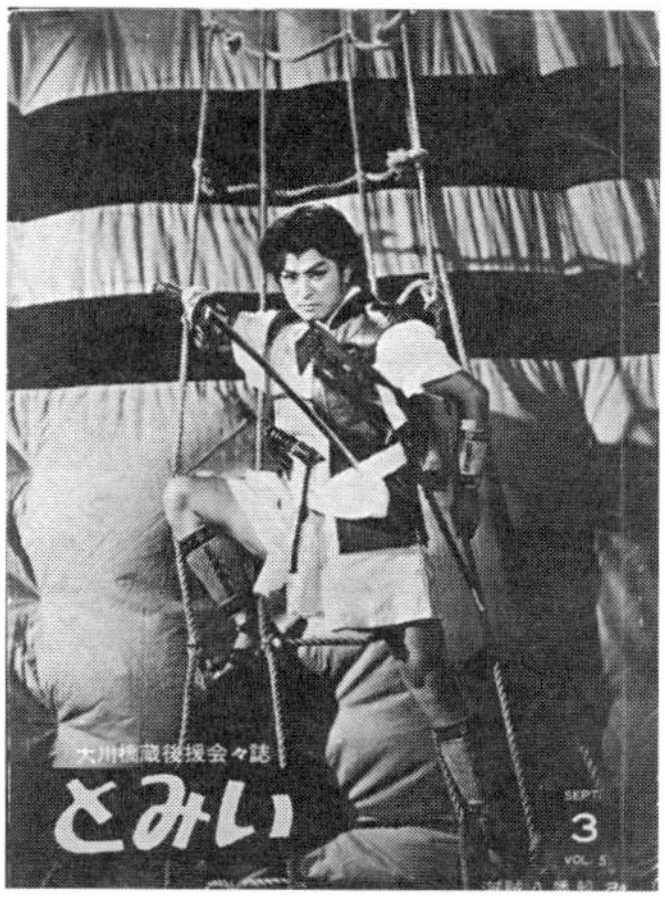

図②　『とみい』（上：5(3)、1960年9月、下：5(7)、1961年5月）

年間の超人的な努力で、見事一九五七年度トップ・スターの栄冠に輝やきました。／現在、いろいろな雑誌や新聞で人気投票の結果が発表されていますが、一位か若しくは二位に必ず顔を見せているのが、われらのトミイです。（中略）先日の東京新聞の報導（ママ）によりますと、海をへだてたハワイにおける日本映画ファンの人気投票でも、一位の栄誉に輝やくという、いまや国際的な進出ぶりです」と報じられている。[*16] デビューして二年で、橋蔵の人気は確実なものとなり、まさに映画スターとして不動の地位を築いた様子が窺える。

『とみい』誌上においてもしばしばファン投票についての言及が見られる。例えば、皆で票を投じて、橋蔵を一位にしようという呼びかけ等である。[*17] まさに、ファンあってのスターである。その事は橋蔵自身もよくわかっていた。『とみい』第二巻第一号（一九五七年七月）に載せられた橋蔵の言葉を引用してみよう。

> 昨年の六月十日、東京国際スタジアムに挙行された『橋蔵まつり』を契機として、後援会が誕生、ここに満一年を迎えた訳です。
> 『舞台』から『映画』へと人生第二のスタートを踏み切った私に対して、その前途を祝福して下さるファンの熱狂的支持を受けました。それから一年、あの日の感激は、今もなお脳裡に深く刻みついて居ります。今『とみい』十二冊を手に感無量と云ったところです。
> 『芸道無限』……この言葉は、私達に与えられた鉄の金言です。後援会の皆様の限りない御声援をバック・アップに「とみい」も第二年目に入ります。かわらぬ御後援をお願い致します。[*18]

後援会との関係の近さ、ファンへの気持ちにきちんと答えようとする姿勢が窺われる。

橋蔵はファンを大切にし、忙しい撮影の合間を縫ってファンレターに目を通し、彼らの言葉に耳を傾け、自身の演技に反映するよう努力していたという。[*19] また後援会誌に正月映画に「纏《まとい》もの」を考えているが、なにかよい原作がないかというアンケートを投げかけ、ファンの意見を積極的に取り入れようとしていた。[*20] この様に多くのファンに支えられて、大川橋蔵は映画スターとなったのである。

三　会社の方針、橋蔵への評価、そしてファンの欲望

映画スターとして歩み出した大川橋蔵は、実際にどの様な役を演じたのか、そして会社がどのように彼を位置づけていたのかを見ていこう。次にそれに対する橋蔵への評価やファンの反応を照合してみたい。それにより、橋蔵にはどのような作品や役柄が望まれていたのか、換言すれば映画界（東映映画作品）における彼の立場／位置づけが見えてくるかもしれないからだ。

一一三本中、現代劇は『バラケツ勝負』（松田定次監督、一九六五年）の一本のみである。一九六五年の作品である事から分かる様に、東映は既にやくざ路線に切り替えておりその流れで製作されたものである。橋蔵はやくざもの（股旅もの）を演じる際にも、「実は由緒正しき武家の子息」という設定が非常に多い。この作品も例に違わず、バラケツ（神戸の方の方言で愚連隊や不良という意味）を橋蔵が演じているが、実は名刑事の息子という設定である。やくざ路線の流れを受けても、橋蔵の演じる役には「気品」「名家」のイメージをつけようとする会社の方針が窺える。

その他はほとんどが娯楽時代劇であり、役柄は若侍や旗本の次男坊等いわゆる侍の役、火消し等の町人、股旅

ものにおける旅烏や侠客、義賊や忍者等である。浪人ややくざものであっても、実は公儀大目付等の役が多いのも特徴である。それらを含めると一番多いのは侍役で、実に出演作品の半数強を占める。[*21] 侍役の代表は橋蔵の当たり役である「若さま侍捕物帖」シリーズの若様や、「新吾」シリーズの葵新吾が挙げられる。次に多いのが、町人とやくざ（股旅もの）・侠客で、一五本ずつある。ただ侠客等は、例えば『任侠清水港』（松田定次監督、一九五七年）のようなオールスター作品が含まれるため、橋蔵主演ではむしろ股旅ものとなる。その中でも「草間の半次郎」という役名で四作品が撮影されており、ファンの間でも人気が高い。[*22] 町人では火消しの役等は好評である。作品例を挙げると、『花吹雪鉄火纏』（河野寿一監督、一九五七年）、『江戸っ子肌』（マキノ雅弘監督、一九六一年）等がある。所謂義賊は五本ほどである。橋蔵自身が「どんなに素晴しい役でもね、悪人は絶対にやりたくないの。例えば鼠小僧。義賊かも知れないけど、やっぱり盗みを働くんでしょう。そういう役は嫌い」と言っていたが、[*23] これまでとは違った描き方の『大江戸の侠児』（加藤泰監督、一九六〇年）は自ら望んで出演したといわれている。[*24] 忍者は『赤い影法師』（小沢茂弘監督、一九六一年）と『風の武士』（加藤泰監督、一九六四年）の二作品である。

大川橋蔵の作品の特徴は死ぬ役がほとんどない事である。[*25] これは明らかに会社の方針である。『炎の城』（加藤泰監督、一九六〇年）では、主人公が生き残るという結末に納得がいかずに撮影中もいろいろな人に問いかけていた加藤泰に触発されて、橋蔵自身も死ぬ結末に賛成するようになった。[*26] しかし、これも会社の方針で死ぬという結末には変更できなかった。そのためにこの作品は酷評にあい、加藤泰は「壮烈なる失敗作である」と言っている。[*27] また『月形半平太』（マキノ雅弘監督、一九六一年）では、死を連想させるラストシーンにし、死を曖昧にしてしまっているし、『この首一万石』（伊藤大輔監督、一九六三年）でも壮絶なラストの立ち廻りの末、数丁の鉄砲が発砲されるシーンで終わり、死に姿をはっきりとは映さない。結局、主演で死ぬ姿が描かれたのは、一九六四年の『幕末残酷物語』（加藤泰監督）ぐらいであろう。[*28]

会社が橋蔵をまず売り出すために選んだ作品が「若さま侍捕物帖」であった様に、[*29]橋蔵の売り出し方の特徴は気品のある「若さま」のイメージを前面に押し出す事であった。そのため、橋蔵は映画においても常に「綺麗」さを求められ、「颯爽」「華麗」「優美」といった形容がぴったりくる役柄を演じる事が必然的に多くなった。勿論その売り出し方の裏には、女形としての実績と六代目尾上菊五郎の養子という名門出の生い立ちがある。ファンもそれを当然のように享受した。[*30]そのためか、所謂「汚れ役」も当然少ない。

ところで、大川橋蔵のファンにはどういう人が多いのだろうか。『とみい』の投稿や掲載されている会員の名前等から推測するにほとんどが女性ファンで占められている。イニシャルや性別が推測できないペンネームもあるが数は少なく、男性会員はおそらく一割にも満たないであろう。雑誌においても橋蔵のファンのほとんどは若い女性であると報告されている。[*31]とはいえ、すべてがミーハーなファンであるわけではない。会社側等に積極的に橋蔵の企画や要望等を働きかけていた後援会の女性グループもあったようだ。橋蔵はファンに恵まれているとしばしば雑誌上でも触れられている。[*32]

だが、二六歳でデビューした橋蔵も、四年もたてば三十路を超える。いつまでも「綺麗な若さま」のイメージだけでは役がマンネリ化してしまう。その事については、橋蔵自身もファンのイメージをこわしてはいけないが、ただ回をかさねるだけではなく、工夫をこらさなければならないと意識していた。[*33]また、一九六〇年代に入ると、今までの役のイメージに縛られずに、果敢に役幅を広げようとしていた。その背景には、同じ東映のスターである中村錦之助の演技の評価のされ方や受賞[*34]があり、また仲の良い市川雷蔵の現代劇『炎上』（市川崑監督、一九五八年）への挑戦と成功等がある。この事について橋蔵は雷蔵が自分とは全く対称的であり「うらやましいの一語に尽きる仕事っぷり」と述べている事からも、相当意識していたと思われる。[*35] 橋蔵自身も、『とみい』や雑誌において、今後挑戦したい作品名を述べたりしているが、実現されなかったものも多い。[*36] おそらく一番有名なのは『源氏物語』であろう。来年こそは、来年こそはと言い続け、[*37] ファンからも批評家からも実現を望まれていたが[*38]ついに叶う事はなく、とうとう『源氏物語』の映画化の不可能性を示唆する言葉を橋蔵本人が口にするまでとなってしまった。[*39] おそらく、他人と対立する事を避け他人の気持ちを先に読むように育ってきた橋蔵の性格が、ごり押しをしてまで会社と掛け合う事をどこかで回避してしまったのかもしれない。橋蔵の師匠である市川左団次も映画入りして順調に伸びている橋蔵を認めつつも、周囲に気を使いすぎる橋蔵の性格が今後の伸びに影響するのではないかと気にしていた。[*40] 中村錦之助はよくスタッフ達と飲みに行ったという話があるが、橋蔵に関してはあまり聞かない。[*41] そのためか後年に「橋蔵には仕事の場の付き合い以上の友人は本当に少なかった」[*42]と回想されている。あくまでも推測でしかないが、スタッフと飲みに行ったりして気安く付き合っていると、自分の挑戦したい作品等を会社側に伝え易いのではないだろうか。スター本人だけが掛け合うのではなく、その事を知っているスタッフ達が後押しする可能性が高いと思われる。それと先述した様に、個人の性格も大きく関わっているだろう。

それでも作品や監督を見る限り、橋蔵は自分の殻を破ろうと健闘している様に見える。それに貢献した監督の一人が加藤泰であった。『紅顔の密使』（一九五九年）では、拷問され目を焼かれる（様な）シーンがある。加藤泰自身も『大江戸の侠児』の時に「橋蔵君としても、いままでにない渋い作品となるでしょう。が、それに意欲を燃しているのは、非常にいいことだと私も思っています」と述べている。[*43] 先述した『炎の城』の取り組みからは、ただ脚本に従うのではなく監督と共に作品を良くしようと働きかけた一面が窺える。また、『幕末残酷物語』は、橋蔵自身が岡田茂に「ひとつ私に異色の時代劇をやらせてもらいたい。マンネリの企画が時代劇が（ママ）衰退させているので、是非とも」と言い、「それじゃ橋蔵君のイメージを変えるようなものということで出した」企画であったという。[*44]

その他の作品を見ても、例えば、『海賊八幡船』（沢島忠監督、一九六〇年）では初めてつけまつげをせずに出演をしたり、つけ胸毛をしたりとイメージの変更に取り組んでいる。しかし、二〇年の歌舞伎役者としての厳しい修行で培ったものはそう簡単には変える事はできなかった様である。当時、加藤泰の助監督を務めた長谷川安人は「『紅顔の密使』や『炎の城』に付いて共通した一番の印象としては、加藤さんが、主役の橋蔵さんのキャラクター、肉体的条件、幼少の頃から板の上で培われた所作、振舞い等々に対して、そのどれもこれもが一朝一夕にどうこう出来るものではないことに悩んだ点です。いかに強靭にして逞しい男に仕立てるか、何回も扮装テストを繰り返しましたが、それも限界がありました」[*45]と述べている。

一九六二年には大島渚監督と組み『天草四郎時貞』に挑戦。出演本数が減少していく一九六三年には『この首一万石』に出演し、一九六四年には『幕末残酷物語』のほか、異色の監督として名高い石井輝男の作品『御金蔵破り』に出演する。だが、この作品は岡田茂が発案したフランス映画『地下室のメロディー』（アンリ・ヴェルヌイユ監督、一九六三年）の翻案企画であった。会社の方針に則り、橋蔵の役どころはアラン・ドロンのイメージであった。[*46]

東映はあくまでも橋蔵に暗い陰惨なイメージをつけたくなかったようだ。[*47]明るい「若さま」のイメージを崩そうとはしなかった。一九六一年の『おとぼけ侍』の映画化においてもタイトルを『橋蔵の若様やくざ』に変更し、

「若様」という言葉を入れた事自体が東映の姿勢を示している。その事に対する疑問も勿論出されている。少し長いが一例を紹介しよう。

橋蔵は「若様やくざ」という題名に余りのり気でなかったときいている。真偽は知らぬが、これは橋蔵の肩をもちたい。若様で売ってきた橋蔵だから「若様やくざ」としたのだろうが、これがマンネリズムの尻ッ尾をまだくっつけていることである。思い切って原題通り「おとぼけ侍」とした方がよかったと考える。「おとぼけ侍」では弱いとでもいうのだろう。これまでの東映の感覚ならそうなるのである。そういうことがいまの壁そのものなのだ。（中略）こういう空気を当事者は誰よりも強く感じているにちがいない。橋蔵にも模索がある。「炎の城」でどうしても悲劇としての終末をつけられなかった矛盾をヒシヒシと感じながら橋蔵はマンネリズムの枠にはめざるをえなかった。そこからいま橋蔵はいつ脱出するか。[*48]

だが、会社の方針は変わらなかった。一九六四年公開の『風の武士』のプレスシートには宣伝のポイントとして「大川橋蔵の忍者ものです。だが、暗いリアリズムではなく、「忍者も人間だ」というロマンがテーマです。橋蔵を正面に押し出すのは当然ですが、明るい青年橋蔵を売るように心がけましょう」と書かれている。会社は大川橋蔵をいつまでも「明るい」系統で売り続けようとしていた。結局その様な方針により、大川橋蔵は急変する日本映画界で映画スターとして大成する道を阻まれたといえる。一九六〇年代に入ると映画界に求められたのは、明るさとは正反対の「暗さ」「残酷」を基調としたリアリズムである。先述した『風の武士』において確認できるように、橋蔵を売る方針はその路線を真っ向から否定していた。

では、批評家達は橋蔵をどう評価していたのであろうか。デビュー以来、橋蔵を高く評価する時には必ずと言っていいほど六代目尾上菊五郎によって鍛えられた舞踊の素質や、身のこなしに言及している。この点はファンも同様である。一例を挙げると「六代目の養子という育ちの良さに、芸のきびしさというものを痛切に感じてきた人だけに一寸した立ち姿にも寸分のすきもありません」といった様なものだ。[*49] そして、映画デビュー五年を経た一九六〇年代に入ると、綺麗さだけではなく橋蔵に大きく殻を破ってほしいという期待の言葉があちこちで見られるようになった。雑誌の対談をみても、一九六〇年からの橋蔵のイメージ脱却の挑戦を高く買っている。しかし一方で「橋蔵さんという俳優は、少数の人の対象ではなく、大衆を対象とする方だと思うんですよ。ですから、大衆的な分野で、大衆の中の俳優だというところに立って欲しい。そして、その中にこそ、橋蔵さんの俳優としての長い生命があるように思いますね[*50]」という様に、根底では「大衆」受けをする娯楽映画でこそ、橋蔵は大成するという点で共通している。[*51] とはいえ、それは映画界が進んでいく方向ではなかった。ということは、役幅を広げようとこれまでのイメージを打破する役に挑戦する大川橋蔵を応援しつつも、結局彼の魅力は六代目菊五郎の薫陶を受けた舞踊によって鍛えられた美しさや綺麗さであり、黄金期の時代劇映画に求められた老若男女を問わず楽しめる大衆向けの娯楽映画においてしかスターとして大成し得ないという事になる。[*52]

では、橋蔵の挑戦に対してファンはどうであったのか。橋蔵にとっての挑戦作と位置付けられる幾つかの作品について、ファンの言葉を見てみよう。もちろんファンであるからどの作品であろうと橋蔵をべた褒めしているものが大半であるが、中には厳しい言葉もみられる。例えば『海賊八幡船』について、まつげをとって「リアルな顔にした方がたくましさが出るというのでやったんですが、ファンから、早速、目が脹れぼったいとか、美しくないって言われた」と橋蔵は述べている。[*53]『炎の城』については、橋蔵が以前よりも太った体型についてがっかりしたことが書かれていたり、「（筆者注――橋蔵は）蔭のある暗い面のみを強調した役柄の出し物には不向き」であり「明かるく軽快で色彩の溢れた物に彼の生かさるべき持味がある事を、今更らの様に思い知らされる」という意見や「狂気場面は特に演技過剰だった」等ラストシーンの是非を含め、あまり評価は良くない。[*54]『天草四郎時貞』については「今迄の橋蔵さんと比べたらおそらく一番美しくないメーキャップかもしれない」とメイクに着目している。おおむね「試金石」「見事な進歩ぶり」等評価をしているが、作品としては大島渚をやり玉に挙げ、あきらかに失敗とする等、受け入れられていない。[*55]『この首一万石』については、意欲を高く買う発言も多く見られるが、一方で「時代劇の巨匠・伊藤大輔監督との初顔合わせとあって、その意欲ぶりもうかがえる。がしかし第一回作品というのは、試金石であってうまくゆけば成功するが、なかなかその持味を引き出すことは難しい。（中略）まだ半太郎（筆者注――『この首一万石』の前に公開された『いれずみ半太郎』）のほうが好きだった」「成功したとは言い切れない」[*56]という発言もみられる。

　また方向性についても、例えば、他のファンに批判される事は承知だが「今私が橋蔵様に願う事は演技派にならず、よごれ役を演っていただき度くない」、「死ぬ役は反対」や「橋蔵さんの映画なら誰もが見るようなスターになってほしい」といった意見も少なくない。[*57]また「従来の様な彼独特の明るい物が少なくなっている事です。彼の様に天性の美を持つスターの少ない現在の映画界に於て、もっと彼本来の作品が作られて良いと思います」[*58]や「明るく優雅な橋蔵さんのトレードマークはあく迄大切に」[*59]という発言の様に出演作品や役どころに不満が見られる。模索の上、一九六四年には『幕末残酷物語』等の意欲作に自ら取り組んだが、ファンには受け入れられなかった。一九六五年の『東映の友』を見ると、『大勝負』の作品決定を受けて「橋蔵ファンの間では大さわぎ。これとあい前後して出された後援会誌〝トミー〟に「〝艶〟こそあなたの命、それを失ったらあなたの映画はなんの魅力もありません」と、はなはだ手きびしい投書がのった矢先だけに、今度の役どころは、フラン《（ママ）》をよろこばせるのに充分だったわけ」と報告されている。[*60] この作品の前に公開されたのが唯一の現代劇『バラケツ勝負』であり、不評であった。ファンの言葉に「私達の橋蔵さんには「やくざ者」「若様者」のほうがとってもいいと思います」（『とみい』第八巻第六号、一九六三年一〇月、一二三頁）とあるように、『大勝負』では元武士である旅鴉の役である。橋蔵の挑戦は否定されたように見える。これらの言葉に顕著なように、やはり橋蔵に求めるものは大半が「明るさ」「綺麗さ／美しさ」であったと言えよう。

また一九六二年頃から後援会の会員数が減っていったのである。[*61] それはまるで橋蔵の挑戦についていけないファン達がいるかの様である。橋蔵は「現代劇」も一九五八年頃から毎年の様に口にしていたが、漸く実現したのが『バラケツ勝負』であった。峰蘭太郎によると、この時も目張りを気にして、アイペンシルを持ってメイク係がずっと後ろをついて回っていたそうだ。[*62] 目が魅力というファンの言葉を自分の魅力としても認識したせいかもしれない。現在の大川橋蔵のファン達も、同様である。『バラケツ勝負』を好きな作品に挙げる人は一人もおらず、橋蔵の一番の魅力は「美しさ」「綺麗さ」なのである。

おわりに

会社の方針も、批評家やファン達が橋蔵に求めたものも、大衆に向けた娯楽映画であった。ファンや他人の言葉にも常に耳を傾け、自身の成長に反映させようとしていた橋蔵は、いつしか自分自身に最も適しているのが大衆向けの明るい作品であると思うようになったのではないか。中村錦之助のように、会社を飛び出し自らのプロダクションを起こしてまで己のやりたい事を貫こうとする性格の持ち主でもなかった。

何度も繰り返しているが、一九六〇年代後半になると、もはや明るい楽しい娯楽時代劇映画は観客に求められていなかった。では、大衆は娯楽作品を観たくなかったのであろうか。否である。誰もが安心して楽しめる明るい娯楽作品はいつの時代も大衆に求められ続けていた。一九六〇年代にそれを実現したメディアがテレビだったのである。だからこそ、大川橋蔵はテレビに転向し、永遠のスターとして大成していったのである。ただ、映画というメディアではなくなっただけなのだ。

『とみい』をはじめ実際に入手できなかった同時代の雑誌等に載せられたファンの声をきちんと反映できていないため、あくまでも試論である。今後の課題としたい。

1——四代目坂田藤十郎。一九五三年に映画デビュー。一九五五年に宝塚映画と専属契約を結ぶ。

2——中村又太郎。二代目中村又五郎の弟子。一九五五年に映画デビュー。大川橋蔵は一一月だが、伏見扇太郎は二月封切の映画で先にデビューしている。

3——八代目嵐吉三郎。七代目嵐吉三郎の長男。嵐鯉昇の名で関西歌舞伎界の若手として舞台に立っていたが、一九五二年本名にて映画デビュー。

4——四代目中村雀右衛門。六代目大谷友右衛門の次男。一九五〇年に映画デビュー。

5——萬屋錦之介。三代目中村時蔵の四男であり、叔父が一七代目中村勘三郎である。一九五三年に映画界入りし、一九五四年公開の映画で美空ひばりの相手役としてデビューした。

6——三代目市川寿海の養子。一九五四年に映画デビュー。

7——大川橋蔵「半生記　父の教えに生きる」（『平凡別冊　スタアグラフ大川橋蔵集』一（一）、一九五六年七月）一三八—一四四頁、大川橋蔵「長い精進の道」（『時代映画』六六、一九六〇年一一月）七―一一頁、大川真理子『ふたりひとつ――私の橋蔵親分』（フジテレビ出版、一九八五年）、丹羽真理子編『大川橋蔵』（ワイズ出版、二〇〇四年）等を参照。

8――大川橋蔵「長い精進の道」（『時代映画』六六、一九六〇年一一月）一〇頁。

9――同右。

10――渡部保子『昭和のスター　最後の証言』（収穫社、二〇一二年）七九頁。

11――二〇一五年一月一八日に東映京都撮影所において筆者が行った峰蘭太郎氏へのインタビューより。

12――福島通人「橋蔵売り出す」（『別冊近代映画　大川橋蔵読本』一三、一九五八年三月）三四―四三頁。

13――大川橋蔵後援会「大川橋蔵後援会御案内」（『平凡別冊　スタアグラフ大川橋蔵集』一（一）、一九五六年七月）一四四頁。

14――同右。

15――中村昭三「とみい一家」（『とみい』二（六）、一九五七年一二月）一六頁。

16――「大川橋蔵　明日のスケジュール」（『別冊近代映画　大川橋蔵読本』一三、一九五八年三月）九五頁。

17――『とみい』二（九）、一九五八年三月、一三頁。『とみい』四（七）、一九六〇年一月、二三頁。『とみい』四（八）、一九六〇年二月、二一―二二頁。『とみい』四（九）、一九六〇年三月、二二―二三頁。『とみい』四（一〇）、一九六〇年四月、一七頁。『とみい』五（一）、一九六〇年七月、二四頁。『とみい』六（一）、一九六一年七月、二一頁等。

18――大川橋蔵「後援会のこと」（『とみい』二（一）、一九五七年七月）一頁。

19――作家の瀬戸口寅雄が『とみい』に寄せた文に「橋蔵さんは作家を大事にしてくれるし、ファンを大切にしてくれる。ファンの言葉を決しておろそかにしない。何百通と来るファンレターに眼を通すだけでも、大変な労働だと思われるが、ファンレターは読んで返事を出すだけではない。レターの内容を吟味検討し、作品の上で研究し、芸の上で工夫している」という言葉がある（瀬戸口寅雄「片隅のファンとして」『とみい』二（二）、一九五七年八月、四頁）。これもその証左の一つであろう。

20――「とみいよりお願い」（『とみい』二（二）、一九五七年八月）二〇頁。実際、ファンが寄せた原作の上位の中から長崎謙二郎原作「双つ竜直参纏」の映画化『花吹雪鉄火纏』（河野寿一監督、一九五七年）が実現した。また、その数か月後にも「私はいま、いい原作がほしいのです。どうぞ、橋蔵に向くような、いい本がありましたら、お教え下さい。くれぐれもお願い申上げます」という言葉を寄せている（大川橋蔵「いい原作がほしいのです！」『とみい』二（四）、一九五七年一〇月、一頁）。その後も、『とみい』において繰り返し、同じような言葉を掲載している。

21――時代設定が平家、源氏の時代から幕末まであるが、一応武士や侍の設定だと思われるものを数えると、六五本近い。一人二役で町人と旗本の場合は、それぞれ数えていたり、中にも判別し難いものもあったりするため、あくまでも大体の本数である。

22――『喧嘩道中』（佐々木康監督、一九五七年）、『旅笠道中』（佐々木康監督、一九五八年）、『おしどり道中』（佐々木康監督、一九五九年）、『草間の半次郎　霧の中の渡り鳥』（内出好吉監督、一九六〇年）の四本。いずれも役名は共通するが、比佐芳武脚本による別の物語である。また、二〇一二年以降、大川橋蔵のファンによる「縁の会」の集まりに参加した際や、メンバー数人に個別に聞き取り調査をした結果、「草間の半次郎」を好きな作品に選ぶ人が多かった。

23――岡本太郎「新人登場　大川橋蔵」（『時代映画』一四、一九五六年七月）四二頁。

24――稲田城「「大江戸の侠児」魅力のかずかず」（『別冊近代映画　新吾十番勝負特集号』四八、一九六〇年四月）八六―八九頁や『とみい』五（七）、一九六一年一月、一四頁等。

25――オールスター作品等での脇役で死ぬのが『旗本退屈男　謎の決闘状』（佐々木康監督、一九五五年）と『赤穂浪士』（松田定次監督、一九六一年）、『勢揃い東海道』（松田定次監督、一九六三年）の三本である。

26――以下、加藤泰の回想を引用する。「十月の半ばのクランクアップの頃には、遂に主演の橋蔵君も、／「僕、死にます」／と、悲壮な顔で賛成してくれ、プロデューサーや企画の諸氏も、「まあ、あいつがあそこまでいうんだから、一遍本社と相談して見てやろうか」と、言ってくれる処まで漕ぎつけた。プロデューサーの中村氏が難しい顔でやって来て、その結果が分った。／「加藤君、矢ッ張りシナリオ通りに撮ってくれんといかんよ。これは会社命令です」」（山根貞男編『遊侠一匹　加藤泰の世界』幻燈社、一九七〇年、三九六頁）。

27――山根貞男編『遊侠一匹　加藤泰の世界』（幻燈社、一九七〇年）三九五頁。

28――『右京之介巡察記』（長谷川安人監督、一九六三年）の前半で切腹するシーンがあるが果てた姿は映されない。またこの映画のメインはその子供が成長した後の話である。橋蔵は前半では父、後半ではその息子の成長した姿の二役を演じている。

29――福島通人は、橋蔵の人気を高めるためのシリーズものをマキノ光雄と相談し、「城昌幸氏原作の「若さま侍」に目をつけ」たといっている（福島通人「橋蔵売り出す」『別冊近代映画　大川橋蔵読本』一三、一九五八年三月、三四―四三頁）。

30――『とみい』誌上では『新吾十番勝負』の連載を読んだファン（数人）が映画化を熱望している（『とみい』二（一）、一九五七年八月、二〇頁や『とみい』二（四）、一九五七年一〇月、一八頁等）。しかし、『とみい』誌上のファンの言葉を受けて映画化が実現したかどうかは定かではない。現時点でそれを裏付ける証言はみつかっていない。いずれにせよ、新吾も橋蔵の当たり役である事を考えるならば、会社の売り出しイメージとファンの享受したイメージはかなりの高さで一致していると言えるだろう。

31――「大川橋蔵10番勝負（特別アンケート）」（『別冊近代映画　臨時増刊　新吾十番勝負特集号』三〇、一九五九年四月）八九―一〇四頁。

32――北川鉄夫は、後援会の中にある「てっせん会」という婦人グループの事を橋蔵に話したところ「監督さんや技術家を手きびしくやっていて、それを遠慮なく本人のところへおくるのでちょっと弱ります」と苦笑していたそうだが、北川は「え難い支持者をもったものだと思う」と評価している（北川鉄夫「まことに大衆的な――大川橋蔵小論」『時代映画』六六、一九六〇年一一月、一二―一四頁）。

33――大川橋蔵・桜町弘子「希望対談　お正月の夢を愉しく」（『別冊近代映画　若さま侍捕物帖特集号』六八、一九六一年二月）四二―四七頁。

34――例えば、一九五八年度ブルーリボン大衆賞を『一心太助　天下の一大事』で受賞したり、一九六一年の伊藤大輔監督『反逆児』が大きく話題になったりしている。

35――大川橋蔵「大衆に愛されるスター」（『時代映画』一九五九年七月号）三三頁。

36――例えば『源氏物語』や『猫橋』は度々雑誌上で言及されている。市川雷蔵・瑳峨三智子・大川橋蔵・比佐芳武（司会）「初春スターてい談」（『時代映画』一九六〇年一月号）二二―二七頁や岡本太郎・大川橋蔵「対談　大衆と共に歩む」（『別冊近代映画　炎の城特集号』六三、一九六〇年一二月）九一―九七頁等。一九六〇年の『別冊近代映画』の橋蔵の映画が特集される号では、毎号のように『源氏物語』『猫橋』の話が出ている。

37—例えば、対談で「来年の企画になりますが、「源氏物語」は？」と聞かれ「いろんな都合で今年はやれませんでしたが、ぜひ実現させたいと思っています」と答えている（岡本太郎・大川橋蔵「対談　大衆と共に歩む」『別冊近代映画　炎の城特集号』六三、一九六〇年一二月、九七頁）。

38—例えば、別所直樹「トミイに描く三つの幻想！」（『別冊近代映画　幕末の動乱特集号』五六、一九六〇年八月）八二—八五頁や北川鉄夫「橋蔵源氏の映像」（『別冊近代映画　橋蔵の若様やくざ特集号』七八、一九六一年七月）五〇—五三頁等。

39—『とみい』では一九五七年頃からほぼ毎号のように言及されている。『とみい』誌上で中部地区にて行われた茶話会の報告があるが、そこで繰り広げられた一問一答の紹介で「源氏物語はいつごろ？」に対し「現在のところ関心を持っていないの。規模が大きいから、やろうとすると不可能になるので、一生のうちで全部投げうって演りたいの」と答えている（『とみい』六（二）、一九六一年八月、一七—一八頁）。

40—「一つだけ気になることがあった。それはきみが、子供の頃からあまりにきちんとしすぎていたことだ。子供の時分から周囲に気をつかいすぎて、自分ののびのびとした個性をとかく殺しがちだったな。きみの内攻的《（ママ）》な、沈みがちの性質は、大人になった現在でも残ってるし、物事をテキパキと処理する反面、他人とハラをわって交際《つきあ》うことのない用心ぶかさが、私には惜しまれてならない。（中略）正直いってきみの映画には、また《（ママ）》個性が出ていないね」（市川左団次「映画ひと筋に生き抜け」『平凡　あなたの大川橋蔵』増刊一五（五）、一九五九年二月、一六四—一六五頁）。

41—二〇一五年一二月二四日に、東映京都撮影所で行った殺陣師・上野隆三氏のインタビューにおいても、「錦兄」とはよく飲みに行ったが、橋蔵さんとはそういう記憶はないという発言があった。

42—渡部保子『昭和のスター　最後の証言』（収穫社、二〇一二年）八〇頁。

43—加藤泰『加藤泰映画華』（ワイズ出版、二〇一三年）三一九頁。

44—同右、四〇二頁。

45—同右、三一二頁。

46—丹羽真理子『大川橋蔵』（ワイズ出版、二〇〇四年）一七五頁。

47—出典が明らかではないが『とみい』誌上で、ある週刊誌に東映企画部の某首脳部が「橋蔵君の映画で入りが悪るいのは、自分で企画してやりたいと申し出た作品ばかりです。企画は会社のベテランにまかせばいいんですよ」と言っていたらしい。それを紹介しながら、橋蔵が汚れ役に挑戦する事で客足が遠のいているという指摘に対し、憤慨している投稿がある(「ある週刊誌を読んで」『とみい』五(一〇)、一九六一年四月、一七頁)。

48――仙川悠吉「たのしい遊び球を」(『別冊近代映画　橋蔵の若様やくざ特集号』七八、一九六一年七月)一一五頁。

49――吉武輝子「思い出の若様シリーズ」(『別冊近代映画　若さま侍捕物帖特集号』六八、一九六一年二月)七六頁。また『とみい』の「批評　感想」のコーナーでも「舞踊で鍛えた」「舞台で鍛えられた身のこなし」「六代目菊五郎丈の令息」等といったフレーズがよくみられる。

50――中村有隣・高岩淡・堀和昭吉・長谷川安人、岡本太郎(司会)「うら方座談会　橋蔵に期待する」(『時代映画』六六、一九六〇年一一月)一六―二二頁。同様の意見は同誌の別の座談会でも展開されている(「映画記者匿名座談会　橋蔵の魅力を探る」『時代映画』六六、一九六〇年一一月、三四―三九頁)。

51――同右。その他、例えば花田清輝は「甘さに徹し、色気に徹し、愛嬌に徹し、絵空事に徹し、つまり、一言にしていえば、娯楽映画の主人公に徹すること。――これが、これから大川橋蔵のわき目もふらずにあるかなければならない道である」と述べている(花田清輝・大井広介・関根弘「スタア研究室　大川橋蔵の三つの肖像」『別冊近代映画　新吾十番勝負特集号』三〇、一九五九年四月、一一〇―一一六頁)。北川鉄夫は「橋蔵君はまことに大衆性に富んだ俳優だと思う」「大衆につつまれた橋蔵はいまが頂点にあるといえる」と述べている(北川鉄夫「まことに大衆的な――大川橋蔵小論」『時代映画』六六、一九六〇年一一月、一二―一四頁)。

52――一九六〇年に『大江戸の侠児』を演出した加藤泰も、その当時、橋蔵はやはり娯楽映画に向いていると考えていたらしい。彼は当時の「演出ノート」で以下のように述べている。「若いスタアの中には、芸術的な映画をつくりたがる人もいます。その意欲というものは、大変いいことだと思います。そして、誰しも一度は、そのようなことを考えるものですが……。しかし、芸術的な映画がいいとばかりは言えないと思います。楽しく、明るい娯楽映画がもっと沢山あってもいい、と私は考えているのです」(加藤泰『加藤泰映画華』ワイズ出版、二〇一三年、三一九頁)。

53――大川橋蔵「長い精進の道」(『時代映画』六六、一九六〇年一一月)七―一一頁。

54――『とみい』五（六）、一九六〇年一二月、四―九頁や『とみい』五（七）、一九六一年一月、六―一〇頁等。

55――『とみい』六（一〇）、一九六二年四月、七―一一頁。

56――『とみい』八（四）、一九六三年五月や『とみい』八（六）、一九六三年七月等。

57――『とみい』五（四）、一九六〇年一〇月。『とみい』八（二）、一九六三年三月。『とみい』八（一）、一九六三年一・二月。ほかにも「はっきり申し上げて橋蔵さんには汚れ役は合いませんとゆうより見ていて一本素直に同意できぬ物がいつも心に残るのです（中略）大衆を自分の魅力に酔わせ、そして楽しませる事が俳優の使命なのではないでしょうか。／そして橋蔵さんにはたしかにその力がおありです」という発言（『とみい』八（九）、一九六三年一〇月、二一頁）と似たようなものが散見される（『とみい』六（五）、一九六一年一一月等）。

58――紫緒「百本記念に想う」（『とみい』八（六）、一九六三年七月）七頁。

59――青丹よし「江戸ッ子天狗雑感」（『とみい』八（九）、一九六三年一〇月）一三頁。

60――「大勝負」（『東映の友』六〇、一九六〇年五月）一二頁。

61――一九六一年六月に発行された『とみい』五（一二）には、橋蔵が後援会本部の改革に乗り出した事、そしてそのいきさつについて橋蔵の言葉が掲載されている。それから約一年後の一九六二年八月発行の『とみい』七（二）において、一九六一年六月で決議した会費値上げに続く一九六二年七月号からの会費の値上げについての投書に対し、その理由が会員数の減少により、会の運営が困難になったためであると記されている。

62――二〇一五年一月一八日に東映京都撮影所において筆者が行った峰蘭太郎氏へのインタビューより。

＊――『とみい』をはじめ貴重な資料の提供や橋蔵への想いを語って下さった大川橋蔵縁の会の皆様の協力に、深く感謝する次第である。

Ⅲ　他メディアとの共存がもたらす繁栄

セーラー服と機関銃とサウンドトラック盤

初期「角川映画」における薬師丸ひろ子のレコードの役割

長門洋平

11

一九八一年九月一五日、間もなく午後五時になろうかという夕暮れ時の新宿伊勢丹前。歩行者天国でごった返す人波のなかを、紺のセーラー服に真っ赤なハイヒールという奇妙ないでたちの少女がぶらぶらと歩いている。地道路脇からふいに現れた二人の子供とじゃれあいながら機関銃を連射するふりをしている彼女のスカートが、地下鉄の通気口からの突風に翻る。その光景を何ごとかと、どっと取りかこむ通行人たち。「ワタクシ、オロカナ女になりそうです。……マルッ」。

相米慎二監督『セーラー服と機関銃』（角川春樹事務所／キティ・フィルム製作、一九八一年一二月一九日公開）のこのあまりに有名なラストショットは、約二分三〇秒におよぶ長回し、そして新宿東映屋上からの五〇〇ミリ望遠での隠し撮り、くだんの二人の子供以外のエキストラはなしというゲリラ撮影[*1]、さらに同ショットが実際のラストシュート（クランクアップ）となった事実も相俟って、ドキュメンタリー的性格を強く帯びるものとなっている。同時に、この場面に主題歌としてかぶさる薬師丸ひろ子自身の歌う《セーラー服と機関銃》が、同作のヒロイン＝星泉に、彼女を演じる「薬師丸本人」の素顔を重ねあわせる。

このショットの奇妙さは、同場面の物語的必然性の欠如や無意味に長すぎるロングテイク、唐突な主題歌挿入といった諸々の点以前に、まずこのショットが成立してしまうことそれ自体にある。というのも、同作で社会現象となるほどの爆発的な人気を呼ぶことになるとはいえ、薬師丸ひろ子はこの撮影の時点ですでに十分に有名なタレントだった。このラストショットの冒頭から、薬師丸の演じる星泉が——あるいは星泉を演じる薬師丸が——機関銃を撃つ仕草をするまでの時間は約二分、マリリン・モンロー化して人だかりができてから暗転までが約三〇秒だが、問題は二分間ものあいだ歩行者天国のなかをぶらぶら歩く薬師丸の存在にほとんど誰も気づいていないところにある。同ショットに映り込む歩行者の数は計二〇〇人を下らないと思われるが、いくら画面を注視してみても、彼女に気づいているのはわずかに三人のみ――なぜかすべて二人組の女性で、したがって「あれ、薬師丸ひろ子じゃない?」という感じでうながされて一緒に振り返っている人数も含めると計六名――でありそれ以上は見あたらない。この時点ですでに「ポスト・百恵だとかでライバルだのなんのって」騒がれるほどの人[*2]気を博していたアイドルの、この芸能人オーラの欠如というか大衆への埋没具合は尋常ではない。なお、この時期の薬師丸人気をささえていたのは主に一〇代の少年・少女たちであり、したがって新宿東口を歩く大人たちのなかで彼女に気づく者が少ないのは当然と考える向きもあるかもしれないが、若年層に限らず当時の日本人の多くは彼女の姿をくり返し流されるTVスポットでさんざん目にしていたはずである。いったい、『セーラー服と機関銃』という映画は、そして薬師丸ひろ子という女優は、一九八〇年代の日本においてどのような「現象」だったのだろうか。

本稿は、メディアミックスの概念を軸に映画と音楽という二つの表現領域をとらえ直すことによって、映画産業における社会的・文化的多層性を再考することを目的とする。主要考察対象は、一九七六年に設立された角川春樹事務所＝「角川映画」を代表するアイドル／女優／歌手の薬師丸ひろ子と、彼女の声を中心に据えたサウンドトラック・レコードである。[*3]スタジオ・システムおよび戦後日本映画の中核たるプログラムピクチャーの凋落から、異業種主導のメディアミックスへという時代の流れを決定的に印象づけた初期角川映画は、まさに日本映画界における「戦後」の終焉を象徴するプロダクションであったと言える。本稿の主眼は、薬師丸のレコードに注目することで映画産業における「サントラ」盤の意義を整理するとともに、いわゆる「角川商法」が映画界に与えたインパクトを聴覚面から再考することにある。

一　サントラ盤とは

サウンドトラックという言葉は言うまでもなく、映画のフィルム上で映像が記録されている映像トラックに対するものとしての、音響が記録されている帯状の部位のことを指す。そこから転じて俗語的に――あるいは業界用語として――、映画の伴奏音楽（劇伴）や主題歌／挿入歌、さらにはそれらを記録した媒体のことを「サウンドトラック」ないし「サントラ」と呼ぶ慣習が生まれた。

サントラ盤には大まかに分けて、「オリジナル派 composed score」＝「スコアもの」と「コンピレーション派 compiled score」＝「コンピもの」があり、[*4] 前者は特定の映画作品のために書かれたオリジナル音楽――一般に「映画音楽」という言葉でイメージされるもので、後期ロマン派風のオーケストラ演奏が主流――、後者（一九七〇～八〇年代より増え始める）はオリジナル音楽も含むものの複数のミュージシャンによる既成曲や映画にインスパイアされた楽曲等を含むことのある寄せ集め盤で、こちらはいわゆるポップスが多い。[*5]

また、「オリジナル派」のなかにも大きく四つの種類がある。

①ノイズ入り正真正銘本物サントラ盤――映画の音声／音楽の特定の部分をそのまま抜き出してレコードにしたもの。

②オリジナル・サウンドトラック盤――フィルムに吹き込む前のオリジナル・テープに録音された音楽を収め

たレコード。
③オリジナル・スコア盤——映画のスコア（楽譜）に基づく演奏（再録）を収めたレコード。
④サウンド・スコア盤（国内録音の準サントラ、ニセトラ）——外国映画のサウンドトラック音源を手に入れ、聴き取りで書き起こしたサントラもどきのスコアを日本国内で録音したレコード。[*6]

ただし、なにをもってサントラ盤とみなすかという基準はつねに曖昧なため、右の分類法が絶対というわけにはいかない。事実、本稿が考察対象とする『セーラー服と機関銃』のサントラ盤は「オリジナル・サウンドトラック」と銘打たれてはいるが、後述するように映画の音声がそのまま収録されていたり、ナレーションが含まれていたりでいわゆる「企画もの」の匂いもつよく、狭義の②の範疇にとどまるものではない。また、わが国では戦前から、ヒットした後に映画で使われることになったレコード——《カチューシャの唄》（一九一四年）、《道頓堀行進曲》（一九二八年）——、映画とのタイアップとして製作されたレコード——《東京行進曲》（一九二九年）——をはじめとして、活動弁士による説明の入った「映画レコード」＝「活弁レコード」[*7]、さらには映画俳優自身による「映画劇レコード」とでも言うべきセリフ・ナレーション入りレコード——例えば《日活映画劇東京行進曲》（一九二九年）——などが存在しており、これらのうちどれを「サントラ盤」と呼びうるかという点に関する共通理解は存在していない。とりわけ諸外国と比較して日本では、戦前から「音楽と語りが絡み合った「変種」がかなりあった模様で、レコードが語り物のためのメディアとしての役割を強くもっていた」[*8]。

とはいえ、現在一般にイメージされるサントラ盤（スコアもの）が形を整えるのは戦後になってからと見ていいだろう。一九六八年の『レコード文化』に次のようなやりとりがある。

本誌　だいたい、映画音楽が当たるぞ、レコード、映画ともカッカして宣伝したというのはいつごろのことですか。

小藤　イタリア映画「道」（三二）（筆者注――フェデリコ・フェリーニ監督、一九五四年。日本公開は一九五七年〈昭和三二〉）のサントラ盤で当てに当てたのが最初じゃないかな。[*9]

また、日本においてサントラ盤に効果音や台詞をかぶせるという趣向が本格化したのも同時期で、『シェーン』（ジョージ・スティーヴンス監督、一九五三年）、『鉄道員』（ピエトロ・ジェルミ監督、一九五六年）、『太陽がいっぱい』（ルネ・クレマン監督、一九六〇年）等のサントラ盤でこの手法が確立された。「こうして作られた〝サントラ盤〟は効果音やセリフが入っているほうが、映画ファンには喜ばれ」[*10]たという。「スコアもの」と「企画もの」のあわいを漂うサントラ盤のあり方は、後述する『セーラー服と機関銃』以前からわが国に定着していたのである。[*11]

ところで、いったいサントラ盤の存在意義はどこにあるのだろうか。今でこそ「コンピもの」を音楽作品として楽しむという受容形態は一般化しているが、映画の音楽を抜き出した――そしてしばしば台詞や効果音も含んだ――往年の「スコアもの」は何のために制作され、消費されたのか。一九七八年に組まれたとある座談会では、当時のサントラ盤コレクターたちが次のように語っている。

河野――サントラに興味をもたれた動機は何ですか？

河合――ぼくの場合は映画が好きだからですね（中略）。
河野――というのは、映画のなかで所有できる部分があるとすれば音楽、だからですか？
河合――そうです。ですからビデオがあればいちばんいいんですが……。
柳生――ぼくも同じだな。
牛木――ぼくもまるで同じですね。
柳生――とにかく映画がいとおしくてね。金さえあればそっくりそのまま買いとりたい。でもいまは音で我慢しているという感じ。*[12]

すなわち、端的に言ってサントラ盤は映画を所有し、くり返し想起するための媒体だったのである。*[13]ビデオがなかった時代――あるいは一般家庭に普及する以前――、映画を購入し何度も味わいたいという欲求を満たしてくれるもっとも有用なメディアがサントラ盤だった。

二　角川商法の映画産業史的意義

一般に「「メディアミックス」の起源*[14]」とされるのは――徳間康快の徳間書店も看過できないにせよ――角川書店だが、このメディアミックスという言葉を厳密に定義することは難しい。現在の多元的ストーリーテリングに基づくメディアミックスのモデルをいち早く打ち出したのは、角川春樹の弟・歴彦であり、春樹は従来のタイアップ商法を大規模に展開したに過ぎないという見方も存在する。では、古くからのタイアップと春樹のメディアミックスとの違いはどこにあるのか。
一般に、日本における「映画の主題歌第一号」[*15]とされるのは先述の《東京行進曲》であり、したがって映画と音楽とのタイアップ戦略の嚆矢と目されるのは溝口健二の『東京行進曲』（一九二九年）である。そこから《東京音頭》（一九三三年）、《リンゴの唄》（一九四六年）、《リンゴ追分》（一九五二年）と主題歌ヒットの系譜が連なる。[*16]しかし戦前から戦後間もなくの時期にかけてのタイアップは、レコード／主題歌とはまた別の趣向として、「クラブ歯磨」[*17]に代表される商品の宣伝を映画の画面内に映り込ませる手法が重視された。一九五〇年代の時点で、映画のタイアップは大きく次の二つに大別されている。

その一つは完成された映画の試写室に相手スポンサー側の顧客を何千名か招待し、その代償としてスポンサーが広告スペースを映画会社に提供するもの、一つは映画の画面の中にスポンサーの広告を紹介して、その広告料金を受けるか又はその額に相当する新聞広告スペースの提供をうけるものがある。[*18]

そのような時代の趨勢のなか、一九五七年の「有楽町で逢いましょう」キャンペーンは画期的だった。『タイアップの歌謡史』の著者・速水健朗は同キャンペーンを指して次のように指摘する。

ひとつのムーブメントに対して、複数のメディアが手を結ぶというキャンペーン戦略がこの時代で既に確立していくことになる。のちに、角川書店グループがこれを同じグループ企業の中で行い、その仕掛けは〝メディアミックス戦略〟と呼ばれて広く知られるようになった。[*19]

角川春樹事務所が設立された一九七六年は、アメリカではいわゆるブロックバスター映画が映画市場を席巻しつつあった時期にあたる。また、「書籍と映画の相乗効果というメディア展開は、同時期のアメリカでも行われていたことは留意しておくべきだ」[*20]。加えて、サントラ盤に関しては、わが国では劇場用映画のTV放映の本格化により「この二〜三年、映画のサントラ盤(中略)に対する映画ファンの関心が〝異常〟に高まっ」[*21]ていた。『セーラー服と機関銃』で角川映画と組むことになるキティ・フィルム(キティレコードの映画制作プロダクション)に関しても、その設立の要因として「当時、音楽業界が映像に興味を持ってるっていう動きはあちこちにあ」ったと、プロデューサーの伊地知啓は当時をふりかえる[*22]。春樹自身は、「それまでの映画会社にはメディア・ミックスで、他のメディアを活用して映画を当てるという考えなどまったくなかった」[*23]として自らの商法の革新性を語るが、その実「角川映画」を支える社会的・文化的下地はすでにできあがっていたという見方もできるだろう。一九七八年には次のような記述が見られる。

邦画、広告界の話題は、いま、超大作映画を中核とするタイアップ・キャンペーンに集中している。77年から78年にかけて「八甲田山」や「人間の証明」「女王蜂」「未知との遭遇」「スターウォーズ」など邦洋の超大作が大ヒットしたばかりか、そのヒットを支えたマルチ・メディアの宣伝戦、音と映像と活字のメディア・クロスの話題が話題を呼び、その予想をこえた広がりがキャンペーン自体を一つの社会現象にまで押し上げたからである[*24]。

右の記事から、一人角川春樹のみがメディアミックスを牽引していたというよりも、彼とその事務所が大きな時代の流れの一端を担っていたと考える方が妥当かもしれない。また、この時期のハリウッドのブロックバスター映画はアメリカン・ニューシネマのような「現代的」な作風ではなく、古典的な「ジャンル」に依存していた――ギャング映画『ゴッドファーザー』(フランシス・フォード・コッポラ監督、一九七二年)、ホラー映画『エクソシスト』(ウィリアム・フリードキン監督、一九七三年)、パニック/モンスター映画『ジョーズ』(スティーヴン・スピルバーグ監督、一九七五年)、SF映画『スターウォーズ』(ジョージ・ルーカス監督、一九七七年)等――という指摘がすでになされているが[*25]、これもとりわけ初期の角川映画にもほぼ正確に当てはまる。『犬神家の一族』(市川崑監督、一九七六年)をはじめとしてミステリが多いのは当然としても、アクション映画『野性の証明』(佐藤純彌監督、一九七八年)、『野獣死すべし』(村川透監督、一九八〇年)、SF映画『戦国自衛隊』(斎藤光正監督、一九七九年)、コメディ映画『ニッポン警視庁の恥といわれた二人　刑事珍道中』(斎藤光正監督、一九八〇年)、伝奇時代劇映画『魔界転生』(深作欣二監督、一九八一年)など、いわゆるジャンル映画が多い[*26]。初期角川映画はアメリカの映画産業の動向とかなりの程度連動していたと見るべきである。

とはいえ、「「読む、見る、聴く」の三位一体」[*27]を基本的なマーケティング戦略とする角川商法がエポックメイキングなものとして、時代の流れを象徴していたのは確かだろう。従来注目されてきた、かつすでに多くの分析がある「小説(原作)と映画とのメディアミックス」および「テレビとの連携」という点をひとまず脇におき、ここでは「聴く」について考えてみよう。角川春樹は映画製作を始める以前、『カラー版　世界の詩集』(一九六七年)に「岸田今日子さんなどの朗読のソノシートをつけ」[*28]るという試みをおこない成功している。なお、春樹の父・源義も『図説俳句大歳時記』(一九六四―六五年)の「各巻に一〇分盤のソノシート(朝日ソノラマ製作)を付け、「音で聞く」歳時記の要素も盛り込ん」[*29]でいた。角川書店は元来より聴覚メディアを使った実験的試みを展開していたのだった。その趣向の延長として「角川は日本の映画音楽も革新しようと考え」[*30]た。『戦国自衛隊』では春樹自ら「音楽監督」を務めたばかりか、所属の異なるミュージシャンを起用した「前代未聞」[*31]のレーベル横断的なサントラ盤を制作する。「角川映画の歴史は映画主題歌の歴史に合致する」[*32]とまで断言するのはためらわれるにせよ、春樹が「三位一体」のなかの「聴く」に大変な比重をかけていたことは事実である。『角川映画 1976–1986』の著者・中川右介は、角川映画以前のメディアミックスに関して次のように述べる。

> 日本でも、ヒットした歌謡曲を映画にするとか、アイドル歌手が主演した映画では主題歌を歌うなどの映像と音楽のメディアミックスはあった。映画から生まれたヒット曲は多い。だが、歌手やヒット曲が先にあり、映画がそれに乗っかるという形がほとんどだった。[*33]

角川春樹は映画と音楽／レコードとを同時的に、あるいは相互浸透的なものとして世に送り出した。この発想がまったく新奇なものというわけではなかったことは、《東京行進曲》を思い出すだけでも明らかだが、問題は彼が育てた「アイドル」の質だった。

三　薬師丸ひろ子

一九七八年、『野性の証明』でスクリーン・デビューした薬師丸ひろ子は、角川映画初の専属女優である。まずここで考えてみたいのは、当時の日本人が彼女に抱いていたイメージの質だ。『セーラー服と機関銃』の「異常人気」で幕を開けた一九八二年の雑誌記事には次のようにある。

> セーラー服で機関銃をブッ放し、そして「カ・イ・カ・ン」とつぶやく、例のテレビCFでおなじみの薬師丸ひろ子クンの映画「セーラー服と機関銃」が、いま、たまらなくウケている。あんな桃太郎みたいな女の子の、どこがいいのか、なんていうのはオジンの証拠。彼女はいま、大人にはとうてい理解不能な神秘の魅力の絶頂にあるらしい。[*34]

先に述べたとおり、『セーラー服と機関銃』の時点での薬師丸人気は若年層に支えられていた。同作の「観客のほとんどが中・高校生で、男の子と女の子はほぼ半々といったところだが、母親同伴の小学生も見受けられる」[*35]。一方、当時の「オジン」の多くは「あんな子、そこらにいっぱいいるじゃないか」[*36]とつぶやきながら薬師丸を、あくまで子供向けかつ角川の過剰な商業主義が捏造したアイドルにすぎないという見方をしていた。

当時の薬師丸のタレントイメージは「アイドル」と「スター」という言葉の間で揺れ動いている。薬師丸は「スターではなく、あくまでアイドルなんです」[*37]との指摘もしばしばなされてきた。その一方で、「基本的にテレビには進出しない」という春樹によるミスティフィケイション戦略および『セーラー服と機関銃』までは歌手ではなかったという事実——さらには芸能活動よりも学業優先の姿勢や、彼女のさまざまな資質——が、例えば松田聖子との比較において、薬師丸に「映画スター」としての性格を与えてもいた。

一九七七年に創刊となる角川書店発行の月刊誌『バラエティ』——映画、音楽、文芸、マンガ、スポーツなどを幅広く扱う「クロスオーバー」な情報誌——に、彼女が「薬師丸博子」としてはじめて登場するのが一九七八年五月号。[*38]以来、薬師丸のバックアップという性格を継続的に担うことになる同誌においては、彼女に対するアイドルのレッテルはほとんど見られない。一九八〇年の同誌での人気投票で二位の松田優作（二八一票）を大きく引きはなしてトップとなった薬師丸（五〇〇三票）に関して、読者たちはその理由として「日本男子の宝だから」「学校へきちんと行っているから」「世界で一番美人だから」「素人っぽくてとても良い」といった理由を挙げている。[*39]また翌月号に掲載された、薬師丸と同誌愛読者との「おしゃべり会」企画——当時の彼女の年齢と同じ一六歳の男女一〇名が抽選で選ばれた——のなかにも、参加した読者からの印象的な発言がある。

これは質問というよりお願いです。今のひろ子さんは自分らしさをきちんと守っているから、それが分かる人がファンになっていると思うのです、男性も女性もね。だから、あくまでもマスコミとか芸能界のフワフワした流れに流されず、自分の道を歩んでいって欲しいのです。[*40]

同記事の前後に目をとおした印象としては、この発言は参加した読者全員に共通する見解のように見える。ここでは明らかに、「マスコミとか芸能界のフワフワした流れ」にのることがアイドル性と結びつけられ、敵視されている。「アイドルっていうか芸能人としてじゃなく、普通の民間人」[*41]に見えるところが薬師丸の魅力とされる。

また、先述のようにこの時点で彼女が歌手でなかった点が重要である。アイドル映画とは、「主に歌手など映画以外の分野で人気者となったアイドル・スターを主役に起用して、その魅力で観客を集めよう、という意図で製作されるもの」[42]であり、「アイドルは歌わなければならな」[43]かった。したがって、「歌わないただひとりのアイドルだった、薬師丸ひろ子」[44]が『セーラー服と機関銃』で歌手デビューを果たしたことは大きな注目を浴びたと同時に、かねてよりのファンを困惑させた。「レコードを出したことで、まわりが少しずつ変わってきたみたいですね。「野生の証明」のころからのファンには怒られましたけどね。〝アイドル歌手じゃないんだぞ〟って」[45]。薬師丸のこの発言は別の場所でもくり返し同様に語られている。

薬師丸自身もまた、『セーラー服と機関銃』に関して次のように発言する。「アイドル映画としては見られたくない。内容のある映画にしたい」[46]。また、『探偵物語』（根岸吉太郎監督、一九八三年）に対する「アイドル映画といってもひろ子主演映画は常に並のアイドル映画にはないリアルな内容、ドラマの濃さが求められる」[47]との記述等も併せてみると、当時の日本における「アイドル・イメージ」なるものがおぼろげながら見えてくる。

さてここで、アイドルという言葉の定義について軽く触れておきたい。この問題はもちろんそれ自体が錯綜を極める巨大なテーマであり、到底本稿の手におえるものではない。この言葉の語源やその用法の歴史的変遷、文脈の多様性に関する精密な分析は他に譲るとして[48]、ここではアウトラインだけでも確認しておこう。北川昌弘はアイドルを「カラーテレビの普及と高度経済成長による若年層の経済力の上昇によって成立した、メディア上で活躍する魅力的な人たち」[49]と定義する。また『アイドル工学』の著者・稲増龍夫が「スター」と「アイドル」の差異に注目した以下の見解も、北川の論との齟齬はない。

原理的に言うと、このふたつの呼称は、主たる活動の場（メディア）で分けられ、簡単に言えば、スターは映画、アイドルはテレビである。

スターは、全盛期のハリウッドの「スターシステム」に象徴されるように、映画という非日常空間で、勇猛果敢なヒーローや眉目麗しき美女を演ずる存在で、そのカリスマ性を維持するために、できる限り日常生活を隠して「神秘性」を高める必要があった。一方、アイドルは、特にわが国で発達した文化表象現象で圧倒的美男・美女よりも、隣のクラスのカッコいい子や可愛い子といった手の届く「親しみやすさ」が必要で、歌唱力や演技力はさほど求められず、かえって受け手たちが、未熟なアイドルたちが努力して成長していく過程を応援したくなることが重要になってくる。[*50]

さて、となると薬師丸ひろ子はどうなるのだろうか。奇妙なことに、どちらにも当てはまってしまう。銀幕でしか会えない高嶺の花＝スターであり、[*51]かつ親しみのあるアイドル[*52]としての薬師丸ひろ子は、「〈となりの女の子〉的〈女優〉[*53]」とでも表現するしかないアンビヴァレントな国民的ヒロインだった。確かに古くから映画スターにとって、ある種の「親しみやすさ」が必要とされることも往々にしてあった。若き日の美空ひばりら「三人娘」でも「低嶺の花」の若尾文子でもいいが、「手が届きそう」という幻想はファンへのアピールになった。[*54]しかしその幻想は「幻想」に過ぎないことをファンたちは自覚していたはずだ。この点はやはり薬師丸とは異なっている。すでに『セーラー服と機関銃』や『探偵物語』で全国民的な知名度を得ていた一九八四年の時点ですら、彼女の日常生活は次のように記される。

東映撮影所前のスーパーマーケットの、長いエスカレーターを薬師丸が昇っていく。すれちがって降りてくる客で気づくものはいない。銀座の通りを歩いている。が、だれもふりむかない。不思議である。Tシャツに白のコットンパンツ。ズックのバッグを肩からぶら提げた、お化粧なしの女子学生が通り抜けたにすぎない。[*55]

本稿冒頭で触れた、『セーラー服と機関銃』ラストショットを思い出してもよい。もちろん、プライヴェートの薬師丸を追いかけるファンがいなかったという意味ではないが、彼女に関して右のような記述が特になされている点が重要である。この文脈で、「彼女をアイドルから完全に脱皮させたのは、駆け出しの舞台女優が、舞台の上と下の両面で大人の女になるのを演じた『Wの悲劇』（澤井信一郎、一九八四年）[*56]」であるとする一般的見解にはさほどの重要性は認められない。と言うのも薬師丸の場合、そのアイドル的側面は「脱皮」されるべき否定性のようには見えないからである。

当時、薬師丸とたびたび共演していた真田広之が、『里見八犬伝』（深作欣二監督、一九八三年）撮影中に興味深い発言をしている。

> （筆者注――薬師丸は）世間でアイドル女優としてね、評価されて。まあ確かにホントに、稀に見る超アイドルなわけなんですけど。[*57]

前後の文脈から、真田はどうやら彼女はアイドルではなく女優だと言いたいようだが、彼の意図がどうあれ、この「超アイドル」という言葉は妙に我々を得心させる。

四　聴いてから見るか、見てから聴くか――オリジナル・サウンドトラック『セーラー服と機関銃』

薬師丸ひろ子は一九七九年の時点では、「今度レコード吹きこもうか」との問いかけに対し「ダメですよォ！自信ないんですから、でも、音楽は好きです」と答えている。[*58] それが一九八一年には「高校生の間にレコードを一枚出したいという夢あり」[*59] となるが、本人はプロの歌手になるつもりはなかったという。『セーラー服と機関銃』クランクアップ後の一九八一年九月二六日には、「夜はポリドールへ行ってLP発売への準備。主題歌を歌ってみたが、思いのほか好評で、ラスト・シーンに使おうかとのアイデアが出る」[*60]。よく知られているように、

図①　『セーラー服と機関銃』サントラ盤 LPジャケット

もともと予定されていた同作の主題歌は来生たかおが作曲した《夢の途中》であり、来生自身の歌唱で吹き込みまで済んでいた。最終的には薬師丸が歌いなおし、曲名も《セーラー服と機関銃》になかば強引に変えられたわけだが――したがって、歌詞には「セーラー服」も「機関銃」も出てこないという畸形的楽曲となっている――、このときのやりとりに関しては諸説あるものの、薬師丸に歌うよう促した提案者の一人が相米であるのは間違いなさそうだ。[*61] 映画封切前の一九八一年一一月二一日にリリースされた同曲のシングルレコードは五週連続で週間ヒットチャート一位、レコードセールスは八六万五〇〇〇枚。[*62]

「オリジナル・サウンドトラック・アルバム」＝『セーラー服と機関銃』は同年一二月一日、これも映画公開に先駆けて発売された。こちらはキティレコードからLP〔図①〕と、角川書店から「カドカワ・カセット」第一弾としてカセットテープがリリースされている（両者は同内容。LPの売り上げは三四万六〇〇〇枚）[63]。広告には次のようにある。

> LP&カセット盤の内容は映画の主なシーンとストーリーを紹介、そしてひろ子君のプライベートな感想を織りこんだナレーションと主題歌が入った力作です。[64]

この記述どおり、同サントラ盤には映画で使用された伴奏音楽、主題歌、作中のある場面の音（台詞や雑音等）をそのまま抜き出したトラック――先に触れた「ノイズ入り正真正銘本物サントラ盤」の趣向――のほか、薬師丸の演じる星泉によるナレーション（＝物語解説）と星泉を演じた薬師丸によるナレーション（＝撮影にまつわる体験談）が含まれる。

ところで、このサントラ盤を考えるにあたって重要になるのはビデオ＝VHSの存在である。一九七六年に開発されたビデオという媒体は――ベータとの規格争いの経緯などもあるが本稿にとっては重要でないので割愛する――、一九八一年当時はその普及が本格化しはじめた段階にある。『バラエティ』に初めてビデオの話題が現れるのが『セーラー服と機関銃』の熱狂冷めやらぬ一九八二年三月号のこと。[65]同誌における最初のビデオソフト広告は一九八二年四月号の『翔んだカップル』の「完全オリジナル版」ビデオで、[66]続くのは同年の『野性の証明』、『ねらわれた学園』（大林宣彦監督、一九八一年）、『セーラー服と機関銃』のビデオ三タイトルとなる。[67]つまり同誌でビデオソフトの宣伝が始まるのが『セーラー服と機関銃』公開直後であり、その中身はすべて薬師丸の出演作ということになる。

『翔んだカップル』のビデオは「大好評のヒット作として、ベストセラー」[68]となり、『セーラー服と機関銃』のビデオも「予想をはるか上まわる大ヒット」[69]を記録した。『バラエティ』読者投稿欄には「命より大事な「翔んだカップル」のビデオ」[70]、「ひろ子のビデオ・テープを見たくて、ビデオ・デッキを買いました」[71]といったコメントが見られるようになる。また後年、『セーラー服と機関銃』は以下のように評価されることになる。

「セーラー服と機関銃」映画化は、春樹事務所とキティー・フィルムとの提携。（中略）配収二三億九、〇〇〇万。翌八二（昭和五七）年、角川書店によりビデオソフト化され、ひろ子人気が、業界初の一万本台にのせる快挙を呼び、ビデオパッケージの普及とビデオソフト産業の確立に大きく貢献したことも、特筆に値する。[72]

ここで、先に触れた「サントラ盤の存在意義」の議論を思い出してみたい。従来サントラ盤は、映画を所有するという欲望を満たすための代替物、あるいは――同時に――映画を思い出すための記憶装置だった。とすれば、『セーラー服と機関銃』をその大きな要因のひとつとする「ビデオソフト産業の確立」は、サントラ盤の存在意義を根本的に変革させたということにならざるを得ない。確かに、当時のビデオソフトは高額（『翔んだカップル』一九八〇〇円、『セーラー服と機関銃』一七八〇〇円）で、ＬＰよりも入手が難しかったとはいえ、「月々3,600円で　ひろ子があなたのもとへ」[73]（広告の惹句）ということになればサントラ盤よりもはるかにファンへのアピールは大きかったはずだ。

社会学者の山崎晶は、アニメのサントラ盤の変化を三期に分けて分析している。山崎によると、「創成期」（一九七〇年代）におけるサントラ盤の購買目的は「記憶補助」、「隆盛期」（一九八〇年代）は「コレクターグッズ」、変革期（一九九〇年代）以降は「音楽作品」となる。[74] これは日本のサントラ文化全般に対してある程度有効に働く区分であり、『セーラー服と機関銃』のサントラ盤をちょうど「記憶補助」から「コレクターグッズ」への橋渡し的作品とみなすことも可能だろう。ただし、同作のサントラ盤はその「中身」が重要であるという点で山崎のいうコレクターグッズとはやや趣を異にする。例えば、一九八二年四月二一日に発売された、アイドルの企画盤風の薬師丸のレコード『青春のメモワール』（日本コロムビア）の宣伝文句は以下の通り。

> 映画「野性の証明」と「ねらわれた学園」のハイライトシーン、スクリーンに流れた音楽の数々、そしてさまざまな想いを語るモノローグによって、このアルバムは構成されています。「野性の証明」のオーディションヨン風景のテープや、彼女の弾くピアノ練習曲、口づ《（ママ）》さむうたなども含まれ、彼女の素顔を伝えています。[75]

サントラ盤『セーラー服と機関銃』とも似た雰囲気を持つ同盤は、コレクターグッズとも言えるのかもしれないが、グッズとして所有すること以上に内容＝音の方が明らかに重要である。[76] 一九八〇年代のビデオの普及は、サントラ盤をその「記憶補助」の役割から解放し、別の次元へと送り込んだ。八〇年代を代表する映画スター／アイドルの薬師丸ひろ子とその最大のヒット作『セーラー服と機関銃』はその意味で、「サントラ盤の美学」誕生の時期における象徴的な作品と位置づけることができるだろう。ここにおいてサントラ盤は単に映画作品に

「従属」するものではなく、いわば「相互浸透」するかたちで己の存在を主張しはじめる。

マーク・スタインバーグは「一《ワン》ソース・マルチユース」の概念を用いつつ——かつ歴彦との比較において——、「春樹モデル」を以下のように定式化している。

小説→映画→サウンドトラック[*77]

この図式はもちろん、単純な「制作の順番」をあらわすというよりもより存在論的なレベルで把握する必要があるが、それでもなお短絡的に過ぎるのではないか。映画の「前」に原作（小説）があるとは言えるかもしれないが、サウンドトラック盤の「前」に映画があるとはもはや言えない（『セーラー服と機関銃』のシングルもサントラも、その発売が映画公開前だった事実を思い出してみてもよい）。なぜならサントラ盤は単に映画の一部であることを、この時期にやめたからである。ここで実際に、サントラ盤『セーラー服と機関銃』エンディング近くに収録されている、「愛しき男達への鎮魂歌」というトラックのなかの薬師丸のモノローグを聴いてみよう。

そして、ラストシーン。歩行者天国でにぎわう新宿の街を、赤いルージュをひいて、赤いハイヒールで歩くのです。地下鉄の通気口から吹きあげる風に、セーラー服のスカートをめくりあげる星泉。ぱっと集まってくる見物人。自分が、俳優であることを忘れてしまうくらいの恥かしさを味わったのです。まるで、見せ物のわたし。自分自身の心のなかに、いろんな迷いがあり、なかなか星泉になりきれていないのでしょう。何回かの本番をくり返しても、相米監督はＯＫを出してくれません。歩行者天国が終了するという、ギリギリの時間でのラストシュート。ようやくOKの声が聞かれた。近くのロケバスに飛び込んだ私は、大きな声で泣いてしまいました。一七才の女の子としては、泣かずにはいられなかったのです。[78]

最後の一文は、LPの帯にも大きく書きしるされており、この映画のキャッチコピーのように扱われることになる。本稿冒頭でも触れたこのドキュメンタルなラストショットにおいて、薬師丸ひろ子と星泉は溶解してその存在を混ぜ合わせながら、大衆へ埋没する。同時にそこにかぶさる、薬師丸本人の歌う《セーラー服と機関銃》の主題歌が、画面の星泉に「薬師丸本人」の存在をオーヴァーラップさせる。[79] また、「泣かずにはいられなかった」というサントラ盤の独白は、画面のイメージと相補的に、大衆に埋もれるこの映画スターの「シャイで泣き虫な普通の女の子」イメージをますます堅固なものとするだろう。この際、実際に薬師丸が大泣きしたのかどうかという点は問題ではない。相米の苛烈を極める撮影現場で心身ともに限界に達していた薬師丸が、このラストシュート直後に恥かしさのあまり大泣きしたというエピソードはスタッフをはじめ多くの関係者が語るところであり、事実であったとは思われるが、そのこと自体は本稿にとっていささかの重要性も持たない。問題は、サントラ盤においてそう語る薬師丸のモノローグであり、そこから映像と相乗的に生み出される彼女のイメージである。

映画を思い出すためのもの、あるいは映画を所有するためのものではなく、映画ファンへ語りかけるための媒体としてのサントラ盤『セーラー服と機関銃』。それは必ずしも、日本のサントラ・レコード史において前例がなかったというわけでも画期的であったというわけでもないかもしれない。また、同作以降の日本映画のサントラ盤があまねく同様の性質を持つというわけでもまったくない。しかし、スタジオ・システムの凋落と「映画スター」の失墜、およびビデオの普及による映画の「所有化」が進行していくなかで、アイドルなのかスターなのか——あるいは庶民的なのか神秘的なのか——よく分からない「超アイドル」＝薬師丸ひろ子とそのサントラ盤が、日本の聴覚文化における新たな次元——サントラ盤の、映画作品への「従属」からの解放——を象徴していることは間違いない。

ところで、製作委員会方式に端的に見てとれる「現在的」な映画産業のあり方への実質的な端緒となったという文脈で評価をされる——この発想は本稿の出発点でもある——ことのままある、角川春樹による「角川映画」は、その実日本映画における「最後のスタジオ」だったのかもしれない。[*80] いま我々は、「角川映画登場時、日本映画界において崩壊しつつあったスター映画が、アイドル映画と名を変えて復活したのだ[*81]」という、中川による何気ない一節を気に留めずにはいられない。スタジオ・システムのなかで育った最後の世代に属する映画作家＝相米慎二とそのプロデュースを手掛けた伊地知啓、そして角川春樹に見守られた『セーラー服と機関銃』の薬師丸ひろ子は、同作で共演した寺田農の言うとおり「最後の映画女優[*82]」だったのではないか（もちろん、薬師丸以後、優れた映画女優が現れていないという意味ではまったくない）。日本映画の「戦後」は一九八五年、薬師丸ひろ子が角川春樹事務所を去った瞬間に終わったのかもしれない。

1——エキストラは「子供ふたりだけ」（「制作ノート〈セーラー服〉と〈機関銃〉の狭間で闘った映画魂」『バラエティ』一九八二年一月号、六五頁）と言われているが、助監督の黒沢清も通行人のふりをしてその場に居合わせた（黒沢清・篠崎誠「純粋に映画的であろうとした人」木村建哉・中村秀之・藤井仁子編『甦る相米慎二』インスクリプト、二〇一一年、三五二—三五三頁）。

2――「やくしまるひろこデータ・バンク'81」(『バラエティ』一九八一年八月臨時増刊号)ページ番号なし。

3――角川春樹のメディアミックスに関するまとまった考察として、中川右介『角川映画 1976-1986 日本を変えた10年』(KADOKAWA、二〇一四年)のほか、春樹の弟・歴彦との対比からそのメディアミックス性をより厳密に分析した大塚英志『メディアミックス化する日本』(イースト・プレス、二〇一四年)およびマーク・スタインバーグ『なぜ日本は〈メディアミックスする国〉なのか』(KADOKAWA、二〇一五年)が挙げられる。しかしいずれの著作にも、「角川商法」におけるレコードの役割に特化した議論は見られない。

4――小泉恭子『メモリースケープ 「あの頃」を呼び起こす音楽』(みすず書房、二〇一三年)一九一頁、近藤康太郎「映画はサントラのプロモーションか」(『AERA』一九九四年三月二一日号)七三頁、「映画の音の気になるNEWS 近頃のサントラ」(『Marie Claire Japon』二〇〇〇年二月号)一五六―一五七頁等を参照。

5――なお、この二つのほかにも例えば、スタジオジブリ/久石譲による「イメージアルバム」のような、サントラ盤とも単なる企画盤とも言えないような作品も存在する。

6――青木啓・日野康一『増補改訂版 映画音楽』(誠文堂新光社、一九七六年)三七五―三七七頁、および小泉、前掲書、二〇八―二〇九頁を参照。

7――倉田喜弘『日本レコード文化史』(岩波書店、二〇〇六年)一五九―一六一頁。

8――渡辺裕『サウンドとメディアの文化資源学 境界線上の音楽』(春秋社、二〇一三年)三五三―三五四頁。

9――原正人・大沢俊夫・小藤武門・佐藤正二「〝サントラ盤〟はもう金鉱たりえないか」(『レコード文化』一九六八年六月号)二二二頁。

10――関光夫・品田雄吉・日野康一・河原晶子・加藤康一「映画音楽、サントラ盤の〝ルーツ〟を探る」(『週刊平凡』一九七七年一〇月号)六一頁。

11――次のような発言もある。「『セーラー服――』の曲以外は全て映画のサントラ盤+モノローグというやつであった。映画畑の人が唄がちょっとアレという人の場合、ないしは映画をレコードにしてもう一度セリフだけでも聴きつつ保存しておきたい、と思わしめるに足るナニがアレしていた際などによくやるテである。この種のものとしては映画俳優なら高倉健サンをはじめ菅原文太、（中略）藤純子とか不良番長の（古いなぁ）梅宮辰夫とかシトシトピッチャンとか、いろいろあるのだろう。歌謡畑でも大場久美子や松本ちえこのいわゆる企画モノというヤツがある」（橋本真人「ひょっとこ新聞　緊急特別号　お兄ちゃんビョーキは許しませんよ！」『薬師丸ひろ子が好きっ。』群雄社出版、一九八二年、九五―九六頁）。

12――柳生すみまろ・河合弘市・牛木宏「〈座談会〉日本を代表するサントラ・コレクター　レコード・コレクションの秘訣を語る」（『季刊映画宝庫』一九七八年第五号新春）三七頁、傍点筆者。

13――同様の発言をする往年のコレクターは多い。例えば、「レコードで音楽が聴ければ、映画の場面を思い出せるから、記憶するのによかった」（小泉、前掲書、一七五頁）など。

14――スタインバーグ、前掲書、一一頁。

15――速水健朗『タイアップの歌謡史』（洋泉社、二〇〇七年）一八頁。

16――戦後は、美空ひばり、石原裕次郎、小林旭、加山雄三ら主題歌を歌う映画スターが多く現れたが、彼らが活躍した時期以降（大まかに一九六〇年代以降）、タレントがテレビから生まれる傾向が強まり、映画とレコードとのタイアップが特に重視される風潮は薄まる。

17――すでに一九三四年の記事に次のようにある。「サイレントの字幕中挿入から最近、トーキーには殆ど総てと言つていゝ位部分的なタイアツプが見られる」（宮山隆「発売本舗と映画のタイアツプ商略」『商店街』一九三四年三月号、八四頁）。

18――牧野登次「タイアップ映画の妙味――代表作は〝有楽町で逢いましょう〟」（『財界』一九五八年八月号）五二頁。

19――速水、前掲書、三〇頁。

20――スタインバーグ、前掲書、一九三頁。

21――河合弘市「静かなるサントラ・ブームとその実態」（『キネマ旬報』一九七六年一二月一五日号）一〇九頁。

22――伊地知啓『映画の荒野を走れ　プロデューサー始末半世紀』（インスクリプト、二〇一五年）一一二頁。さらに同氏は、キティ・フィルム初作品『限りなく透明に近いブルー』（村上龍監督、一九七九年）がサントラ盤ムーヴメントを巻き起こしたと指摘している（同前、一一六頁）。

23――角川春樹『わが闘争　不良青年は世界を目指す』（イースト・プレス、二〇〇五年）一四〇頁。「不思議なことに、日本の出版界でこの映像、活字、音の三位一体作戦を大々的に試みた者は（筆者注——角川春樹以前には）一人もいなかったのである」（山北真二『角川春樹の功罪——出版界・映画界を揺るがせた男』東京経済、一九九三年、一九頁）との指摘もある。
24——平松斎「どうして映画がタイアップ宣伝の中軸なのか」（『宣伝会議』一九七八年九月号）一四頁。
25——David A. Cook, *Lost Illusions: American Cinema in the Shadow of Watergate and Vietnam, 1970-1979*. Berkeley: University of California Press, 2002, p. 27.
26——ただし、低予算映画『スローなブギにしてくれ』（藤田敏八監督、一九八一年）だけは、この時期の作品のなかではジャンル映画の匂いが薄く、かつ例外的に批評家受けがよかった（かつ大してヒットしなかった）。
27——角川、前掲書、一二六頁。
28——角川、前掲書、一二六頁。
29——鎗田清太郎『角川源義の時代——角川書店をいかにして興したか』（角川書店、一九九五年）二一二頁。
30——中川、前掲書、六九頁。
31——「戦士ミニ・インタビュー　つらい戦いもやがては…」（『バラエティ』一九八〇年一月号）二六頁。
32——小林淳「キー・ワードでみるサウンド・トラック・ヒストリー〈日本編〉」（柴田修平編『サウンドトラック Goldmine』音楽出版社、一九九七年）二二二頁。
33——中川、前掲書、六九頁。
34——「薬師丸ひろ子、17歳の「カ・イ・カ・ン」的魅力の秘密」（『週刊読売』一九八二年一月二四日号）一五九頁。
35——「薬師丸ひろ子、17歳の「カ・イ・カ・ン」的魅力の秘密」一六〇頁。
36——「復活　薬師丸ひろ子　熱狂序曲「玉川大学合格」の章」（『週刊読売』一九八三年三月六日号）一八二頁。
37——「薬師丸ひろ子、17歳の「カ・イ・カ・ン」的魅力の秘密」一六一頁。近年の言説でも薬師丸および『セーラー服と機関銃』はアイドルないしアイドル映画と記述される。例えば、北川昌弘とゆかいな仲間たち『山口百恵→ＡＫＢ48　ア・イ・ド・ル論』（宝島社、二〇一三年）や鈴木康成編『語れ！　80年代アイドル』（ＫＫベストセラーズ、二〇一四年）を参照。
38——「野生の輝きにみちて　頼子」（『バラエティ』一九七八年五月号）一二三頁。

39——「お答えしまーす　読者諸君」（『バラエティ』一九八〇年一一月号）七九―八二頁。

40——「薬師丸ひろ子vs博子　そしてばらえてぃ愛読者」（『バラエティ』一九八〇年一二月号）二九頁。

41——「薬師丸ひろ子vs博子」二八頁。

42——寺脇研「アイドル映画の流れと「グッドラックＬＯＶＥ」「すっかり…その気分で！」「セーラー服と機関銃」」（『シナリオ』一九八二年一月号）六頁。相米は、自身が起用した若手女優——薬師丸、河合美智子、斉藤由貴ら——に関して次のように語る。「役者さんになるために（映画をやる）であって、歌手が歌の合い間にやるということではないわけだから。そういう意味で言えば、俺はアイドル映画なんかやったことないのかもしれないな」（梅林敏彦「相米慎二〈EXCITING TALK〉」『シナリオ』一九八六年一月号、四九頁）。

43——中川右介「『角川シネマコレクション』を斬る　3」（『キネマ旬報』二〇一四年一二月上旬号）一六五頁。

44——『セーラー服と機関銃』パンフレット（東映株式会社映像事業部、一九八一年）ページ番号なし。

45——『薬師丸ひろ子フォトメモワール　Part3』（富士見書房、一九八二年）ページ番号なし。

46——『薬師丸ひろ子フォトメモワール　Part3』ページ番号なし。

47——ＬＰ『探偵物語　オリジナル・サウンドトラック』ブックレット（WTP-90250、東芝ＥＭＩ、一九八三年）ページ番号なし。

48——例えば、香月孝史『「アイドル」の読み方　混乱する「語り」を問う』（青弓社、二〇一四年）を参照のこと。

49——北川昌弘とゆかいな仲間たち、前掲書、五頁。北川によると、アイドル黎明期を代表する一九七〇年代アイドルは「新三人娘」（南沙織、小柳ルミ子、天地真理）。次世代が「花の中三トリオ」（森昌子、桜田淳子、山口百恵）（同前、一八―三二頁）。

50——稲増龍夫「80年代アイドルの構図とは何か」（鈴木康成編『語れ！80年代アイドル』ＫＫベストセラーズ、二〇一四年）五四頁。

51——薬師丸はデビュー「以来、アイドルスターの道を歩んで来たわけだが、ほかのアイドル歌手、タレントと違うところは、マスコミを拒否して私生活を大切に守り通したことである」（「薬師丸ひろ子・20才　その伏せられた実像に迫る！」（『週刊宝石』四―二八、一九八四年、一八〇頁）。

52——「薬師丸自身は当時、テレビドラマに進出しなかったので、アイドルにはテレビが必要という僕の定義からは外れてるじゃないかと思うかもしれない。確かに薬師丸ひろ子や『時をかける少女』以降の原田知世は、映画スターのように、テレビ出演を意図的に避けていた。ただ、角川映画自体が、先ほど説明したようにテレビの力を大きく利用して宣伝していた存在であり、その意味ではやはりアイドルなのだ」（北川昌弘とゆかいな仲間たち、前掲書、四四頁）。

53――橋本高明「デジタル薬師丸ひろ子」（『薬師丸ひろ子が好きっ。』群雄社出版、一九八二年）一五二頁。

54――ハリウッド・スターにもすでに一九三〇年代から、「庶民の身振り」やある種の「世俗」性を身にまとう傾向もあった（エドガール・モラン『スター』渡辺淳・山崎正巳訳、法政大学出版局、一九八二年、二一三―二一四頁）。

55――「ルポルタージュ　芸能人時代」（『週刊朝日』一九八四年九月一四日号）四八頁。

56――上野昂志「女優の出立――薬師丸ひろ子一九七八―八三」（木村建哉・中村秀之・藤井仁子編『甦る相米慎二』インスクリプト、二〇一一年）三一四頁。

57――VHS『メモリアル薬師丸ひろ子』（TE-M851、フジテレビ、一九八四年）傍点筆者。

58――「薬師丸ひろ子vs〈バラエティ〉――180分ディスマッチ――」（『バラエティ』一九七九年六月号）八一頁。

59――「やくしまるひろこデータ・バンク'81」ページ番号なし。

60――『薬師丸ひろ子フォトメモワール　Part3』ページ番号なし。

61――中川『角川映画 1976-1986』一六二頁および伊地知、前掲書、一六四頁等を参照。

62――『オリコンチャート・ブック　アーティスト編全シングル作品』（オリコン、一九九七年）三五二頁。なぜか、一三五万枚とする資料もある（「薬師丸ひろ子・20才」一八〇頁）。

63――『オリコンチャート・ブック　LP編』（オリコン、一九九〇年）三三五頁。

64――『バラエティ』（一九八二年一月号）一二一頁。

65――「Variety MUCH BOX」（『バラエティ』一九八二年三月号）一二三頁。

66――『バラエティ』（一九八二年四月号）一〇二頁。

67――『バラエティ』（一九八二年八月号）九八頁。

68――『バラエティ』（一九八二年八月号）一六頁。

69――「READERS AND VARIETY」（『バラエティ』一九八二年九月号）一八〇頁。

70――『バラエティ』（一九八二年一〇月号）一八八頁。

71――『バラエティ』（一九八三年一月号）一八六頁。

72――佐藤吉之輔『全てがここから始まる 角川グループは何をめざすか HINC OMNE PRINCIPIVM』（角川グループホールディングス、二〇〇七年）六八―六九頁。

73――『バラエティ』（一九八二年九月号）四四頁、傍点原文。

74――山崎晶「劇伴音楽の作品化――異業種間連携に伴う制作の変化について」（『年報人間科学』二八、二〇〇七年）四八―五〇頁。

75――『バラエティ』（一九八二年六月号）二六頁。

76――例えば、『バラエティ』の一読者は次のように語る。「「青春のメモワール」買ったぜ！ 渋い！ の一言でっせ、これは。ひろ子君のキャワイイ声はいっぱい聞けるし、あの「野性の証明」の名セリフ、〝お父さーん、お父さーん〟というのが入っとるし、もう最高やで！ うちの母ちゃんも、いつの間にか、俺のおらん間にこのレコード聞いとった」（「READERS AND VARIETY」『バラエティ』一九八二年八月号、一九〇頁）。ただし、この「渋い！」のニュアンスはいまひとつ分かりづらい。

77――スタインバーグ、前掲書、二五〇頁。

78――LP『セーラー服と機関銃』（25MK0022、キティレコード、一九八一年）。

79――同ラストショットの長回しは相米の作家性に起因するというよりは、主題歌挿入のためと考えることもできるかもしれない。「作詞・作曲をして、歌手にうたわせたりする〝主題歌〟もいいのですが、（中略）よく古い日本映画などで女主人公が、意味もないのに並木道の川っぷちの道などをエンエンと歩くシーンにぶつかります。とにかくワン・コーラスをきかせてしまうまで歩きつづけるのだから大変です」（河野基比古「音のない映画音楽もあったのだ！ 映画音楽の歴史」『季刊映画宝庫』第五号新春、一九七八年、二〇一頁）との指摘を思い出してもいいだろう。なお、相米映画におけるポピュラー音楽（歌謡曲）の挿入に関してはつとにロマンポルノ、とりわけ神代辰巳からの影響が指摘されているが（大澤浄「「過程」を生きる身体――相米映画の子どもたち」木村建哉・中村秀之・藤井仁子編『甦る相米慎二』インスクリプト、二〇一一年、五九―六〇頁)、そのロマンポルノ以前の日活映画においても「歌謡曲がどっぷり流れてい」(伊地知、前掲書、九〇頁)たという事実にも注意を払う必要がある。

80――「1970年代をわたって東映実録やくざ映画や日活ロマンポルノの中で生き延びていた日本映画黄金期の基層――巨匠たちのもとで訓練を積んだスタッフたち――なくしては、「角川映画」の技術的・感性的な質の高さは保てなかったと思われる」(御園生涼子「少女・謎・マシンガン――〈角川映画〉の再評価」杉野健太郎編著『映画学叢書　交錯する映画――アニメ・映画・文学』ミネルヴァ書房、二〇一三年、三〇九頁)。

81――中川『角川映画 1976-1986』一六一頁。大塚英志の、「ぼくの春樹に対する現在の評価は、八〇年代に崩壊していく日本のクラシックな形式の映画産業における最後のプレイヤーとしてであり、この旧制度を出版社の資本を使って守ろうとしたというものです」(大塚、前掲書、一〇九―一一〇頁)との発言も説得的である。

82――寺田農「映画は説明するものじゃない」(青木眞弥編『シネアスト　相米慎二』キネマ旬報社、二〇一一年)八一頁。

晏妮（アン・ニ）
日本映画大学特任教授。映画史、映画学
『戦時日中映画交渉史』（岩波書店、2010年）、『ポスト満洲 映画論——日中映画往還』（共編著、人文書院、2010年）

ミツヨ・ワダ・マルシアーノ（Mitsuyo Wada-Marciano）
カールトン大学芸術文化学部／文学・芸術・文化比較研究所教授、京都大学大学院文学研究科客員教授。映画・映像研究、日本文化史、トランス・カルチュラル・スタディーズ
『ニッポン・モダン——日本映画1920・30年代』（名古屋大学出版会、2008年）、『デジタル時代の日本映画——新しい映画のために』（名古屋大学出版会、2010年）

北浦寛之（きたうら・ひろゆき）
国際日本文化研究センター助教。映画学
「興行者たちの挑戦——1950年代から60年代の日本の映画産業」（『観る人、作る人、掛ける人』日本映画は生きている3、岩波書店、2010年）、「ワイドスクリーンと日本映画の変貌——変化する撮影のスタイル」（塚田幸光編『映画とテクノロジー』ミネルヴァ書房、2015年）

小川順子（おがわ・なおこ）
中部大学人文学部准教授。日本文化研究、時代劇映画
『「殺陣」という文化——チャンバラ時代劇映画を探る』（世界思想社、2007年）、『映画の身体論』（共著、ミネルヴァ書房、2011年）

長門洋平（ながと・ようへい）
国際日本文化研究センター技術補佐員。音楽研究、映画研究
『映画音響論——溝口健二映画を聴く』（みすず書房、2014年）、『フィリップ・ガレル読本——『ジェラシー』といくつもの愛の物語』（共著、boid、2014年）

＊編者

谷川建司（たにかわ・たけし）

早稲田大学政治経済学術院客員教授。映画史、大衆文化研究

『アメリカ映画と占領政策』（京都大学学術出版会、2002年）、『戦後「忠臣蔵」映画の全貌』（集英社クリエイティブ、2013年）、『東アジアのクリエイティヴ産業——文化のポリティクス』（共編著、森話社、2015年）、『大衆文化とナショナリズム』（共編著、森話社、2016年）

＊執筆者（執筆順）

井上雅雄（いのうえ・まさお）

立教大学名誉教授。文化経済学、映画産業史

『文化と闘争——東宝争議1946～1948』（新曜社、2007年）、『思想史としての現代日本』（共著、岩波書店、2016年）

木村智哉（きむら・ともや）

明治学院大学ほか非常勤講師。アニメーション史、映像産業史

『アニメ研究入門　アニメを究める9つのツボ』（共著、現代書館、2013年）、「商業アニメーション制作における「創造」と「労働」——東映動画株式会社の労使紛争から」（『社会文化研究』18号、2016年1月）

板倉史明（いたくら・ふみあき）

神戸大学大学院国際文化学研究科准教授。映画学

『映画と移民——在米日系移民の映画受容とアイデンティティ』（新曜社、2016年）、「黎明期から無声映画期における色彩の役割——彩色・染色・調色」（『日本映画の誕生』日本映画史叢書15、森話社、2011年）

河野真理江（こうの・まりえ）

立教大学兼任講師、青山学院大学非常勤講師、静岡文化芸術大学非常勤講師。日本映画研究、メロドラマ研究

「『猟銃』論——文芸メロドラマの範例的作品として」（『映像学』90号、日本映像学会、2013年）、『メロドラマ映画を学ぶ——ジャンル・スタイル・感性』（共訳、ジョン・マーサー＆マーティン・シングラー著、フィルムアート社、2013年）

西村大志（にしむら・ひろし）

広島大学大学院教育学研究科准教授。文化社会学、歴史社会学

『大学的広島ガイド』（共編著、昭和堂、2012年）、『映画は社会学する』（共編著、法律文化社、近刊）

戦後映画の産業空間――資本・娯楽・興行

発行日……………………………2016年7月7日・初版第1刷発行

編者………………………………谷川建司

発行者……………………………大石良則

発行所……………………………株式会社森話社
〒101-0064 東京都千代田区猿楽町1-2-3
Tel 03-3292-2636
Fax 03-3292-2638
振替 00130-2-149068

印刷………………………………株式会社シナノ

製本………………………………榎本製本株式会社

ISBN 978-4-86405-098-2 C1074